ハヤカワ文庫 NF

〈NF449〉

あなたの人生の科学

〔上〕

誕生・成長・出会い

デイヴィッド・ブルックス

夏目 大訳

HAYAKAWA NONFICTION

早川書房

7682

THE SOCIAL ANIMAL

The Hidden Sources of Love, Character, and Achievement

by

David Brooks

Translated by
Dai Natsume

Published 2015 in Japan by
HAYAKAWA PUBLISHING, INC.

This book is published in Japan by
arrangement with
RANDOM HOUSE
an imprint of THE RANDOM HOUSE PUBLISHING GROUP
a division of RANDOM HOUSE, INC.
through THE ENGLISH AGENCY (JAPAN) LTD.

目次

下巻目次

あなたの人生の科学〔上〕

誕生・成長・出会い

はじめに

これはおそらく、史上最高に幸せなストーリーである。主人公は二人。そのどちらもが満足のできる、素晴らしい人生を送った。仕事に打ち込み、大きな成果をあげていたし、友人や周囲の人たちから尊敬も集めていた。自分たちの住む地域社会にも、国にも、世界にも十分に貢献していたと言えるだろう。

ただし、二人とも生まれつき秀でたところがあったというわけではない。IQテストやSAT（アメリカの大学に進学する際に全員が受験する共通テスト）の成績も、せいぜい「悪くない」といったところ。知力、体力ともに、ずば抜けてはいなかったのだ。見た目も良い方ではあったが、抜群の美男美女というほどでもない。テニスやハイキングをするなど、身体を動かすことは嫌いではなかったが、ハイスクール時代に何かのスポーツでスター選手だったということもない。若い頃の彼らを知る人の中で、二人が将来、何かで成功を収めるなどと予想した人は誰もいなかったに違いない。しかし、それでも二人は成功した。彼らが幸福な人生を送っていることは誰の目にも明らかだった。

なぜそんなことができたのか。彼らにそのための能力があったことは確かだ。ただし、その能力の有無は既存のテストで簡単に測れるような種類のものではない。わかりやすく目に見えるわけではないが、確かに存在している、そういう能力だ。その能力のおかげで、二人は満足のできる幸福な人生を歩むことができた。

まず大切なことは、二人がどちらも善良な人間だったということである。いずれもエネルギーに満ち、誠実で頼りがいがあった。何か失敗をした時はそれを素直に認め、また失敗したからといって物事を簡単に諦《あきら》めたりはしなかった。自信があったのでリスクを冒すこともできたし、一度すると決めたことはやり遂げる意志の強さもあった。自分の弱点を知る努力を常に怠らず、良くないことをしたと思えば、必ずその埋め合わせをしようとした。悪い衝動が湧いてもうまく抑えることができた。

彼らは人付き合いも上手だった。他人の気持ちを敏感に察知したし、他人の考え方もよく理解した。状況を把握してそれに応じた行動をとることにも長《た》けていた。大勢の人の前に出ることも厭《いと》わなかった。多様な意見に同時に耳を傾けることもできた。ともかく、今、自分がどのような状況に置かれていて、どう動くべきなのかが直感的にわかるのだ。相性の良い組み合わせ、そうでない組み合わせを見抜くこともできたし、進める意味のあること、進めても意味のないことを区別する力もあった。まるで優れた船乗りが海の上で針路を見極めるように、二人はこの世界における自分たちの針路を見極めることができた。

成功の秘訣を書いた本は、これまで無数に出版されてきた。でも、その多くは、人生のごく表面だけを扱っていたのではないかと思う。こういう勉強をしろ、こういう技術を身につけろ、そういうことを書いた本はたくさんあった。あるいは、意思決定のコツや、人間関係構築の極意を書いた本、会社でどうすれば昇進できるかを書いた本も多い。どれも、見た目にわかりやすい成功を目指す本ばかりだ。富や名声など、いわゆる「世俗的成功」が目的である。そういうことなら、当然、ＩＱの高い人が有利になるに違いない。

だが、この本で語られる成功や幸福は、もっと深いものだ。問題とされるのは、心の奥底の部分である。無意識の感情や直感、偏見、自分でも気づいていない願望、その人の心が生まれつき持つ癖、社会からの影響など。これらはみな、私たちが日頃、「性格」と呼んでいるものに大きく関係している。そして、深い意味で人生に成功するためには、その性格がとても大事なのである。他人とうまく関わっていける性格かどうか、それが鍵となる。

近年、「意識」や「心」というものに対する認識は大きく変わってきている。遺伝学や神経科学、心理学、社会学、経済学、人類学など、いくつもの研究分野で新たな発見があり、理解が進んだのだ。そして、意識や心と、「成功」との関係もかなりわかるようになってきた。一つ重要なことは、私たちが日々、意識的に考えていることは、私たちの「人となり」にはあまり関係がないということである。「人となり」を決める上で大事なのは、意識の下のレベルの心だ。

意識の下のレベルの思考といっても、それは、脳が未発達だった頃の原始的な思考の名残というわけではない。理性で抑えるべきものでもない。あるいは、かつてよく言われたような、抑圧された性的衝動が押し込まれた暗い洞窟などでもない。心の中で、私たちが自分で意識している部分は実はほんのわずかしかなく、大部分は意識の下にある。そして、思考や意思決定の多くも、この意識下の心でなされている。幸福な人生を送れるかどうかも、多くは意識下の心のはたらきで決まるのである。

バージニア大学のティモシー・D・ウィルソンは自著『自分を知り、自分を変える――適応的無意識の心理学』の中で、人間の脳は同時に一一〇〇万個もの情報を扱えると書いている。どれほど多く見積もったとしても、私たちが意識しているのは、そのうちのせいぜい四〇ほどだという(1)。ウィルソンは、「研究者の中には、『すべての情報処理は無意識によって行なわれている』とまで言う人もいる。私たちは、意識的に情報処理をしているように思っているが、それは錯覚にすぎないというのだ」とも書いている(2)。意識は、無意識のした仕事の結果を私たちに伝えるために物語を作り上げるという。それだけが意識の仕事だというのだ。

この本で私が取りあげる研究者の中に、そこまで極端なことを言う人はほとんどいない。だが、思考の多くが意識の下で行なわれていること、そうした無意識の思考が、物事の判断や性格の形成に大きく影響していること、またそれが幸福な人生を送る上で大切であるということに関しては、皆、意見が一致している。イェール大学のジョン・バージ教授はこう話す。「ガリレオは、地球を宇宙の中心という特権的な地位から引きずり下ろした。それと同じように、意識も、人間の行動の支配者という特権的な地位から引きずり下ろされようとしているのだ。これはまさに知の革命というべきだろう(3)」この本を読めば、日常生活における私たちの行動を支配しているのが意識ではないことがわかるだろう。そして、幸福や成功の意味がこれまでとは違って感じられるはずである。

感情の帝国

意識下の世界、そこに光を当てるには、科学の力を借りなくてはならない。だが、そこは決して無味乾燥な世界ではないし、冷たい世界でもない。意識の世界では、理性的な分析というものが重要な役割を果たすが、無意識の世界においては、直感や感情が重要な役割を果たすことになる。また、意識の世界においては、「個」の力が重要だが、無意識の世界においては、目に見えない人のつながりが重要になる。意識は地位や富、名誉をほしがるが、無意識は人との調和や絆を求めるのだ。必死に目標に向かっていく時、あるいは心が他人への愛、神への愛に満ちている時、人はあまり自分というものを顧《かえり》みなくなる。無意識の姿が表に現れるのはそういう時だ。

見方を変えると、意識は、軍隊を率いる大将のようなもの、ということもできる。大将は全体の戦況を少し離れたところから眺め、論理的、理性的に一つ一つ判断を下していく。それに対し、無意識というのは、一〇〇万もの兵士から成る軍隊である。兵士たちはそれぞれに実際の戦場を走り回り、そこで得た情報を逐一、本部に送る。また、個々の兵士がその場の状況に即応する。現場から距離を置くということは一切ない。常に目の前の状況への対応に没頭しているのだ。周囲の人たちの気持ち、考えが時々刻々どう変わっているかも、絶えず敏感に察知し、それに反応する。

兵士たちは、起きていることの重要性を、感情を基準にして判断する。旧《ふる》くからの友人と会った時には、優しい気持ちが湧いてくるだろう。暗い洞窟の中へ入っていけば恐怖心を感じる。美しい風景を目の前にした時には、爽やかな、心洗われるような気持ちになる。誰かの深い見識に触れた時には、感動と喜びを覚え、公正でないことが行なわれているのを見れば義憤に駆られるだろう。私たちは五感によって様々なことを知覚するが、知覚情報にはそれぞれ独特の風味や手触りがある。また、情報の持っている力の強さも一つ一つ違っている。無意識の世界では、その風味や手触りに応じた反応が起きている。知覚情報への反応として、衝動や欲望などの感情が起きるのに加え、次にどう行動すべきかの判断も行なわれている。

知覚情報は私たちを支配してしまうわけではないが、周囲の世界がどういうものかを教えてくれる。言ってみれば、GPSのようなものである。その情報を頼りに私たちは進路を決めるのだ。大将である「意識」は、知覚情報にその都度対応したりはしない。情報がある程度以上蓄えられてから、それをまとめて理性的に処理する。意識による思考は、散文によってかなり正確に表現できるだろう。しかし、無意識の思考はそういかない。無意識の思考は詩や神話、音楽、映像などによって表現するしかない。場合によっては、祈りで表現することもあるだろう。

私は自分自身のことを決していわゆる「感情的な人間」だとは思っていない。そのことは、私を最も長い間見てきた妻が認めてくれるはずだ。それでも、人間にとって感情が非常に重要であることは否定できない。脳科学、認知科学の研究に関してはすでに数多くの本が書かれ、色々なことが言われている。その中でよく紹介されているのは、被験者がMRIなどの装置にかけられる実験だ。被験者は、装置にかけられた状態でホラー映画などを見るよう言われる。または、自分の配偶者をどう思っているかなどと尋ねられたりもする。その時、脳内で何が起こっているかを見ようというのである。どちらの実験においても、被験者は大変な恐怖を味わうことになる。本当の恐怖に駆られた時、人間の脳がどうなるか、その方法で少しはわかるに違いない。とはいえ、こうした実験でわかるのは、ほんの短い間、それも特殊な状況での脳のはたらきだけである。感情は日常生活の中で次々に湧いてくる。愛情や恐怖、嫌悪など、種々の感情が短い間に入れ替わり立ち替わり現れるのだ。それが絶え間なく続く。無視することのできない事実である。これを無視してしまえば、脳や心のはたらきについて肝心なことを見落とすだろう。私たちは、こうした一瞬一瞬の感情の動きを通じて、周囲の世界がどうなっているのかを把握している。そして、自分のあり方も、これからの行動も、その中で無意識のうちに決めてしまっている。前に進むのか、踏みとどまるのかは、意識して決めるのではないのだ。この本の主人公である二人がいかに幸福な人たちであったかは、無意識の世界で何が起きていたかに注目すればよくわかる。

この本の目的

私がこの本を書いた最大の目的は、読者に無意識の役割を知ってもらうことである。人間が幸福になる上で、無意識がいかに重要な役割を果たすか、それを知ってもらいたいのだ。私たちの日々の行動は、無意識の世界で生じる愛情や嫌悪などの感情によってかなりの部分が決められてしまう。つまり、この無意識の感情の扱い方によって、私たちが幸福になるかどうかがほぼ決まってしまうと言ってもいいのだ。意識と無意識はもちろん、互いに影響し合っている。具体的にどう影響しているかを、この本では数多くの例を使って説明していくつもりだ。大将である「意識」が、兵士である「無意識」をどう教育すべきなのか、また無意識の声をどうすれば聞くことができるのか、といったことにも触れる。「意識より無意識が重要」という認識を持つ人は今のところまだ少数だろう。これまでの社会通念からすれば、まさに革命的な考え方である。だが、社会学者ダニエル・パトリック・モイニハンのように、違う文脈とはいえ、同様のことを言う人は現れている。そして、大事なことは、意識の側から無意識にはたらきかけることも可能だということだ。

私は、この本をあえて物語という形で書いた。それは、無意識の世界があまりに多面的なためだ。無意識については、様々な分野の多数の研究者が調べている。分野が違うので、それぞれが、無意識という暗い洞窟の違った場所に光を当てている。どうしても理解が断片的なものになりがちだ。しかも、その成果の多くは、学問の世界の外にいる一般の世界の人には知らされない。私は、そうしたばらばらの研究成果を何とか統合し、一般の人にもわかりやすくしたいと思った。そのための手段として物語が有効だったのだ。

この本は、読んだ後、人間というものに対する見方が大きく変わるような本であってほしいと思っている。従来からある考え方を証明するのに研究成果が使われることはあっても、脳科学の研究成果が新しい哲学を生み出したという例はこれまでにはほとんどない。脳科学研究によって新たな発想が生まれたということは少ないのだ。この本を読めば、人間にとっていかに感情というものが重要かがわかってもらえると思う。理性よりも感情、なのだ。そして、個人よりも、人と人とのつながりが重要である。ＩＱよりも、いわゆる「人柄」が大切になる。人間は機械のように、ただ単純に同じ動きを繰り返すような存在ではない。それぞれが独自の、予測不能な行動をする創造的な存在である。また一人の人間が持っている人格は一つではない。あらゆる人の中に複数の人格が同居しているのだ。ごく簡単にまとめてしまえば、理性を重視するフランスの啓蒙思想に、感情を重視するイギリスの啓蒙思想が勝利した、ということになるかもしれない。

無意識の感情を重視する脳科学の新しい知見が、今後、社会にどのような影響を与えていくか、この本ではそのことについても考察したいと思っている。特に道徳や政治などにどう影響するかを考えたい。フロイトによって「無意識」という概念が考え出されてから後、社会はその概念の大きな影響を受けた。それによって人々の考え方は大きく変わったと言えるだろう。文学から政治にいたるまで、その影響は社会のあらゆる側面に及んだ。その無意識について、現在ではフロイトの時代よりもはるかに正確に理解できるようになったのだ。ただ、そうした研究成果は今のところ、広く社会に影響しているとは言えない。

これまで、無意識は不当に低い地位に置かれてきたと思う。その状況を変えたいという気持ちもある。人類の歴史の中で、多くの人が知っているのは、あくまで「意識の歴史」である。意識だけが自らの歴史を文章に残すことができたからだ。内側の無意識の世界で何が起きていたのか、それはまったく知らないまま、意識は自らを主役であると信じて疑わなかった。実際にはまったくそうではないのに、あらゆることは意識の力で制御できるはずと思い込んでいたのだ。自らが理解できることだけを重視し、それ以外は無視する、それが意識の世界観だった。

私たちは、古くから、この一面的な世界観に慣れきっている。プラトンは、感情を原始的なものととらえ、理性の下に置いた。そして、人間が幸福になるためには、理性が感情を征服する必要があると信じたのだ。合理主義者と呼ばれた人たちは、論理を知性の最高の武器と考えた。理性の力で因習や迷信を制圧することにより、人間は自由を獲得してきたのだと考えた。一九世紀に書かれた小説『ジキル博士とハイド氏』に出てくるジキル博士は意識や文明、科学などの象徴、反対にハイド氏は、無意識、未開の象徴と見ていいだろう。

さすがに現在では、それほど極端な見方をする人は減っている。だが、無意識の好悪《こうお》の感情が日常生活に大きく影響していることに気づいていない人は多い。実際的な能力ではなく

IQによって人を評価することもまだ広く行なわれている。多くの学問分野で、人間は、常に自らの利益を最大化すべく行動する「理性的な存在」とみなされている。教育においても、ただ知識を身につけ、それを応用することばかりが重視される傾向がある。道徳や感情に関わる心の教育はどうしても後回しになっている。子供たちには、目の前にあるハードルをいかにして越えるか、その方法ばかりが教え込まれる。それよりも、誰と友達になるか、誰と結婚するか、誰を愛し誰を軽蔑すべきか、強い衝動をいかに抑えるかということの方が人生においてははるかに重要なのに、それは誰も教えてくれない。自分一人の力で何とかするしかないのだ。物質的な欲求についてなら語れることがいくらでもあるのに、目に見えない感情や直感について語れる人はあまりいない。技術や技能をどう磨くか、ということならわかる人は多いが、もっと重要な「人柄をどう磨けばいいか」ということになると、ほとんど何も言えなくなってしまうのではないだろうか。

改革の失敗

脳科学の研究の進展により、人間というものの姿が以前より正確にわかるようになってきた。ただ、白状しておくと、私は元々、そういうことを求めて脳科学に興味を持ったのではない。私の興味の範囲はもっと狭かったし、求めていたのは非常に即物的な利益だった。私は長らく、政治、政策についての文章を書くことを生業《なりわい》にしてきた。その間ずっと、政府の打ち出す政策が期待外れの成果しかあげられないのを見てきた。たとえば一九八三年以降、アメリカの教育制度は何度も何度も改革されている。にもかかわらず、高校に入学した生徒の四分の一以上が結局、退学してしまうという状況が続いている。退学者を減らそうと、いくら具体的なインセンティブを設けても効果はなかった。人種間の成績の差を縮めようと努力が続けられてきたが、成功しているとは言えない。大学入学者を増やす取り組みも一世代ほどの時間、続けられているが、入学しても卒業しない若者が多いことが問題になっている。なぜ、そうなのか理由はわかっていない。

同じような例はいくらでもあげることができる。たとえば、政府は、不平等の拡大を食い止めるような手立てをいくつも講じてきた。経済の流動性を高める努力、母子家庭、父子家庭の増加に歯止めをかける努力もしている。行き過ぎた二大政党制の弊害を減らす努力もしている。極端な景気循環の緩和のための施策にも取り組んでいる。この二、三〇年の間は、ロシアの資本主義化、中東の民主化、アフリカの開発促進などにも力が入れられてきた。しかし、そのどれも成果は思うようなものではない。

どれも失敗の原因は一つに集約することができる。それは、「人間というものを単純に考えすぎている」せいである。政策は、人間の行動に関する社会科学的研究を基礎としたものが多いが、そうした研究の大部分が非常に表層的なものにとどまっているのだ。研究者は、その大半が、いわゆる秀才であり、どうしても数値化、定量化できる事柄ばかりを相手にしがちである。議会から求められれば、彼らは人間の行動原理について詳しく語ることができる。対象が人間であろうが、古代アラム語であろうが、彼らの話は同じようなものである。その知識は、あくまで学問的なものにすぎず、実用的なものとはとても言えない。また、施策を実行に移す役人たちも、ほとんどは人間を表面的にしか理解しておらず、本質的なことはまったくわかっていない。当然のことながら施策は失敗に終わることになるのだ。この状況が根本的に変わらない限り、今後も失敗は続くことになるだろう。そのためにも、この本に書いたような物語が必要なのである。

ルソーに倣う

この本で私がしていることは、ある意味で、ジャン＝ジャック・ルソーのまねとも言える。一七六二年に刊行された教育学についての名著『エミール』の手法を真似ているのだ。この本でルソーは、人間の本性についてただ抽象的に語るようなことはしていない。彼は、「エミール」という人物を創造したのだ。エミールと、その家庭教師とのやりとりを通じて、幸福とはいかなるものかが具体的にわかるようになっている。この手法には、数多くの利点がある。その一つは、楽しく読める本が書けるということだ。また、単に一般論が語られるよりも、特定の人物の話として語られた方が、読者は実感を伴った理解ができる。

もちろん、私にルソーのような才能があるわけではないが、同様の手法を採ることにしたのは、そうした利点があるためである。最新の科学研究の成果も、物語の形にすれば、一般の読者にもわかりやすくなるし、何より、理解に実感が伴うというのが大きい。私が物語のために創造したのは、ハロルドとエリカという二人の人物である。二人の人生とともに物語が展開していく。彼らの誕生から、成長し、年齢を重ねていく姿を描いていく。その中で何を学び、どういう人たちと友情を結び、誰をどう愛したのか、そして、どんな仕事をしたのか、といったことを描いていくのだ。舞台となるのは主に今、二一世紀初頭の世界である。そういう設定にしたのは、私たちが現在、生きている世界のことを書きたかったからだ。物語を読んでいけば、遺伝子が人生にどう影響するのか、様々な状況に出会った時、脳の中では具体的に何が起きるのか、ということもわかるはずである。その他、文化が人の成長に与える影響などについても詳しく書いている。研究者はどうしても人間全般を対象にして抽象的なことを言いがちなので、その話が自分の実際の人生にどう関係するのかが見えにくい。その隙間を埋めるのが、この物語というわけだ。

絆

ハロルドとエリカの二人は、年を重ねるごとに円熟し、人間性に深みを増していく。物語が幸福なものになっているのはそのためでもある。常に前に進んでいこうとする人間、前進の価値を信じる人間の物語である。前に進むために、両親をはじめとする先人たちから学ぶことを忘れない。絶えず挑戦をし、苦労も厭わない。二人ともがお互いの幸せのために力を尽くす。

これは、友情、連帯の物語でもある。無意識の奥深くを覗き込むと、自分と他人とを隔てる境界線は実は曖昧なものであるとわかる。私たちが自ら判断や決断を下したと思っていても、そこには必ず周囲の人たちからの影響があり、そして、自分の判断や決断はまた周囲に影響を及ぼすのだ。私たちは他人がいてはじめて自分になれる。互いが互いを人間にしていると言ってもいい。

古くから「人間は万物の霊長」と言われる。私たちは、人間を他の生物とは違う、特別な存在と考えがちである。理性という強力な力によって他の生物より上位に君臨していると思い込んできた。ロダンの『考える人』、拳《こぶし》にあごをのせ、一人考える姿、あれが人間であると思ってきたのである。しかし実際には、人間という生物の重要な特徴は別にある。それは社会性だ。人間は互いに物事を教え合うことができる。互いに学び合える。感情を表現し合い、相手の気持ちに共鳴することができる。皆で協力して、文化、文明をつくることができる。その文化や文明がまた、一人一人の思考、感情に複雑に作用することになる。ニューヨークにグランド・セントラル駅という駅があるが、人は誰もがこのグランド・セントラル駅のようなものかもしれない。駅では一日中、大勢の人たちが行き交い、列車を乗り換え、通り過ぎて行く。それと同じように、一人の人間の頭の中では、絶え間なく多数の知覚や感情が行き交い、通り過ぎて行く。通り過ぎた知覚や感情の行き先はそれぞれに違っている。誰もがコミュニケーションの中継点なのだ。その仕組みはまだ明確にはわからないが、私たちには、常に大量に流れている情報をうまく処理する能力がある。時々の状況に応じて、どの情報に注目すべきかを瞬時に判断しているのだ。重点的に処理すべき情報とそうでない情報を切り分けている。私たちの人格は、その情報処理を通じてつくりあげられていると言ってもいい。人格の深い部分は、外界、他者との関係で成り立っているのだ。

この後、いよいよハロルドとエリカの物語が始まるわけだが、その前に、もう一組、別の夫婦の話をしておこう。こちらは架空ではなく、実在の夫婦である。ダグラス・ホフスタッターとキャロル・ホフスタッターだ。ダグラスは、インディアナ大学の教授で、二人は深く愛し合っていた。自宅でよくディナーパーティーを開いたが、パーティーの後はいつも一緒に皿を洗いながらその日に交わした会話を振り返る、そんな夫婦だった。

だが、キャロルは五歳と二歳になる子供とダグラスを残し、脳腫瘍《のうしゅよう》で亡くなってしまった。その数週間後、ダグラスはキャロルの写真を見ていて、あることに気づいた。著書『私は不思議の環（*I Am a Strange Loop*）』には、それについて次のように書かれている。(4)

私は彼女の顔に見入った。ずっと見入っていると、その目の奥に確かに私がいると感じられた。気づくと私は、涙を流しながら「ここに私が！　私がいる！」と声に出して言っていた。その言葉をきっかけに、以前から考えていたことを思い出した。それは、私たち夫婦の魂はすでに一つに融け合っていて、融け合った魂は、人間よりも上の存在になっているのではないかということだ。たとえば、子供たちに対しては、二人がまったく同じ希望、夢を抱いていて、もはや二つに分けることはできず、どこからどこまでがどちらのものか区別できなくなっていた。もはや二人は一体で、不可分だった。結婚する前、子供が産まれる前から漠然と予感していたとおりのことが起きていたのだ。キャロルは死んでしまったけれど、彼女の核の部分はまだ死んでいないのだと悟った。彼女の一部はすでに私の中にいて、確かにまだ生き続けていた。

知恵へといたる道には苦難がつきものである。古代ギリシャの時代からそう言われている。妻の死後のホフスタッターも、真実へと向かう苦難の旅をしている。科学者である彼は、日常生活を通じて、自らの仮説の正しさを検証しているのだ。すなわち、私たちの日々の行動を支配しているのは、意識ではなく無意識であるという仮説だ。無意識は、私たち自身も知らない間に物事を見つめ、それが自分にとって好ましいか否かを判断している。その判断が人生を決めるのだ。無意識の視点、判断は、自分一人だけのものではない。親しい人、愛する人へと伝わっていく。逆に親しい人や愛する人から伝わってくることもあるだろう。無意識は、決して心の中の暗闇の部分、未開の部分などではない。恐怖や痛みを隠しておく場所でもない。人と人がつながる場所、心と心がつながる場所である。無意識には、長い時間をかけて知恵が蓄積される。また無意識は、人間という種《しゅ》がこれまでの歴史の中で蓄えてきた知恵を備えているのだ。もちろん、無意識が神の被造物だなどと言うつもりはない。だが、もし仮に創造主がいたとすれば、無意識の創造に最も力を入れたことは間違いないと言える。

それほどに人間にとって重要なものだ。脳が無意識を生んでいることは確かだが、その無意識のはたらきがまた脳の作りに影響を与えている。

無意識は感情的、感覚的で、衝動的でもある。また、はたらきを予測するのは難しい。欠点もあるのだ。管理は必要だろう。しかし、素晴らしい可能性を秘めている。一度に大量のデータを処理することで、行き詰まった状況を一気に打開する発想を生むこともある。何より大事なことは、無意識が極めて社交的であるということだ。無意識は心の内側にありながら、いつも外を向いていて、いつも他人とのつながりを求めているのだ。友人や家族との交流を必要としているし、仕事をし、使命を果たすことで社会に貢献したいと望んでいる。無意識にとって最大の幸福とは、人の輪の中に自らの居場所を確保することである。無意識は愛を強く求める。ダグラスとキャロルのように一つに融け合うことを望むのだ。それは、人が生きていく中で得られる最高の贈り物だろう。

1章　意思決定——男女の感じ方

好景気、その後の世界的な金融危機を経て、再び脚光を浴びるようになったのが「コンポージャー・クラス」と呼ばれる種類の人々である。彼らは、ヘッジファンドで一攫千金《いっかくせんきん》を狙おうなどとは決してしない人たちだ。お金にお金を産ませることには興味がない。地道に着実に力をつけ、まるではしごを上るように地位を上げていこうとする。社会的成功によって財産を得ようとするのだ。学校では優秀な成績を収めるよう努力し、人間関係を大切にする。卒業後は、優良企業に勤務するか、医師などの専門職に就くか、自ら起業するか、いずれかの道を良しとする。そうして、懸命に働いた結果として、ゆっくりと雪が積もるようにお金も貯まっていけばいい、と考える。

そういう人種に会いたければ、アスペンやジャクソンホールのビストロに昼頃、行ってみるといい。屋外席のパラソルの下で昼食をとる姿が見られるだろう。中国出張から帰ったばかりで、これから会社の取締役会に出るところかもしれない。乳糖不耐症撲滅運動を支援する五〇〇マイルバイカソン（自転車マラソン）に出るところかもしれない。彼は中性的なハンサムで、体脂肪はミケランジェロのダビデ像よりもやや少ないくらいだ。髪はふさふさとしてきれいなウェーブがかかっている。もし、ロサンゼルスでジョージ・クルーニーと一緒にいたとしても「あのハンサムな人は誰？」と注目されるに違いない。組んでいる脚は、とても長く、細い。太ももと呼べる部分がないくらいに見える。上から下までふくらはぎくらいの太さなのだ。

彼はとても静かに話す。まるでペルシャ絨毯《じゅうたん》の上を誰かが靴を脱いで歩いた時のように静かだ。いつも穏やかに冷静に話をする。彼に比べれば、バラク・オバマでさえ、コメディアンのレニー・ブルースくらいにやかましく感じられる。妻とは、国際会議「クリントン・グローバル・イニシアティブ」で出会った。たまたま二人とも同じ「国境なき医師団」への支持を表明するブレスレットをしていたのだ。しかも、ヨガのインストラクターが同じで、フルブライト奨学金をたった二年違いで受けていたこともわかった。本当にお似合いのカップルだ。唯一違いがあるとすれば、日頃のエクササイズの仕方くらいだった。どういうわけか、近年、地位の高い男性には、エクササイズというと、ランニングやエアロバイクなど、下半身を鍛える運動に力を入れる傾向がある。逆に、同様に地位が高くても、女性の場合は、胴体、腕など上半身の鍛錬をしたがる。夏の間、ノースリーブを堂々と着られるように、ということだろうか。もちろん、岩をも砕くような腕力がほしいなどとは思っていないだろう。

二人はビル・ゲイツ、メリンダ・ゲイツ夫妻など、経済界の大物夫妻の立ち会いのもと、結婚した。そして三人の素晴らしい子供たちが産まれた。生まれつき聡明で、思いやりもあり、芸術的な才能にも恵まれた子供たちが。アッパーミドルクラス以上の子供は多くがそうだが、三人も地味なスポーツが得意だ。これは、何世紀も前から、高い教育を受ける階級の伝統となっている。アメリカン・フットボールや野球、バスケットボールといったメジャーなスポーツではもはや活躍できないことを悟った彼らは、ネイティブ・アメリカンたちをまねてラクロスを始めた。自分たちが優位に立てるスポーツを探したのである。

三人はみな私立高校に入学する。同じような生徒ばかりが集まる、進歩的であることが誇りの高校だ。三人ともが優等生で、夏休みには、ドイツの科学研究所での研修などもそつなくこなす。高校二年になると、両親の前に座らされ、そろそろ『エコノミスト』を読み始めるよう、厳《おごそ》かに言い渡される。やがて彼らは、デューク大学やスタンフォード大学など、スポーツも盛んな一流大学に進学し、両親の意向も十分に考慮した上でキャリアをスタートさせる。たとえば、民間の金融機関で何年か修行を積んでから、いずれは世界銀行のチーフエコノミストに、というような道を歩み始めるのだ。

「コンポージャー・クラス」の人間は、特に大人になってからは、「周囲の人間に劣等感を抱かせる存在」として人生を送ることになる。その人がそこにいるというだけで、周囲の人間は劣等感を抱くのである。たとえその人自身がいくら誠実で謙虚で、感じの良い人だったとしても、それは劣等感を強める役に立つだけだ。彼らが何より喜びとするのは、友人を週末の別荘に招待することである。特に、金曜日の午後、プライベート空港で友人と会う時の喜びは格別だ。彼らは、荷物をトートバッグに入れて持って来る。自家用機なら、口の閉まらないカバンであっても何も問題はないからだ。

ただ、もし、こういう人たちの別荘に来るようお誘いを受けたら、必ず、荷物の中に保存のきく食べ物を入れて行くべきだろう。彼ら「現代の貴族」たちには、厳格な「ぜいたく規制ルール」があり、常にそれを守っているからである。自分でも食べ物を用意して行かなければ、週末中、飢えに苦しむことにもなりかねない。彼らの「ぜいたく規制ルール」とは、「耐久消費財にならお金をかけてもよいが、消耗品にはできるだけお金を使わない」というものだ。ガルフストリーム5（プライベートジェット機）になら億単位のお金を払うのに、食べる物といえば、スーパーで買ってきてすでに硬くなったパンに薄く切った七面鳥の肉をはさんだだけのサンドイッチだったりする。週末用の別荘はベッドルームが九つもある大邸宅なのに、中に置いている家具はイケアで買った安物だったりする。土曜日のランチに出されたものを見て、驚愕するかもしれない。「もしかしてハンガーストライキ中？」と思うような貧弱な内容だからだ。レタスの葉が四枚に、ツナが少々、それだけ……誰もが自分たちと同じように「ヘルシー」な食生活をしていると思い込んでいるのだ。

彼らの間では犬を飼うのが流行している。大きな犬だ。体高が天井高の三分の一くらいはありそうな大きな犬を飼う。クマくらいはありそうな大きなハウンドに、ジェイン・オースティンの小説の登場人物の名前をつける。セントバーナードとヴェロキラプトル（小型恐竜の一種）の雑種のようにも見えるその犬は、テーブルの上にも、レンジローバーの屋根の上にも、大きな鼻を楽々とのせることができる。その週末、別荘の客は長く激しいエクササイズにつき合わされることになるかもしれない。その合間に、世界経済の動向についての貴重な情報を提供してもらえることもある。彼らの「親友」である、ルパート・マードック、ウォーレン・バフェット、コリン・ダイアー（総合不動産会社ジョーンズラングラサールの社長）、セルゲイ・ブリン（グーグルの共同創業者）、ボノ、ダライ・ラマとの華々しいエピソードを聞かされることもある。夜には、近所の散歩に連れ出されるだろう。運が良ければアイスクリームくらいは食べられる。完璧な成功者である彼らが、人目を惹く変わったジェラートをなめながら街を歩けば、沿道では自然に拍手喝采が起きるかもしれない。「完璧な成功者とはどういうものか」それを肌で知るためにも、皆、一度くらいはこういう週末を過ごしてみるといいだろう。

出会い

二人が出会ったのは、ある夏の日、場所はどこにでもある郊外の街だった。歳はどちらも当時二十代後半、後にこの本の主人公の一人、ハロルドの両親となった二人である。まず知っておいてほしいのは、二人が気のいい人たちだったということ、そして、さほど知的とは言えない人たちだったということだ。息子のハロルドは知的で、深みのある人物に成長したのだが、それとは大きく違っていた。二人とも「コンポージャー・クラス」的成功に強く惹きつけられていた。いつか成功者の仲間入りをしたいと強く望んでいたのだ。どちらも、同じような野心を持った若者たちと共同生活をしていた。そして、互いの友人がセッティングしたブラインドデートで出会った。

名前はロブとジュリア。最初に顔を合わせたのは、書店「バーンズ・アンド・ノーブル」の前だった。相手の姿を認めた彼らは笑顔でお互いに近づいていったが、その時、両者の中で起きていたのは、太古の昔から営々と繰り返されてきたことだった。二人が見ていたのはそれぞれ別のことだった。男であるロブが見ていたのは、男ならほぼ誰もが知りたがることだ。更新世《こうしんせい》に生きた彼の祖先たちは、一つの大きな問題に直面し、戸惑っていた。それは、人間の女には、他の多くの動物のような、排卵期を知らせる目に見えるサインがないということである。そのため、受胎可能かどうかが間接的にでもわかる手がかりを探すようになったのだ。

異性愛の男性であれば、ほぼすべてが、女性を見る時、ロブとまったく同じところを見るだろう。デイヴィッド・バスは、世界の三七の地域で一万人を超える人たちを調べ、女性の美しさを決める基準はどこでも非常に似通っているということを発見した。男性が美しいと感じる女性はまず、肌が美しく、唇がふっくらとしている。髪が長く、艶《つや》がある。左右の対称性が高く、口とあご、鼻とあごの間が離れていない。ウエストとヒップの比率が〇・七になっている。過去数千年の絵画を調べた研究でも、描かれている女性の大半はだいたいこの比率になっているとわかった。プレイボーイバニーもほぼこの比率になっている。(1)全体的な体型は、その時々の流行によって変化するが、ウエストとヒップの比率は不変なのだ。華奢《きゃしゃ》で有名だったモデルのツイッギーですら、ウエストとヒップの比率は〇・七三だった(2)。ロブは自分の目に映ったジュリアの姿が気に入った。彼女のまとう雰囲気も魅力的で、ロブを惹きつけた。ジュリアの心の中には自信があり、それがいっそう、彼女を美しく見せていた。ロブは、ジュリアの顔に浮かぶ微笑に好感を持った。笑う時、眉の端が下がっていることを、無意識のうちに察知していたのだ。眉の端を動かす眼輪筋《がんりんきん》という筋肉は、意識して動かすことはできない。つまり、眉の端が下がったということは、その笑顔が作り笑いではなく、本物であるということだ(3)。

ジュリアが総じて魅力的な女性であることをロブはすぐに感じ取った。魅力のある人というのは、そうでない人より、収入が明らかに多くなる傾向がある。実は、ほとんどの人がそのことを無意識のうちに知っているのだ。

ロブは、ジュリアの、ブラウスの上からでもはっきりとわかる曲線も気に入った。どうしても見てしまう。心の底から湧いてくるものに衝き動かされているとしか言いようがない。乳房も皮膚と脂肪からできた、単なる体の器官の一つであるということは、ロブも頭ではわかっている。しかし、ただそれだけのものだとは、彼には決して思えなかった。常に、周囲にその存在を感じながら日々を送っている。紙に描かれた乳房の絵にすら、注意を奪われてしまう。「おっぱい」という言葉を目にしたり、耳にしたりするだけで、何となく落ち着かない気分になる。一種、神聖なものだという気持ちもあるので、それに比べて言葉が軽すぎるのではないかという気がするのかもしれない。特に女性がこの言葉が使った時には、自分の根深い執着が嘲笑《あざわら》われているようにも思える。

そして、女性の乳房があのような形になっているのは、まさに男性にそういう反応を起こさせるためだろうと考えられる。人間の乳房は、他の霊長類の動物と比べてはるかに大きいのだが、そんなに大きい理由が他に考えられないのだ。人間に最も近い類人猿の胸も平らである。人間の乳房が大きいからといって、小さいほかの動物より多くの母乳を出すわけではない。子供に栄養を与えるという意味ではまったく役に立たないのだ。男性に、女性の存在を知らせる信号の役目をしていると考えるのが妥当だ。それを見た男性の脳で、原始的な欲求が呼び起こされれば、目的は達したと言えるだろう。男性は常に、顔は魅力的だが身体が魅力的でない女性より、顔は魅力的とは言えないが身体が魅力的な女性を高く評価する。(4) 自然は確かに芸術家かもしれない。しかしそれは「芸術のための芸術」ではない。「生産のための芸術」なのである。

一方、未来の夫をはじめて見たジュリアの反応は、もう少し落ち着いたものだった。目の前の男性に魅力を感じていなかったわけではない。実際、ロブは間違いなく魅力的な男性だった。だが、女性と男性では相手の見方が違うのだ。女性が男性を見る時に主に注目するのは、目である。特に瞳の大きい男性には性的な魅力を感じる。(5) また、大事なのは、左右の均整がとれていることである。そして、自分より少し年齢が上で、背が高く、身体が丈夫そうな男性に惹かれる。そうした観点からすれば、ロブはテストに合格できる男性だった。

ただ、生まれつきの性格なのか、それとも両親のしつけのせいなのか、ジュリアはとても慎重だった。人を信用するまでに時間がかかるのだ。彼女は一目惚れを信じていなかった。大多数の人はそうで、ある調査では約八九パーセントの人が信じていないという結果が得られている。何より大事なのは、彼女が、未来の夫ほどには、相手の外見に関心がなかったということである。一般に、女性は男性ほど、視覚によって性的欲望を喚起されることがない。女性のポルノグラフィーへの消費が男性の半分程度にとどまっているのはそのせいだ。

こうした男女の違いも、更新世に生きた私たちの祖先に発していると思われる。その当時、男性は、目で見てわかる手がかりをもとに、女性の受胎能力を判断し、それによって相手を選ぶことができた。しかし、女性には厄介な問題があった。それは、人間の子供が自立するまでには大変に長い時間がかかるということである。先史時代の環境では、女性が一人で子供を育てるのはまず不可能だっただろう。それだけの食糧を手に入れることができないからだ。どうしても、授精だけでなく、その後も継続的に協力をしてくれるような男性を選ばざるを得なかったのだ。現在でもなお、女性は無意識に同じような観点で男性を選んでいる。男性とは違う時間枠で相手を選んでいるということである。

「ベッドに直行」したがる男性は多くても、女性は普通、そうではないという理由はそこにあるのだ。簡単な実験で証明できる。いくつもの研究チームによって繰り返し行なわれた実験だ。魅力的な女性にお金を払い、どこかの大学に行ってもらう。そこで、男子学生に「私と寝ませんか」と言ってもらうのだ。すると、七五パーセントの男子学生が「はい」と答える。何度、実験をしても、結果は同じである。しかし、反対に、いくら魅力的な男性が女子学生に対して同じことを言っても、「はい」と答える人は皆無だ⑹。

女性が慎重になるにはそれだけの理由がある。繁殖力という点では、ほとんどの男性に問題はないが、安定性ということになると、個人差が非常に大きい。男性は女性に比べ、ドラッグ中毒やアルコール中毒になりやすい。殺人を犯す率も、子供を捨てる率も女性よりはるかに高い。いわば、男性には女性に比べて「欠陥品」が多いのだ。それで、女性は、男性の外見に多少の難があっても目をつぶる。外見の良さよりも、人柄が信頼できること、社会の中でうまく生きていけることを重視するのだ。

ロブがジュリアの胸を見ている間、ジュリアは、ロブが信頼できる人間であることを示す証拠を探していた。意識的にそうしていたとは限らない。遠い祖先から受け継がれ、何千年もの間に研ぎ澄まされたセンサーは、本人が意識しなくても素晴らしい働きをするのだ。ヨーク大学のマリオン・イールズ、アーウィン・シルバーマンが行なった研究によれば、たとえ一緒に同じ部屋にいても、女性は男性より、その場の様子や、物の配置をよく覚えているという⑺。その場合の女性の記憶の正確さは、平均して男性を六〇から七〇パーセント上回るらしい。ロブに出会う前の数年間、ジュリアはその観察眼によって、何人もの男性に対し「ダメ」の判定を下してきた。交際を断った男性の種類は様々だった。時には、とても変わった理由で断ったこともあった。一度などは、「バーバリーを着ているから」という理由で断ったことがある。その男性はマフラーもレインコートもバーバリーだったが、彼女としては、その同じ柄を見続けて残りの一生を過ごす自分が想像できなかったのだ。スペルミスが多いからというのが理由だったこともある。スペルミスの多い文章を見ただけで、その男性への興味が完全になくなってしまったのである。香水をつける男性も嫌った。香水をつける男性を、まるでチャーチルがドイツ人を見るような目で見たのだ。拒否しなければ、完全に服従させられてしまうとでもいうように。スポーツに関係するアクセサリーを身につける男性も嫌がった。「恋人が自分よりデレク・ジーター（ニューヨーク・ヤンキースの名選手）に夢中」ということでは困るというのだ。「料理のできる男性がいい」と思っていた時期もあったが、考えが変わった。自分より料理がうまい男性と真剣に付き合おうとは思わなくなった。喧嘩の後に、いとも簡単に美味しいホット・チーズサンドイッチを作って、ご機嫌を取ろうとするような男性は嫌だと思うようになったのだ。それでご機嫌が取れると考えている自信も嫌だった。あまりにあざといのではないかとも思う。

ジュリアは、歩道を歩いて近づいてくるロブをこっそりと観察していた。プリンストン大学のジャニン・ウィリス、アレクサンダー・トドロフによると、人間は、初対面の相手がどのくらい信用できるか、能力はどの程度か、攻撃的でないか、好感の持てる人か、というようなことを、最初の一〇分の一秒くらいの間でかなり正確に判断できるという(8)。多くの場合、数カ月後にも、同じ人物について最初とほぼ同じことを感じるというのだ。つまり、最初の判断が驚くほど正確であるということだ。第一印象を修正する必要を感じることはまずない。逆に、時が経つほど自分の判断が正しいという確信を深めることが多い。トドロフは、選挙で争っている二人の候補者の顔をほんの短い間だけ被験者に見せ、どちらが勝つかを予測さ

せるという実験も行なっている。この実験で被験者たちは、七〇パーセントもの確率で、勝つ候補者を当ててみせた。(9)

ジュリアもロブについて瞬時に色々な評価を下した。まずわかったのは、ロブはハンサムではあるが、何の努力もせずに女性を惹きつけられるほどのハンサムではないということだ。ロブが頭の中でジュリアの服を脱がせていた間、ジュリアは逆に頭の中でロブに服を着せていた。西欧社会では人に信用されやすいとされる茶色のコーデュロイのスラックスを穿《は》かせ、紫がかった茶色のプルオーバーを着せた。全体としては「エレガントな茄子《なす》」とでも言うべき印象の服装である。頬を見ると真っ白ではないが、フェレットのような色でもない。多分、良い年のとり方ができるだろうと思われる。老人ホームに入った時には、施設内で一番のハンサムになれるかもしれない。

ロブは身長が高かった。現代のアメリカでは、身長が一インチ(約二・五四センチメートル)高ければ、年収が六〇〇〇ドル高いのと同じくらい、女性を惹きつける力が増すとも言われる。(10)また、漂う雰囲気から、彼の内面がとても穏やかであることもわかった。何があっても、何を言われてもあまり動じないので、口論になったら、イライラさせられるかもしれないが、悪いことではないだろう。神の恵みなのか、彼はどうやら、心に深い傷というものを一つも負っていない稀有な人のようだった。癒すべき傷がなく、そのために、人に対する警戒心もあまりない。

こうして、ロブに対するプラスの評価ばかりが次々に積み重なっていったのだが、ある時点で、ジュリアの気分に大きな変化が訪れた。彼女は、わざと物事を批判的に見たがるところがある。観察眼の鋭さに強い自信を持っているため、ついそれを存分に活用したくなるのだ。それが人に良く思われないことはわかっていたが、なかなかやめられない。特に、平凡な頭の男性と付き合うと、相手を細かく批判し、それを楽しむようなことをしてしまう。まるで、辛口批評で知られた女流作家、ドロシー・パーカーにでもなったようで、楽しいのである。気づくと、男性は血まみれで床に倒れている、ということになる。

この時も、ジュリアの観察眼は、ロブの靴がきれいに磨かれていないことを発見していた。男性には、自分の靴がきれいだろうが汚れていようが、どうせ誰も気にしない、と思っている人が多い。彼もその一人のようだった。爪の長さが揃っていないのも気になった。挙句に、ロブが独身だということすら批判したくなった。独身男性はどうも不真面目な気がして、ジュリアは信用できなかったのである。もちろん、結婚している男性と付き合うことはあり得ないから、彼女にとって、非の打ち所のない交際相手というのは事実上、存在しないことになる。

独身者はどうしても、付き合うかもしれない相手のあら探しをしがちである。そのことについては、ニューヨーク・タイムズ紙のコラムニスト、ジョン・ティアニーも書いている。とにかく、何かしら欠点があればすぐにそれに気づき、いちいち気になるのだ。ハンサムで非常に優秀な男性を、「肘《ひじ》が汚い」というだけで嫌になってしまう女性がいる。大きな法律事務所の共同経営者になるくらい優秀な女性のことを、ただ「ゲーテ（Goethe）」という名前の発音を間違えた、というだけで「付き合えない」と思ってしまう男性もいる[11]。

ジュリアの男性を見る目に偏見があるのは確かだった。古くからある「男は豚」という偏見だ。女性は無意識に「男は女の身体だけが目的」と思っているところがある。この偏見の存在は科学者たちも認識していて、研究の対象にもなっている。彼女たちはいわば、敏感すぎる火災報知機のようなものだ。あまりに軽率に相手を信じてしまうよりは、慎重すぎるくらい慎重な方が安全ということである。また、男性には、これとは逆方向の偏見がある。男性は、女性が実は何とも思っていなくても、すぐに「自分に気がある」と思ってしまいがちだ[12]。

ジュリアの心は、ほんの数秒という短い間に揺れ動いた。「この人は信用できる」という気持ちと、「やはり信用できない」という気持ちが交互に生まれた。そして、残念なことに、全体の流れは、ロブにとって不利な方に傾きつつあった。ジュリアの鋭い観察眼が大活躍し、次々に欠点を見つけ出していたのだ。だが、幸い、もう少しで「ダメ」と判断されそうな危ういタイミングで、ロブはジュリアのそばまでやってきて、挨拶をした。

食事

ロブとジュリアはお互いに「運命の人」だったらしい。「人は自分にないものを持った人に惹かれる」、「自分とは正反対の人に惹かれる」ともよく言われるが、実際には、自分に似た人と恋に落ちることが多い。ヘレン・フィッシャーは『新しい愛の心理学（*The New Psychology of Love*）』に収録された論文の中で、「男性も女性も、自分と民族的、社会的、宗教的な背景が似ている異性と恋に落ちる傾向がある。また、教育程度や経済力、外見的な魅力、知性なども同じくらいの方が恋に落ちやすい。物事に対する態度、価値観、関心の対象、自己評価の高さ、社交能力やコミュニケーション力の高さなども同じ程度の方がいいのだ」と書いている。(13) 何と、多くの人が、鼻の横幅や目と目の間の距離なども自分と似通った人を相手に選びたがる、という調査結果まである。(14)

おそらくそれと関係があるのだろうが、たとえごく短期間であっても、近くに住んだことのある人を無意識のうちに恋愛対象に選ぶことが多い、ということもわかっている。一九五〇年代に実施された調査では、オハイオ州コロンバスで結婚許可証を申請したカップルの五四パーセントが、付き合い始めた時点で、一六ブロック以内の距離に住んでいて、三七パーセントが五ブロック以内の距離に住んでいた、という結果が得られている。大学では、寮の部屋が同じ建物、あるいは同じ敷地内にある相手と付き合う学生が多いようである。(15) 自分と共通点があると信頼感が生まれやすいということは言えるだろう。

ロブとジュリアの場合は、すぐにお互いに共通点が数多くあることがわかった。まず、二人とも、部屋の壁にエドワード・ホッパー（アメリカの画家）の同じポスターを貼っていた。ちょうど同じ時期に同じスキー場に行っていた。政治に対する関する考え方も似ていた。どちらも映画『ローマの休日』が好きで、映画『ブレックファスト・クラブ』の登場人物についての意見もだいたい同じだった。イームズの椅子やモンドリアンの絵のことを熱心に話している人を見ると、教養があると勘違いしてしまうところも同じだった。

どちらも、「通《つう》」と呼ばれるような人になりたがっていた。どこにでもいるような、ありきたりな人間だとは思われたくなかったのだ。高校時代の思い出を語る時、二人は自分がいかにもてたかを実際より誇張した。そうして話すうちに、出入りしていたバーが同じだったことや、同じロックバンドのコンサートを見ていたこともわかった。しかも、どちらも同じツアーの中のコンサートだった。まるで、適当に置いてみたパズルのピースが立て続けに合ったようで、とても驚いた。人は皆、自分の人生の特殊さを過大評価しているから、他人との共通点がいくつも続けて見つかると奇跡のように感じてしまう。偶然の一致が多くあると、二人が出会ったことを運命だと感じやすいのだ。

出会ったばかりの二人は、無意識のうちに、自分たちの知的レベルが合っているかも確かめようとする。ジェフリー・F・ミラーが著書『恋人選びの心――性淘汰と人間性の進化』に書いているとおり、人間には自分と知的レベルの合う相手を配偶者に選ぶ傾向がある。知的レベルを知るには、その人のボキャブラリーを手がかりにするのが最も簡単だ(16)。IQが八〇程度の人でも、「布地」、「巨大」、「隠す」といった言葉なら知っているだろう。しかし、「刑罰」、「消費」、「商取引」となると怪しくなってくる。IQが九〇程度になればそうした言葉も知っていると思われるが、「法定代理人」、「沈思黙考」、「不承不承《ふしょうぶしょう》」などの言葉は知らない可能性が高い。そのため人は、誰かと知り合う時、無意識のうちに相手のボキャブラリーのレベルが自分と合っているかを知ろうとするのだ。

ウェイターがそばに来たので、二人は食べ物と飲み物を注文した。当然、何を注文するかは自分の意志で決めるわけだが、重要なのは、人は必ずしも自分の好きなものを選ぶとは限らないということだ。自分の本当の好みは、自分でも気づいていないことがある。もしかすると、ロブは、カベルネワインが好きで、メルローワインが嫌いなのに、自分ではそれを知らないということもあり得るのだ。だが、困ったことに、ジュリアがカベルネを注文したために、ロブはメルローを注文する羽目になった。ここは同じにしない方がいいと思ったのだ。

食事は惨憺たるものになった。料理自体は美味しかったのだが、色々と問題があったのだ。店を指定したのはロブだ。彼自身はこのレストランに来たことがなかったが、二人の共通の友人の助言に従って決めた。友人は自分の選択に自信を持っているようだった。まず困ったのは、サラダがじつに食べにくいということである。そういう店は時々あるので、ジュリアは警戒して、前菜もメインディッシュも、ナイフとフォークをさほどうまく使えなくても食べられるものばかり注文していた。しかし、ロブはサラダを注文してしまった。メニューを見る限りは美味しそうだったからだ。だが、口へ持っていこうとすると、どうしてもドレッシングが撒き散らされ、両頬に大量にかかることになる。メインディッシュも食べにくいものを選んでしまった。ステーキとポテトとオニオンが三段重ねにしてあり、映画『未知との遭遇』に出てくるデビルズタワーのようになっていた。一九九〇年代に、そういう「背の高い」料理が流行《はや》ったことがあるが、それを復活させたのかもしれない。一口食べる度に、あのラシュモア山を削り取っているようでもあった。

だが、食事での失敗など、些細なことだった。ロブもジュリアも互いに「この人だ」と感じていたからだ。メインディッシュを食べながら、ジュリアは自分のこれまでの人生について話した。子供の頃のこと、大学時代には、コミュニケーション学を勉強したということ。今は広報の仕事をしているが、色々とストレスが多いこと。将来は、自分でPR会社を立ち上げたいと思っていること。バイラルマーケティング（口コミを利用したマーケティング）の手法を使ってみたいということ。

ジュリアはロブの方に身を傾けて話をした。立て続けに水を飲み、リスのような速さで食べ物を咀嚼《そしゃく》した。口に食べ物が入っていると話ができないからだ。彼女は強いエネルギーを発散していた。そばにいると伝染しそうなエネルギーだ。「きっとすごいことができる」、「すべてが変わるかもしれない」そんな考えに自分で興奮していたのだ。

人の感情の九〇パーセントは、言葉以外の要素によって伝わる。[17] 話す時の態度、体の動きなども大切な要素だ。それは「無意識の言語」と言ってもいいかもしれない。また、体の動きは、話し手の感情を他人に伝えるだけでなく、話し手自身の感情にも影響を与える。話し手の心の中の状態は、自分がどんな態度をとり、体をどう動かすかによって大きく左右されるということだ。ロブとジュリアは、話しながら、何度も下唇《したくちびる》をなめていた。どちらも椅子から身を乗り出していた。そして、時々、目の端でちらっと相手のことを見ていた。どれも、好意を持っている相手に人が無意識にするしぐさだ。ジュリアは自分でも気づかないうちに、頭を少し傾けて、首筋を相手に見せつけるようなしぐさもしていた。これは、女性が性的に興奮していることを示す。もし、その時、目の前に鏡があって、ジュリアが自分の姿をつぶさに眺めることができたとしたら、彼女はひどくショックを受けたに違いない。髪を整えるために腕を持ち上げる、同時に胸も持ち上がる、その動きはまるでマリリン・モンローのものまねでもしているようだったからだ。

ジュリアはロブとの会話をとても楽しんでいたのだが、自分でそのことに気づいていなかった。しかし、ウェイトレスは、二人の頰が興奮で少し赤くなっていることに気づいていた。それを見れば、楽しんでいることは明らかだった。初デートの男性は誰よりも気前良くチップをくれるので、ウェイトレスもそのカップルを気をつけて見るのだ。この日の食事の大切さをジュリアが本当に理解するのは、何日も経ってからである。何十年経っても、ジュリアはその時の出来事を細部にいたるまで決して忘れない。ロブがパンかごのパンを全部食べてしまった、ということをはじめ、ありとあらゆることをずっと覚えているのだ。

ともかく、この日の会話はずっと淀みなく進んだ。

人間の場合は、言葉が求愛を進めるための「燃料」の役割を果たす。他の動物の中には、求愛の際に踊って相手の気を惹こうとするものもいるが、人間の場合には、踊る代わりに言葉を使うのだ。ジェフリー・F・ミラーによれば、大人のボキャブラリーは通常、六万語くらいだという。それだけのボキャブラリーを身につけようとすれば、生後一八カ月から一八歳までの間に、だいたい一日一〇～二〇語ずつ覚えなくてはならないことになる。ただし、会話の六〇パーセントは、最頻出の一〇〇語くらいを使えばできてしまう。そして、最頻出の四〇〇語を使えば、会話の九八パーセントは成り立つのだ。にもかかわらず、なぜ人間は、めったに使うことのない余分な言葉を五万六〇〇〇も覚えるのだろうか。

　それは異性を惹きつけるため、また異性を選別するためではないか、とミラーは考えている。仮に、カップルが一日に二時間、平均して一秒に三語のスピードで会話を交わすとし、女性が妊娠するまでの三カ月間、セックスをし続けるとする（三カ月というのは現代の感覚では短いようだが、先史時代のサバンナではそのくらいが普通だっただろう）。だとすれば、二人は、その間に一〇〇万語くらいの言葉を交わすことになるだろう[18]。単に数多くの言葉が交わされるだけでなく、一方がもう一方を怒らせたり、いら立たせたり、退屈させたりということもよく起きるに違いない。喧嘩をして、仲直りをする場面も多いだろう。咎《とが》めたり、咎められたり、反省の弁を述べたりということも何度もあるはずである。そうして、たくさんの言葉、色々な言葉を交わした後でも、二人が別れることなく暮らしていれば、その後も子供が育つまでの長い間、一緒にいられる可能性が高いと言える。

　ロブとジュリアが初デートの日に使ったのは、今後交わすであろう何百万語のうちのわずか数千語だったが、その時点での二人の関係は驚くほどうまくいっていた。一般には、男性より女性の方が「ロマンティック」で、恋愛には熱心であるとされている。しかし、実際には、男性の方が恋に落ちるのが早いということを示す証拠が数多くある[19]。男性は浮気者と思われやすいが、真の愛ならば、永遠に続くことも多いことがわかっている。女性は恋に落ちるまで、男性よりも少し時間がかかるのだ。ジュリアの場合も、最初の日と、その後数ヵ月の会話によって徐々に、ロブへの警戒心を解いていった。

ジュリアと出会った日のロブは、普段とは別人のようだった。ひょっとすると親しい友人ですら、彼だとわからないくらいにいつもとは違っていた。彼は、恋愛に関しては冷めたことを言うのが常だった。自分が恵まれた体格をしていることにもまったく無頓着な素振りをしていた。時折、自分の腕をほれぼれと眺めていることがあるというのは、皆が知っていたが。この日のロブには、冷めた態度などは微塵《みじん》もない。通常、男性は会話する時、全体の三分の二は自分の話をしていると言われるが[20]、そんなことはなく、ジュリアの抱える悩みに真摯に向き合っていた。デイヴィッド・バスなども言っているとおり、男女関係において何より必要で、重要なのは、互いに対する思いやりである[21]。人間の場合、求愛とは、その大部分が、「互いへの共感や同情を示すことだ。そして、相手に対し、「私はこれだけ優しい人間ですよ」と訴えるのだ。子供や犬を連れてデートをしているカップルの様子を見ていればそのことがよくわかるだろう。

もちろん、人は交際相手を、優しさだけで選ぶわけではない。もっと現実的な計算もはたらく。その計算は、ベテランの株式トレーダーのようでもある。無意識のうちにではあるが、社会という市場において、相手の価値が今後、上がるのか下がるのかを予測して行動を決めるのだ。本能的に、投資に対して最もリターンが大きくなる道を探るのである。

男性は金持ちであればあるほど、付き合う女性が若くなる傾向がある。また、女性は外見が美しいほど、付き合う男性の収入が多いという傾向がある。[22] 男性の収入の多寡は、配偶者が美しいかどうかでわかることが多い。

男性は、何か欠点があっても、他に何か秀でたところがあれば、それで埋め合わせることができる。たとえば、身長が低くても、収入が多ければ身長の高い男性よりも、女性の人気を勝ち得ることができるのだ。ギュンター・ヒッチ、アリ・ホルタサス、ダン・アリエリーは、インターネットのいわゆる「出会い系サイト」で集められたデータを基に調査をした。その結果、身長が一六八センチの男性でも、もし、年収が一七万五〇〇〇ドル多ければ、一八二センチの男性と互角になれることがわかった。アフリカ系アメリカ人の男性が白人女性と付き合いたい時は、だいたい年収が一五万四〇〇〇ドル多ければ、白人男性と同等になれることもわかった（女性は、男性に比べ、自分と違う民族の異性を敬遠する傾向が強い[23]）。ロブとジュリアも、この種の計算を無意識のうちにしていた。外見の美しさと収入のバランス、言ってみれば二人の「社会資本」の釣り合いが取れているかを探り合っていたのだ。そして、あらゆる面から見て二人の釣り合いが完璧に取れていることは明らかだった。

遺伝情報の交換

人間には文化というものがあるが、その大きな役割は、人間が生物として自然に持っている欲望を抑制することにあると言ってもいいだろう。たとえば、本能だけに任せていたら、求愛などの行動はどうしても性急すぎるものになってしまう。その動きを減速させるのが文化の重要な役割なのだ。従って、文化と本能の間には緊張関係が生じることになる。初デートの時のロブとジュリアは、とても強い衝動を感じていたが、その一方で、あまりに情熱的なこと、あまりに先走ったことを自分が言ってしまうのを恐れていた。人間の世界で求愛に成功する人というのは、自分と相手の関係に合ったメロディやリズムを見つけ出せる人のことだろう。自分を抑えながら、お互いに相手の様子を探り合っているうちに、うまく同調できるようになった二人の関係は続いていくし、同調ができなければ長続きしない。「同調できるようになる」というのは、二人の間で守るべき暗黙のルールが確立されるということでもある。いったんルールが確立されれば、その後二人は、お互いに対して何をする時にも、そのルールの下で行動することになる。

フランスの作家、スタンダールは「恋愛が与えうる最大の幸福は、愛する人の手をはじめて握ることとである」と言った(24)。ロブとジュリアの初デートの時の会話は、実は会話というよりは、サルで言えば「毛繕い」のようなものだった。テーブルから立ち上がって、出口へと向かう時、ロブはジュリアの腰に手を回したいと思ったが、なれなれしいと思われるのを恐れてできなかった。ジュリアはジュリアで、大きなリュックを背負ってきてしまったことを悔やんでいた。本が何冊も入るようなリュックで、入れようと思えば折りたたみの自転車くらいなら入りそうな大きさである。朝、出かける時に迷ったのだが、小さなバッグを持っていると、「いかにもデート」という印象になり、今日の出会いにとても期待している感じになってしまう。それが嫌だったのだ。しかし、これが人生の中でも特に大切な出会いだということがはっきりした今、彼女は「やはり小さなバッグで来るべきだった」という思いでいっぱいになっていた。

店から外に出る時、ロブはようやくジュリアの腕に触れた。ジュリアはロブを見たが、その目を見れば、ロブを信頼していることはよくわかった。二人は、高級文具店の脇を歩いて行った。本人たちは気づいていなかったが、その歩き方はすでに恋人同士の歩き方だった。互いに寄り添い、どちらも笑顔を浮かべている。前から見れば、すぐに幸せそうとわかる笑顔だ。ジュリアは、ロブといることを本当に心地良いと感じていた。食事の間、ロブはジュリアをじっと見つめていた。その眼差しは、映画『めまい』でジェームズ・ステュアートがキム・ノヴァクを見つめていた時のような偏執的なものではない。ただ、とにかく強く惹かれているという目で、その目にジュリアも惹きつけられた。

ロブはジュリアをエスコートして車に戻る間、少し震えていた。心臓の鼓動は速くなり、呼吸も速くなっていた。彼は、食事の時、いつになく軽妙に話をした自分に気づいていた。ジュリアが目を輝かせて聞いていたので、それに促されたようでもある。彼の胸には、得体のしれない、漠然とした感情が押し寄せてきていた。ロブは思い切って「明日も会えるかな」と訊いた。もちろん、ジュリアの答えは「イエス」だ。別れ際、ロブは、ただ握手だけですませるのは嫌だった。でも、キスはまだ早すぎる。それで彼女の腕を握りしめ、彼女の頬に自分の頬を擦り寄せた。

二人は軽く抱擁しながら、無言のうちに互いのフェロモンを感じ取っていた。その時、体内のコルチゾールレベルは下がった。これはストレスが低下したということだ。嗅覚は、この種の状況で重要な役割を果たす感覚である。嗅覚を失った人は、視覚を失った人よりも感情に問題を抱えることが多いとも言われる。[25]それは、嗅覚が、他人の感情を読み取る上で非常に役立つ感覚だからである。そのことは、モネルセンターで行なわれた実験でも証明されている。その実験ではまず、男女の被験者を集め、脇の下にガーゼを貼るよう指示し、その状態でホラー映画かコメディ映画を見てもらった。その後、別の被験者を集め、（おそらくは相当の報酬を払って）ガーゼの匂いを嗅がせた。すると皆、かなりの確率で（偶然よりは明らかに高い確率で）、どちらがホラー映画を見た人の匂いで、どちらがコメディ映画を見た人の匂いかを当てることができたのだ。また、女性の方が男性よりも正答率が高い傾向が見られた。[26]

付き合い始めた二人はいずれ、互いの唾液の味も知ることになる。人間は実は、唾液の味から相手の遺伝情報を得ることができる。ローザンヌ大学におけるクラウス・ウェデキンドの有名な実験によれば、女性は、遺伝子の中の〝HLA（ヒト白血球型抗原）〟と呼ばれる領域の中が自分と大きく違っている男性に惹かれやすいということがわかっている。男女のHLAの型が違っているほど、産まれてくる子供の免疫系のはたらきが良くなるが、それと関係があるのではないかと言われている。[27]

ロブとジュリアは、遺伝情報の点でも相性が良く、お互いが無意識にそれを感じ取った。

はじめて昼食をともにした二時間は、結果的に、二人の人生の中でも最も重要な二時間になった。幸せな人生を送る上で、誰と結婚するかは非常に大事なことだろう。結婚相手を決めるほど大事な決断はそうはないはずだ。その日の午後、二人はその決断に向けて動き出したわけである。

とても楽しい時間だった。でも、その間、彼らはSATですらやさしすぎると思うほど、難しく大変な知力を必要とする試験に挑んでいたのだ。一二〇分間、どちらにも実にきめの細かいふるまいが求められる。まず、愛想が良くなくてはならないし、思いやりも必要だ。ウィットも、状況に応じて臨機応変に対応する機転もいる。「初デートでこれは行き過ぎ」、「ここまではいい」というような、暗黙のうちに社会にあるルールも守らなくてはならない。細かく言えば、おそらく一〇〇〇くらいの判断を下す必要が出てくるだろう。判断を下す、その結果に基づいて行動する。どうするのが良くて、どうすると良くないのか、それを決める明確な基準はないのだ。言葉ではない、無言のうちの態度から、色々なことを読み取らなくてはいけない。ふとした笑顔、一瞬の沈黙にはどんな意味があるのか。二人が同じジョークを面白いと思っていれば、それも大事なヒントになるだろう。両方が次々に相手に問題を出し、両方がそれを解いているようなものだ。そして、相手の解答を採点したり、自分の解答を自己採点したり、ということを繰り返す。採点結果がずっと良好ならば、徐々に恋人に近づいていく。

この、本当は非常に難しいはずの試験を、私たちはまったく意識することなく、いとも簡単にやってのけている。それは、その能力が、長い長い生命の歴史のすべてをかけて進化してきたものだからだ。私たちは、まさにその時に対応できるよう、進化を遂げてきたと言ってもいい。ロブもジュリアも、結婚相手を選ぶための知識や技術を学校で身につけたわけではない。数学などとは違い、学校で教わるものではないのだ。生まれつきの能力なので、それを使うのに、意識的な努力はいらない。ただ、自然にふるまっていれば、ひとりでに能力がはたらくのである。

初デートが終わったくらいの時点では、どちらも、自分の下した結論を言葉にはできない。様々な感覚、感情はどれも、まだ意識には伝えられていないのだ。もう「恋に落ちる」ということは決まっているのだが、その決定は心の底にあり、すぐには浮かび上がって来ない。本人の自覚としては、自分で決定を下した、という感じではない。先に決定があって、その決定に動かされるという印象だ。相手を求める気持ちはすでにあるのだが、どちらも、それに気づくのにしばらく時間がかかる。気づいた時にはもう、心の中で相手に対する強い感情が固まっているというわけだ。ブレーズ・パスカルも言っているとおり、「心には理性でわからない理屈がある」ということである。

何とも理不尽なようだが、実は人間の決意、決心というのはこういうものなのだ。自分が何を望んでいるのかは、後から知ることになる。これは、結婚相手を決める時だけでなく、他の多くの場面、特に重要な場面で同じようなことが起きる。自分でも知らない間に決まってしまっているのは、誰を愛するか、だけではないのだ。むしろ、こういう決まり方が人間にとっては普通と言えるだろう。何を食べるかから、どういう仕事に就くかまで、あらゆる種類の決定がうかがい知れないところで下され、自分には後から知らされる。もちろん、愛する相手を決めることは、後の人生に大きく影響するので特別に重要な決定と言えるが、決め方は特別ではない。意思決定は、理性の仕事ではなく、実は感情の仕事なのだ。

理性の限界

意思決定は私たちの知らないところでなされ、私たちの意識には後で知らされる、そうわかったことは、一つの革命だったと言っていい。意思決定は感情によるもので、理性によるものでないという発見も、大きな転換だった。その発見のきっかけとなったのが、「エリオット」という名で知られる一人の人物である。エリオットのエピソードは、脳研究の世界でも特に有名なものの一つだ。エリオットは脳腫瘍にかかり、前頭葉の切除手術を受ける。彼は元々、知性が高く、博識で、社交性にも富んだ人だった。世の中を少し斜めから見ているところがあり、その視点も魅力的だった。しかし、手術後は、日常生活を送るのにも支障をきたすようになった。何かをしようとしても、それに集中できない。すぐにどうでもいい些細なことに気を取られて、脇道にそれてしまうのだ。仕事場で書類の整理を始めると、途中で書類の中身を読み始めてしまい、作業が進まない。そもそも「絶対に書類の整理をするぞ」と決意を固めるまでに丸一日を費やしてしまうことも珍しくない。どこで昼食をとるかを決めるだけでも何時間もかかり、決めた後も、一箇所にとどまっていることができない。なけなしの貯金を、わけのわからないことに投資してしまったりもする。妻と別れ、家族全員が反対する女性と再婚したかと思うと、すぐ離婚したり、ということもあった。要するに彼には、もはや分別のある意思決定ができなくなっていたのだ。

エリオットは、神経学者で神経科医でもあるアントニオ・ダマシオの診察を受けた。ダマシオはエリオットに何種類もの試験を受けさせ、詳細に調べた。まず、彼のＩＱは平均以上であった。数や幾何学図形の記憶力なども優れていた。不完全な情報を提示されて、欠落部分を埋めるということも非常にうまくできた。しかし、ダマシオがエリオットと何時間も会話を交わして気づいたのは、彼が常に無表情であるということだ。まったく感情があるように見えない。自分の身に降りかかった悲劇的な出来事について話す時でさえ、平然と、悲しそうな顔一つ見せることはない。

ダマシオはエリオットに、地震や火事、交通事故、洪水などの時に写された、凄惨な写真を見せてみた。エリオットは、それが普通ならば大きく感情を動かされるはずの写真であることは理解していた。だが、彼自身は見ても何も感じないというのだ。ダマシオは、エリオットの意思決定に問題が生じたことと、感情がなくなったことに重要な関係があるのではないかと考え、その点について調査を始めた。

意思決定をする際には、いくつか選択肢があり、その中から一つを選ぶということが多い。調査の結果、わかったのは、エリオットは個々の場面で自分にどういう選択肢があるかは理解しているということだ。二つの道があり、一方しか選べないが、どちらにも正当性があるという場合には葛藤が生じる。そのこともエリオットは正しく理解できた。つまり、かなり複雑な状況下であっても、意思決定ができるだけの素地が彼にはあったということだ。

彼にできなかったのは、「意思決定そのもの」だけ、と言ってもいい。あとはすべて普通なのに、決定を下すことだけができない。選択肢が複数ある時、その一つ一つの価値評価ができないのだ。ダマシオは「彼にとってはどの選択肢も同等でしかなく、地形にたとえれば、平原がどこまでも広がっているようなものだった」と言っている。(28)

ダマシオが調査した中には、エリオットよりもさらに深刻な状況に陥っている人もいた。(29)その人は中年の男性だが、脳に損傷を受けたことで、感情に関する機能を失っていた。彼は、ダマシオとの面会が終わり、次の面会日の候補を二つ提示されても、すぐにどちらが良いか判断できなかった。スケジュール帳を出して、二つの候補のそれぞれにつき、良い点と悪い点を列挙してみなくては決めることができないのだ。三〇分くらいの時間を費やして、「天気が良さそうなのはどちらか」、「他の約束と日が近いのはどちらか」などと順に書いていった。ダマシオは「テーブルを叩いて、『やめてくれ！』と言いたくなるのをこらえて、じっとその様子を見ているのは大変な苦行だった」と言っている。しかし、ダマシオと同僚の研究者たちは、しばらくは何も言わず、ただ黙って見守った。最後にはダマシオの方から声をかけ、次回の面会日を指定したのだが、相手はまったく躊躇することなく「それで結構です」と言い残してすぐに帰って行った。

「このケースを見ると、理性というものの限界がよくわかる」とダマシオは自著『デカルトの誤り――情動、理性、人間の脳』に書いている。(30) 感情がなくなってしまうと、人間は自滅的な行動をしやすく、とても危険なのである。感情がない人間、というと、つい『スタートレック』のミスター・スポックのように、常に冷静で計画的に行動する人を思い浮かべてしまうが、実際にはそうではない。感情がなくなると、人間は、愚かな人生を歩むことになってしまうのだ。極端な場合、彼らは反社会的な人間になってしまう。他人の心の痛みを推し量ることもできないから、平気で粗暴なふるまいをする。

こうした障害を抱えた人たちの実例を基に、ダマシオは「ソマティックマーカー仮説」という仮説を立てた。これは、人間の認知における感情の役割についての仮説である。脳と身体の相互関係に対する考え方が研究者によって違うこともあり、細部についてはいまだ異論があるが、価値判断に感情が大きく関与しているという点については広く認められている。私たち人間は、人生において、無意識のうちに感情に基づいて進むべき道を決めていることが多いというのである。つまり、無意識に、自分にとって不都合な結果を生みそうな選択を避け、満足できる結果につながりそうな選択をしているわけだ。ダマシオは次のようにも書いている。「いくつかの選択肢がある場合、そのどれが好ましくて、どれが危険なのかを、ソマティックマーカーが教えてくれる。私たちが意識して深く考えなくても、個々の選択肢にソマティックマーカーが付けられるので、それを手がかりにすれば、危険な選択肢は最初から検討の対象にしなくてすむ。いわば、自動価値判断システムである。本人が意識の上でそうしたいと思わなくても、これからの未来に起こり得る出来事の逐一について、望ましいか否かの判断を自動的に行なうのだ。先入観を作るシステム、と言ってもいいかもしれない[31]」

私たちが日々、普通に暮らしているだけでも、脳には絶えず膨大な感覚情報が流れこんでくる。聴覚情報や視覚情報、嗅覚情報や触覚情報などが一斉に押し寄せてくるのだ。そのままでは、ただの混乱状態である。そこで、脳のいくつもの部位と身体とが連携して、まるで車に取りつけられたGPSのようなはたらきをする。GPS（Global Positioning System）はまず、まず自分の現在地を把握し、その上で、どの方向に行けば目的地に着くかを教えてくれる。それとほぼ同じということだ。人間に備わったこのシステムを仮に、〝EPS（Emotional Positioning System, Emotional＝感情の）〟と呼ぶことにしよう。EPSはまず、周囲の現在の状況を把握する。そして、記憶に蓄えられた膨大な量のデータとそれを比較する。過去のデータと比較することで、今のまま物事が進んだ場合に、好ましい結果が得られるか、それとも悪い結果になるかを判断するのだ。さらに、周囲に存在する人や場所、あるいは周囲で起きている出来事などの一つ一つを、特定の感情（恐怖、興奮、感嘆、嫌悪など）に結びつけ、それにより、個々に対しどう反応すればよいかを暗黙のうちに指示する（対象が人であれば、笑うべきか、笑わないべきか、近づくべきか、逃げ出すべきか、など）。EPSはこのようにして、日々、私たちを導いてくれているのだ。

たとえば、レストランのテーブル越しに、誰かがあなたの手に触れてきたとしよう。その時、脳は即座に、似たような出来事の記憶がないかを探る。ひょっとして、映画『カサブランカ』の中で、ハンフリー・ボガートが、イングリッド・バーグマンの手に触れるシーンが記憶に残っているかもしれない。随分前、高校生の時のデートでそんなことがあったかもしれない。幼い日、マクドナルドにいる時に、母親が手を握ってきた、という記憶が見つかることもあるだろう。

脳が過去のデータとの照らし合わせにより、出来事の意味を解釈すると、身体も反応する。心臓の鼓動が速くなり、アドレナリンレベルが上がる。顔には微笑が浮かぶ。身体と脳の間では、非常に複雑な経路をたどって情報が行き来する。脳と身体は一体であり、両者の間の境目はないのだ。その意味で、肉体と心を別のものであるとしたデカルトの考えは誤っていたと言える。物理世界と精神世界はつながっており、両者は複雑に関係し合っている。一方がもう一方に影響を与えると、また反対方向に影響が与えられる。心からの指示によって身体が動き、その結果についての情報がまた心に伝えられる、それが繰り返されることで、個々の人や物、出来事をどう解釈すればいいのか、どういう感情と結びつければいいのか、その判断に役立つデータが蓄積される。過去のデータから、テーブル越しに手を触れられる、という出来事は「好ましい」と解釈された、また「性的な意味を持つ」とも解釈された。心臓の鼓動が速くなるなどの反応が起きたのはそのためだ。

手を触れられるという出来事のすぐ後には、脳と身体との間の経路だけでなく、別の経路での情報のやり取りも行なわれる。脳の進化的に古い部位と、前頭前野などの新しい部位との間の経路である。この経路での情報の流れは比較的遅いが、脳と身体の間に比べ、複雑な情報処理が行なわれる。何か出来事があると、まず脳と身体の間の経路により、即座に何らかの反応が起きることが多い。二つ目の経路では、この反応の結果を踏まえ、今、起きていることをさらに細かく分析する（「テーブル越しに私に触れてきたこの手は、母の手とはまったく違う。この手は、私がセックスしたいと思う人の手だ」など）。また、同時に、軽率な行動は取らず、分別をもって自重せよ、という警告も発せられる（「今はとても嬉しいし、この手を取ってすぐにでもキスをしたい。でも、そんなことをすると、ただもてあそばれるだけになるかもしれない。前にもそういうことがあった」など）。

このような情報処理が行なわれていても、その間、私たちがそれを意識することはほとんどない。やはりこの分野では著名な研究者の一人である、ジョセフ・ルドゥーもそう言っている。手を触れられたという情報は何度も繰り返し吟味され、出来事についての解釈も何度もやり直される。触れられたことに対し、身体は反応し、同時に次の行動の計画が立てられ、その計画に基づいて次の反応が起きる。非常に複雑なことが行なわれているわけだが、すべては意識下で瞬きする間に起きることであり、本人が自覚することはないのだ。こういうことは何もデート中だけに起きるわけではない。スーパーマーケットでシリアルを選んでいる時にも起きるし、転職先の会社を探している時にも起きる。EPSはあらゆる場面ではたらき、あらゆる選択肢を特定の感情に結びつけ、価値判断を助ける。

私たちが自分の気持ちを自覚するのは、情報処理がすべて完了した後である。突如として、自分がどのシリアルを買いたいのか、どの会社に行きたいのか、また相手の手を握りたいのか（そして、一生をともにしたいのか）を悟るのだ。気持ちは、心の奥底から表面に浮かび上がってくる。それはおそらく、普段私たちが「衝動」と呼んでいるものだ。だが、そのすべてが、理性に照らして望ましい衝動とは限らない。私たちを良い方向に導いてくれる衝動もあれば、従ってしまうと道を踏み外すような衝動もある。それでも、衝動が湧いてくるのを抑えることはできないのだ。衝動に逆らって行動することができないわけではないが、衝動が強く私たちをある行動に駆り立てること、一定の方向に導こうとすることは確かだ。ルドゥーは、この点について次のように書いている。「感情の基本的な部分は、脳と身体の無意識のうちの相互作業によって決まっている。私たちが自覚できる感情というのは、言ってみれば、感情というケーキの『アイシング』のようなものだ[32]」

理性と感情は一体

人間の意思決定について詳しく調べていくと、重要な事実に行き当たる。それは、「理性と感情は決して切り離せない」ということだ。両者は明確に分けられるものでもなければ、敵対するものでもない。理性は感情があってはじめて機能できるものである。感情に依存していると言ってもいい。感情は、物事の自分にとっての価値を決める役割を果たす。理性はただ、感情によって高い価値を与えられたものを選択するだけだ。どれほど現実的、理性的と見られている人でも根本を探れば感情的、ということになる。
私たちは何気なく「心」、「自分」といった言葉を使う。だが、ここで大事なことは、「心」や「自分」は決して一つではないということだ。どこかに「心」と呼べるようなものが存在するわけではない。脳と身体の間でいくつも並行して行なわれ、極めて複雑に絡み合う情報のやりとり、情報処理をひとまとめにして、「心」や「自分」と呼んでいるだけである。心が飛行機で言う「機長」のようにコックピットに座り、意思決定をしているのではない。「デカルト劇場」のようなものは存在しない。脳の中にスクリーンがあって、そこに過去に経験されたことがらが映し出され、小人がそれを見ている、などということはないのだ。スクリーンを見た小人が、過去のデータを基に意思決定をするわけでもない。実際には、ノーベル賞を受賞した生物学者、ジェラルド・エデルマンが言うとおり、脳は一つの生態系のようなものである。様々な要素が複雑に関係し合うネットワークと言ってもいい。脳内のあらゆる部位、身体の各器官が相互に情報をやりとりし、受け取った情報に反応する。身体の各器官に指示をするのは脳だが、脳の指示ははじめから一つに統一されているわけではなく、同時に複数の指示が出され、それが競合する。そして、競争に勝った指示に身体は従うことになる。(33)

さらにもう一つ、覚えておくべきなのは、私たちの意思決定は通常、さほどきっぱりしたものではないということだ。人間は絶えず迷い、揺れ動く存在である。過去一世紀くらいの間、人間の意思はいずれかの時点で固まるもの、と考える人が多かった。まず多くの情報を集めて状況を把握し、ある程度「これでいい」という確信が得られたら、決心をする、そんなふうにとらえるのが一般的だったのだ。しかし、実はそれは正確ではない。むしろ、人間は、時々の状況に応じて日和見的に進む方向を変える放浪者のようなもの、と言った方がいいだろう。同じ人間、同じ状況であっても、見方は刻一刻と変わっていき、それにつれて行動も変わるのだ。その過程で、脳は無数の価値判断をすることになる。その価値判断が蓄積されることで、いわゆる「目標」や「野心」、「夢」、「欲望」といったものが生まれる。行動全般がそれに左右されると言ってもいい。幸福で充実した人生を送れる人は、まず、その価値判断が適切な人である。また、価値判断の微妙な変化を敏感に察知できることも大切だ。

ロブとジュリアは、最高の教育を受けた人たちとは言えないし、何もかもを知り尽くした人たちというわけでもない。だが、二人とも、恋愛の仕方は知っていた。レストランで向かい合った彼らは、お互いへの関心を徐々に強めていった。その間、脳内では短時間のうちに、感情を基に多数の価値判断が行なわれ、その結果が行動における小さな意思決定に反映された。そうして、少しずつ二人の進むべき方向が決まっていったのである。ケネス・ドッジは次のように言っている。「脳内での情報処理には必ず、感情が関わってくる。感情は人間の認知活動を支えるエネルギーである。大量の情報を整理し、どの情報に注目すべきか、どの情報は無視できるかを判断する上でも感情は重要だ。私たちがどう行動するか、また世界が私たちにどう見えるかを決めるのも感情だと言っていい」[34]

ロブとジュリアは、お互いを自分にとって大事な存在だと認め合った。二人は、何か強い流れに自分が押し流されるのを感じていた。それは二人にとって喜ばしいことだった。その流れが、自分たちを、ずっと行きたいと熱望していた場所に連れて行ってくれる、そんな気持ちでもあった。ジュリアは、はじめて会った瞬間にロブを細かく分析したが、その気持ちは、分析の結果として生じたものではなかった。もっと全体的な評価の結果である。分析とはまったく違ったルールに基づいて行なわれる評価であり、非常に影響力が大きい。ともかく、ジュリアは恋に落ちた。なぜ、ロブに惹かれるのか、ジュリアはその理由を後になってから考えるだろうが、どれも後づけの理由である。彼女とロブは、ともに同じ道に迷い込んだ。それは、人生を実り多いものにする道だった。

2章　生活観の違い──結婚とセックス

ロブとジュリアは結婚した。その後の何カ月かはとても幸せに過ごしていたのだが、同時にある問題に直面してもいた。結婚した二人が必ずと言っていいほど直面する問題である。それは「生活観の違い」である。人はそれぞれ、自分が日々の暮らしをどう営んでいくか、ということを無意識のうちに考えている。それが生活観だ。生活観は一人一人違っている。結婚をするというのは、その生活観の違う人間どうしがともに暮らすということである。無意識なので、本人も最初はそれに気づいていないことが多い。しかし、毎日毎日、同じ家で暮らしていれば、やがて違いに気づくようになる。一見、大きな違いではない。些細な違いだ。生き方のパターンのようなものが少しずつ違っているのだ。結婚するまでは、その存在さえ、想像もしなかったような違いである。

たとえば、ジュリアは、食器は使ったらその都度洗うものだと思っていた。しかしロブは、食器は、シンクにためておいて、一日の終わりにまとめて洗うものだと思っていた。トイレットペーパーのかけ方も反対だった。ジュリアは、先の部分が前に垂れるようにかけるものだと思っていた。だがロブは、それとは反対で、先の部分が後ろに垂れるようにするものだと思っていた。

朝、新聞を読む、ということに関しても考え方が違った。ロブにとって新聞を読むことは孤独な作業であり、たまたまそばに人がいたとしても、それとは無関係に静かに黙って読むものだった。しかし、ジュリアにとって新聞を読むことは一種の社会活動だった。記事に書かれていることをきっかけに、世界の情勢について会話し、意見を交換し合う機会というわけだ。スーパーに行った時に買ってくるものも違う。ロブは、もうできあがっている料理を買ってくる。トルテッリーニ（中に具の入ったパスタ）のパック、冷凍のピザやキッシュなど、すぐに食べられるものを買ってくるのだ。一方、ジュリアは、卵、砂糖、小麦粉など、料理の材料を買ってくる。ジュリアがスーパーで二〇〇ドル（約二万五〇〇〇円）も使ったにもかかわらず、帰ってきた時点でまだ夕食に食べられる料理が何もない、と知ってロブはとても驚いた。

ただし、こういう問題があっても二人がひどく悩むということはなかった。何と言ってもまだ結婚したばかりだったからだ。この時期には、一緒に行動することも多く、セックスの回数も多い。これから相互に依存して生きるにあたって、ゆっくりと、慎重に交渉、取引をしている時期だと言える。

はじめのうちは、何もかもが珍しい。自分とは違う相手の生き方を発見することを面白いと感じられるのだ。たとえば、ジュリアは「靴下を履く」ということに異様に執着していたが、ただそれだけのことがロブにはとても魅力的だった。ジュリアは、ロブのどんなエロチックな要求にも応えてくれたが、靴下を脱ぐことだけは絶対に承知しなかった。逆に、靴下を履いたままでいいとさえ言われれば何でもしてくれたのだ。どれだけ激しく動いて息が荒くなっても、汗まみれになっても、彼女の足の末端まで血が流れることは決してなかった。全米ライフル協会の会長の手からライフルを取りあげるようなもので、無理やり剝ぎとりでもしなければ、彼女のその、死んだように冷たい足から靴下を取ることは絶対に不可能だろう。

ジュリアはジュリアで、ドラッグストアに行く度にハミガキ粉を買ってくるロブに驚いていた。そんな人はこれまで一人も知らなかった。とにかく一週間に一度はハミガキ粉を買ってくるのだ。まるで、もうすぐ火星人が攻めてきて、ハミガキ粉をすべて強奪してしまうとでも思っているように。ロブの関心の向かう方向も、彼女には面白かった。ロブは、何千キロも離れた遠いところで起きていることにばかり強い興味を向けるのだ。特に『スポーツセンター（スポーツ専門テレビ局ESPNのスポーツニュース番組）』で報道されていることには異常な興味を示す。しかし、ごく身近で起きること、本来、自分の感情に直接、影響を与えるはずのことには関心を示さないのだ。そういう出来事に注意を向けることができない。そんなところも、結婚してからしばらくの間は、全部、逐一面白く感じられ、決して不快にはならないのだ。

しかし、そういう時期はやがて終わりを迎え、結婚生活は「第二ステージ」に入る。第二ステージは、「来るべき戦いに備える時期」と言ってもいいかもしれない。日に日に、二人の互いに対する「耐えられない」という思いが募っていく。そもそも最初の段階から、二人は無意識では相手の行動を「おかしい」と感じている。ジュリアには毎朝、六時にベッドでノートパソコンを立ち上げる癖がある。ロブは、家事となるといつも「何もできない」というふりをする。最初は、そういうところも愛嬌がある、魅力的だ、と思うのだが、第一段階が終わり、第二段階になると変わってくる。同じような行動を見て、時には殺意すら抱くようになるのである。

二人は心の中でチェックリストを作り始める。「相手にここは直してほしい」という項目のリストだ。ただし、彼らは、何が何でも相手を自分の思い通りにしようとするような人たちではなかった。もっと繊細で分別もある人たちである。無理に言うことをきかせようとすれば相手は怒り、反発する。それがわかっていた。表面上は言うことをきいたように見せながら、内心は裏切っている、そんな状態になることもあり得る。人の行動や習慣を変えることは不可能でないにしても、ゆっくりと時間をかける必要がある。二人はそのことを十分に承知していた。

ジュリアは、特に最初の数カ月間、まるでジェーン・グドールがチンパンジーを観察するようにロブを観察していた。目を離さないよう絶えずじっと見つめていたのだ。そして、その行動パターンに何度も何度も驚かされることになった。一緒にモールに買い物に出かけても彼は、チーズの微妙な味や香りの違いに一切、興味を示そうとしない。どれでも同じだというのだ。なのに、同じモール内を二〇〇メートル歩いたところで突然、室内用ゴルフ練習機に興味を示し始めた。自動的にボールが戻ってくる機能がついた練習機だ。よほどほしいのか、うっとりと眺めている。ロブは自分のことを整理整頓が好きな人間だと思っているらしい。だが、彼の「整理整頓」というのは、ただ、キッチンカウンターの上にのった物を引き出しにしまうという程度のことだ。しかも手近な引き出しに適当に突っ込むのだ。家具などを組み立てる時の行動も不可解だ。組み立てを始める前に、必要な道具や部品を手近にきちんと並べておけばいいのに、そういうことは一切しない。何の準備もないまま、いきなり作り始めてしまう。だから、作り始めてから「あれがない、これがない」と探し回って無駄な時間を費やすことになる。アメリカン・フットボールに関しては、どんなコーチよりも先がよく読めるらしいが、寝室からトイレに向かう通り道に靴を脱ぎっぱなしにしておくと、夜中に困った事態になることは読めないようだ。

こんなこともある。ロブは仕事を終えて家に帰る途中、映画館の前を通りかかる。すると、観たいと思っていた映画がやっている。席は空いているようだ。彼はとっさにチケットを買ってしまう。独身時代にはいつもやっていたようなことだ。映画を観る前に、一応、ジュリアに電話をする。誰か友達とばったり会ったとか、適当な理由を作って今夜は遅くなると告げる。楽しい気分で、深い考えもなしに電話をしているので、受話器の向こう側で急に温度が二〇〇℃くらいも下がったのを感じ取って仰天する。ジュリアが深呼吸をしている音が聞こえる。怒りをぶちまけたい衝動を必死に抑えている人のやることだ。ロブは自分が今夜、映画を観るべきではない、ということをすぐに悟る。楽しそうだと思っても、気軽に自分勝手な行動をすることはもはや彼には許されないのだ。結婚するまでは、ある意味、少年時代の延長のような感じで生きていくこともできる。しかし、結婚した後はそうはいかない。結婚しているというのは、同じ人と繰り返し食事をし、同じ人と繰り返しセックスをするということだ。そうなると、その前とは色々なことが違ってくる。

ロブは、ジュリアの言葉によって否応なく、そのことを理解させられた。ジュリアは、時折、氷のように冷たい沈黙をはさみながら話した。まだ何もわかっていない未就学児に何かを教え込もうとしているような話しぶりでもあった。結婚した以上、相手に対して、それまでの誰とも違う責任を負わなくてはならないこと、何をするか、どうするかは基本的に二人で話し合って決めるべきだということ。相手を気遣うことなく、今、自分がこうしたいからこうする、というような考えは捨てなくてはならないということも言った。

そういう「パラダイムシフト」が、ロブの頭の無意識のレベルで起きれば、二人の関係は、比較的スムーズに、より高いレベルに移行できるだろう。高いレベルの関係において、二人はそれぞれに「自分なりのモンロー宣言」を発することになる。一九世紀、アメリカはヨーロッパ諸国に対して相互不干渉を提唱したが、それと同じようなことをするわけだ。どちらも、相手の人格のうちのある部分に関しては、それを「聖域」とみなし、干渉しないものとする。そう暗黙のうちに認め合うのである。もし、干渉すれば、宣戦布告をしたことになる。移行がうまくいった二人なら、お互いのためにこのように妥協することをむしろ、喜びと感じるはずだ。ロブは、トイレで用を足した後、便座を忘れずに下げる。無私の行為、純粋に相手のためだけの行為だ。それができる自分の気高さを称賛する気持ちになる。ジュリアは、ロブに誘われてアクション映画を観に行った時、心から楽しんでいるふりをする。その時、彼女は自分をマザー・テレサにも匹敵する存在のように思うことだろう。

二人は家庭内に生じる仕事の役割分担を始めた。どちらも、自分が元々、興味を持ちやすい仕事、やる気の出やすい仕事を担当することにした。たとえば、旅行の計画を立てるのはロブの仕事だ。旅慣れているという点にかけて、ロブは相当の自信があったからだ。豊富な知識や経験を活かし、普通の人がなかなかまねのできないようなこともできると自負していた。キャンセル待ちをして格安で航空券を手に入れるくらいのことは簡単だし、空港でトラブルが起きてもうまく切り抜けられる。案内されたホテルの部屋が気に入らなければ、すぐに文句を言って替えさせる。あまりに自信を持っているために、ジュリアは時に昼食までに六箇所のワイナリーを巡る、などというとんでもない強行軍に耐える羽目になった。しかし、それでもジュリアにとっては、旅行代理店のカウンターに長く座ったり、ホテルに予約の電話を入れたりするよりはましだった。その代わり、ジュリアは家財道具の購入を一手に引き受けることになった。よく行くのは、気取らない、庶民的な店ばかりなのだが、そういうお店でさえ、ロブは買う物について自分の意見を言いたがらない。ましてや、買うのか買わないのか、どれを買うのかの最終決定を下すとなるとますます嫌がるのだ。

　結婚生活の満足度は、一般にU字型の曲線を描いて変化すると言われる[1]。はじめのうちは、だいたいどの夫婦もとても幸せに過ごす。しかし、満足度はその後、低下を始め、子供たちが思春期を迎える頃に最低まで落ち込むことが多い。その後は、低いままの状態が続き、仕事を引退するくらいの時期に再び上昇を始める。結婚したばかりのロブとジュリアは総じて言えば、非常に幸せだったし、お互いの相性も良かった。セックスの回数も多かった。これは重要なことである。

夫婦間のセックス

結婚後、半年くらい経ったある日、遅く起きたロブとジュリアは、近所の店でブランチをとった。カントリー調の内装、アンティークな木のテーブルが気に入っている店だ。その後はショッピング。一通り買い物を終えた二人は、公園のベンチでサンドイッチを食べることにした。人間は五感から絶えず、様々な情報を受け取っている。サンドイッチを食べている時には、まず、手に持ったパンの感触の情報を受け取るはずである。もし公園の池に石を投げれば、石の感触も伝わってくるだろう。ジュリアは、小さなプラスチックのナイフでサンドイッチにマスタードを塗るロブの手をぼんやりと見ていた。彼女は意識の上では、自分が彼にしていた話の内容を考えていたが、同時に無意識のうちに性的な興奮を覚えていた。ロブは彼女の話を聞いていたが、同時に、自分でも気づかないうちに彼女の首筋にできた小さくかすかなしわを眺めていた。

彼の心の奥底には「今すぐ、ここでセックスしたい」という気持ちが生まれていた。そばに、周囲から身を隠せるような都合の良い茂みでもあれば、すぐにでも、という気持ち。性欲に男女の違いはないと思っている人も多いかもしれないが、実はそうではない。[2] まず、男性の性欲は非常に一定している。パートナーの女性が生理中であることを何らかの理由で察知すると一時的に下がることがあるが、それ以外は変動が少ない。ストリップクラブのダンサーは、生理中、普段よりチップが約四五パーセント減る、という調査結果もある。[3] ただ、その調査では、チップの減った理由が本当はどこにあるのか、はっきりとした説明はなされていない。

その日、公園にいたロブは、身体と心のすべてでジュリアを求めていた。それは相手が性的に興奮していることを感じ取ったから、だけではない。ロブの心には、いくつもの壁があり、その壁が、奥底にある感情が表に出るのを抑えていた。奥の奥にある感情は、確かにそこに存在したとしても、表面からは見えないよう隠されていて、本人でさえ簡単にはそれを把握できないし、理解もできない。時には、その感情の存在を自分で察知することもないとは言えない。だが、たとえ察知できたとしても、それは言葉ではまず表現できない。ただし、セックスをしている最中には、心の中の壁は一時的に溶けてなくなってしまう。熱情に駆られ、理性的、合理的な思考がほとんどできなくなるからだ。周囲の様子に鈍感になり、自分がどう見えるかもほとんど意識しなくなる。壁がなくなったことで、彼のジュリアに対する感情は、すべて表に出てしまう。彼は嘘偽りのない自分の感情を目の当たりにする。「ロブが唐突にセックスを求めてきたので、ジュリアは仕方なくそれに応じた」ということに形の上でなったとしても、実際にはジュリアはロブのためにそうしたとは限らない。そうなった時、実際には、二人が同時に熱情に駆られている、ということが多いのだ。そして、無意識と無意識のコミュニケーションによってお互いにそれを感じ取ることができる。そうなれば、最高に素晴らしいことだろう。特に、ロブにとっては、何よりもほしかったものが手に入ったという気持ちである。「女は本当に愛されていると感じなければセックスをしないが、男はセックスをしなければ本当に愛されていると感じない」という古いジョークがあるが、まさにその通りだろう。

女性の性欲は男性に比べて複雑である。それはまるで、支流の多い川のようなものだ。女性の性欲は、まずその時々のテストステロンの分泌量に影響を受ける。またセロトニンがどう処理されるかにも影響される。その日の忙しさや、全体的な気分、それから、友人との昼食でどういう会話をしたか、というようなことにも影響されるのだ。自分でも気づかないうちに見たもの、触れたものに影響されることもある。ある絵を目にしたこと、メロディを聴いたこと、花畑の中を歩いたこと。そういうことすべてが彼女の性欲に影響する。男女問わず、人間の裸の身体を見たことで刺激されることもあり得る。それだけではない。何と動物の交尾を見ることでですら刺激になるのだ。もちろん、意識の上では、動物の交尾に刺激されるなどというのは想像したくもないほど嫌なことかもしれないが、実際にそういうことはある。(4)

女性の性欲には、男性に比べて文化の影響を受けやすいという側面もある。(5) たとえば、男性がセックスに求めることは、その人の教育レベルを問わずだいたい同じである。しかし、女性の求めることは、教育や文化、所得のレベル、社会的地位などによって変わってくる。オーラルセックスや同性愛などには、教育レベルの高い女性の方が積極的である。教育レベルの高い女性の方が、総じて、色々なことを試みようとする傾向があるのだ。また、信仰心の厚い女性の方がそうでない女性に比べ、セックスに関しては冒険心が少ないということもわかっている。男性の場合にはそういう違いは見られない。信心深い男性であろうが、そうでない男性であろうが目立った違いはないのである。

女性にとっては、セックスの前の二四時間に起こることすべてが前戯だと言う人もいる。その日のロブとジュリアは、サンドイッチを食べた後、映画を観て、少しお酒を飲んだ。そして間もなく、はじめはじゃれ合うように、やがて激しく愛し合い、いつもと同じように絶頂へと向かって行った。

オーガズムは単なる刺激に対する反射ではない(6)。オーガズムを引き起こすのは、認知、知覚である。つまり、身体だけでなく頭が引き起こすものだということだ。身体と心の間のフィードバックループから生まれると言ってもいいだろう。相手の身体に触れること、また触れられることで、その触感により、ドーパミンやオキシトシンといった化学物質が分泌される。すると、それによって触覚刺激は強く感じられるようになり、さらに化学物質が多く分泌されることになる。するとさらに……ということがしばらく続くと、いずれ絶頂に達するというわけだ。その時、脳では、いくつもの部位が一度に活発にはたらくことになる。そして、複数の部位が複雑に連携してはたらくのだ[7]。女性の中には、身体的な刺激なしで、頭で物を考えるだけでオーガズムに達することのできる人もいる。また、脊髄に障害を抱えていて、首から下の身体の感覚がないが、耳への刺激によってオーガズムに達するという人もいる。事故により性器の感覚が麻痺したが、それでも刺激すればオーガズムに達するという患者の例もある。台湾には、側頭葉の発作により、歯磨きをしただけでオーガズムに達する、という女性もいるという[8]。カリフォルニア大学サンディエゴ校の神経科学者V・S・ラマチャンドランによれば、自身が研究した中に、存在しない足でオーガズムを感じるという男性がいたという[9]。その人は片方の足をなくしていたのだが、実際には存在しない足でオーガズムを感じたというのだ。足を失うと、脳内の足の感覚を司る部分は何もすることがなくなってしまう。しかし、脳には「可塑性《かそせい》」があり、変化に順応する力がある。この人の場合は、本来、足の感覚を司る部位が、「足がなくなった」という変化に順応するため、ペニスの感覚を司る仕事を始めたようだ。そのため、ペニスで感じるべきオーガズムを、存在しないはずの足で感じるようになった。

セックスをする時、男女はお互いの心と身体で同じリズムを伝え合い、そのリズムを感じ合うことになる。ジュリアには、オーガズムに比較的、容易に達する傾向があった。それは、暗示にかかりやすく、催眠術などにかかりやすいということと関係があるかもしれない[10]。セックスをしている間、彼女は自分の思考をコントロールすることができなくなった。しかし、ロブとセックスしている時には、自分が正しい方向に進んでいると感じられた。行為が始まってしばらくすると、脳の前頭葉の一部は、そのはたらきを止めてしまう。それと同時に、触覚は普段よりも鋭敏になるのだ。ロブもジュリアも、自意識というものを失ってしまった。時間の感覚もなくなり、どこまでが自分の身体でどこからが相手の身体かもわからなくなった。目に映るものは、もはや意味のない単なる色の集まりにすぎない。そうして最後はいつも絶頂に達し二人は満足した。それを繰り返しているうちに、ついに息子が生まれることになった。

3章　乳児期の成長——親子の絆

二十代後半になっても、ジュリアには、まだどこか学生気分が抜け切らないところがあった。長い春休みがまだ続いているようでもあった。平日の昼間、仕事をしている時は、責任もあるし、成功したいという野心もあったので、そんな自分を抑えていたが、それが土曜の夜には爆発するのだ。すぐにでも学生時代と同じ自分に戻れた。今でいうレディー・ガガにも似ていたかもしれない。乱暴な口をきき、派手な化粧、派手な服装で、全力でパーティーを盛り上げる、とにかく目立つことが大事だと信じていた。彼女は、胸の谷間の見せ方で、自分をどのくらいセクシーに見せるかを調整できると思っていた。そして、網タイツを穿くのは、自分の身体に自信がある証拠だと思っていた。パーティーでのジュリアのエンターテイナーぶりは素晴らしかった。飲み比べにも率先して挑んでいたし、ふざけて女どうしでキスし合う時も、だいたいは彼女のキスが発端になるのだ。夜、酔っ払っていて、皆と一緒だと、彼女は相当危険なことにでも手を出してしまう。もちろん、一線は越えないようにしていたが、危険なことは確かだ。

はっきり言ってしまえば、ジュリアの心に母性らしきものが芽生えたのは、妊娠がわかってからかなり時間が経った後のことだった。やがて生まれてくる息子、ハロルドは、まだ、子宮の中でようやく人の形を成し始めていたところである。ジュリアを本当の母親にするまでに彼はまだ、たくさんの仕事をこなさなくてはならなかった。誕生までには、この先、いくつもの発達過程を経なくてはならない。

それでも、ハロルドは大変な速度で成長していた。胎児の脳では、毎分、二五万個というペースで神経細胞が増えていく(1)。そのため、誕生時にはすでに二百億個にも達するのだ(2)。早い段階から味蕾《みらい》なども機能し始める。そのおかげで自分の周囲の羊水《ようすい》が、母親の食べた物によって甘くなったり、ニンニクの味になったりしたことを感じ取れるようになるのだ。そして、胎児は、甘い羊水ほど多く飲む(3)。妊娠一七週くらいになると、胎児は自分の周囲の様子を感じ取れるようになる。へその緒に触れたり、指と指を押しつけ合ったりもする(4)。その頃には、子宮の外の世界からの情報を受け取る能力も大幅に向上する。妊娠五カ月になると、苦痛を感じれば、その苦痛から逃れようとするようにもなる。誰かがジュリアのお腹に強い光を当てたりすれば、ハロルドはそれを感じ取って光から逃れようとするのだ。

妊娠第三期になると、胎児は夢を見るようになる(5)。少なくとも、大人が夢を見ている時と同じような眼球運動が見られるようになる。「母性」というものが真に意味を持ち始めるのは、この時期以降のことだ。もちろん、この時期になっても胎児は胎児であり、「意識」と呼べるようなものはまだほとんど生まれていない。しかし、もうすでに音が聞けるようにはなっている。母親の声を耳にし、その音色や口調を記憶し始めているのだ。誕生後の乳児に、録音をしておいた母親の声を聞かせると乳首を強く吸う、ということが調査でわかっている。母親以外の女性の声を聞かせても乳首を強く吸うということはない。(6)

子供は、母親の声の音色だけを聞いているわけではなく、話し方のパターンやリズムも聞いている。それは後に相手の言葉の意味を理解し、コミュニケーションをする際に必要になることだ。フランス人の赤ん坊の泣き方はドイツ人の赤ん坊とは違っている。それぞれ、子宮内でフランス人、ドイツ人の母親の話す声を聞いていたために、その影響を受けているのだ。(7)ノースカロライナ大学のアンソニー・J・デキャスパーらは、妊娠している女性に、絵本『キャットインザハット』を何週間にもわたって音読してもらう、という実験をした。(8)後で調べると、子供たちは、本が読まれた時の母親の声の音色、話し方のパターンやリズムを記憶しているらしい、ということがわかった。『キャットインザハット』の音読を聞かせると、韻律の違う他の本を音読した時よりも、落ち着いて、リズミカルにおしゃぶりを吸うのだ。

ハロルドは子宮の中で絶え間なく成長し続けて九カ月間を過ごし、そしてある日、ついにこの世に産まれてきた。認知能力の発達、という観点からは、この誕生というイベントはさほど重要とは言えない。子宮の外に出た瞬間に劇的に何かが変わるということはないからだ。大きな変化と言えば、視界が圧倒的に良くなるということくらいである。

一方、ジュリアの方は、ハロルドの誕生によってすっかり人が変わったようになった。パーティーに夢中だった彼女はもういなくなり、代わって生まれたのは「スーパーママ」のジュリアである。二人の間には、時が経つにつれ、何物にも勝る絆ができていく。その絆の前には、他のあらゆることが脇に追いやられてしまうのだ。産まれてわずか数分後から、すでに絆は作られ始めていた。毛布にくるまり、母親の胸で寝ているハロルドのすること何もかもが、絆を作ることにつながる。ハロルドにはそのために役立つ様々な能力が生まれながらに与えられているからだ。

一九八一年、アンドリュー・メルツォフは、発達心理学の歴史を変えるような発見をした(9)。生後四二分しか経っていない乳児に対し、メルツォフが舌を突き出したところ、乳児も同じように舌を突き出したのだ。産まれて間もないのだから、おそらく舌というものを見るのは生まれてはじめてのはずである。人の顔自体、ほとんど見たことがないはずだ。それなのに、目の前にある妙な形の物が人の顔であり、その真中にある小さな物が舌である、ということを最初から知っているかのようである。その上、顔と舌の持ち主は自分とは違う生き物であるということ、自分にも顔と舌があり、その舌を同じように動かせるのだということを生まれながらにわかっているようなのだ。

その後、同じ実験は、被験者となる乳児の日齢を様々に変えて繰り返し行なわれた。そして、これをきっかけに、乳児の生来の能力を詳しく調査する動きが一気に活発化した。すると、知られていなかった能力がいくつも発見されたのである。かつて、子供というのは、真っさらな白紙の状態で産まれてくると信じられていた。ところが、調べれば調べるほど、生まれつき持っている能力の豊かさがわかり、研究者たちは驚くことになった。また、それに加え、産まれてわずか数ヵ月の間に乳児が学ぶことの多さにも驚いた。

私たちが生まれつき知っていることは、正確には、産まれる前から知っていたこと、とも言えるだろう。祖先たちが色々な時代に、色々な理由で学んだこと、身につけた行動パターンなどを私たちは引き継いでいるのだ。生物が進化していく間には、数多くの情報が遺伝子にのせられて、世代から世代へと伝えられていく。それに対し、もちろん、誕生後に、大人から教わることによって知ることも多くある。そういう情報は、遺伝子で伝えられる情報に比べ、はるかに歴史が浅い。たとえば、宗教、文化と呼ばれるものも、せいぜい数千年、数百年の間、受け継がれてきただけである。ある一族の中だけの「家風」や「家訓」などになると、なかなか百年は続かない。ちょっとした知識や教訓の類だと、長くて数年、短いと何時間かで消えてしまうこともあるだろう。

ただ、どの情報にも共通して言えることは、必ずしも、伝える側と伝えられる側の両方が生きていなくてもいい、ということだ。特に遺伝子にのった情報は、すでに死んでしまった祖先たちから私たちに伝えられていて、まだ産まれていない子孫たちにも、ほぼ間違いなく伝わっていくことになる。私たちの脳は、大量の情報を蓄え、活用することに適応している。長く受け継がれていく大量の情報は歴史を流れる川のようなもの、と考えてもいいだろう。長く、多くの支流があり、その中で魚など多様な生き物が暮らしている川のようなものだ。私たちの思考は、深いところで、この川の流れの影響を受けている。私たちは誰も過去と無関係にはなかった。過去から何もないところから自分のすべてを自分の意思で作ることなどできない。過去からの豊かな遺産を、すでに新生児の時点で持っているからである。そして誕生後にはさらに多くの情報を吸収し、また新たな情報を創り出して川に返すこともできる。私たちはそういうふうに作られている。

産まれたばかりのハロルドには、まだ「自分は一人の人間である」という認識すらなかった。だが、それでも、ジュリアを自分に惹きつけ、夢中にさせるための武器を数多く持っていた。その一つが、彼の外見である。赤ん坊の身体的特徴は、その一つ一つが、どれも母親を自然に惹きつけるものになっている。大きな目、広い額、小さな口とあご。そういう特徴に強く惹きつけられるのは母親だけではない。人間ならば皆が惹きつけられるのだ。赤ん坊だけでなく、ミッキーマウスやE.T.など、多くの人気者が同様の特徴を持っている。

赤ん坊は、人を見つめる技術にも長けている。ハロルドも、ジュリアの隣に寝ている時にはずっと、彼女の顔を見つめていた。生まれて数ヵ月経つと、ただ見つめるよりもさらに魅力的なしぐさを身につける。見つめたかと思うと目を背け、再び見つめる、ということを絶妙のタイミングでするようになるのだ。ハロルドがジュリアを見つめると、ジュリアもハロルドを見つめ返す。たくさんの顔の中から母親の顔を探し出す能力も、驚くほど早い時期から持っている（目の前に多くの顔があっても母親の顔だけ他より長く見つめることから、探し出す能力があるとわかる）[10]。しかも、嬉しそうな顔と悲しそうな顔の違いもごく早いうちから区別できるようになる。[11] 表情を読む極めて高い能力をすぐに身につけてしまうのだ。目や鼻の周りの筋肉のかすかな動きを敏感に察知するのである。何と、生後六カ月の乳児には、サルの個体ごとの顔の特徴の違いを見分けることさえできる。大人にとってはどれも同じに見えるようなサルの顔を見分けることができるのだ。[12]

見る以外には、「触る」という技術もある。まず、赤ん坊には、とにかくできるだけ多く、長く、母親に触れたいという、おそらく太古から変わらない欲求があるのだろう。ハリー・ハーロウのサルを使った有名な実験の結果が示すとおりだ。この実験で、ハーロウは、生まれたてのサルを母親から隔離し、代理の人形を与えた。一方は、授乳はできるが針金でできた人形、もう一方は、授乳はできないが、母親に似た柔らかい材料でできた人形である。そうすると、子ザルは時に、たとえ乳は与えられなくても、母親の感触が得られる人形の方を選ぶ。身体的接触は、栄養の摂取と同じくらい、生存や成長（特に脳の発達）にとって重要なのである。ハロルドに触れることはジュリアにとって、生活をすっかり変えてしまうほどの喜びになった。人間の皮膚には、二種類の受容器官がある。一方は、脳内の体性感覚野と呼ばれる部位に情報を送る受容器官だ。触れている物が何であるかを認識するため、あるいは物を思い通りに操るために必要になる。もう一方の器官は、社会性に関係する脳内部位を活性化させる。赤ん坊との身体と身体のコミュニケーションは、母親にこの上もない安心感と幸福感を与えるが、それはこの器官と脳内部位のはたらきによる。[13] いくつものホルモンや化学物質を連鎖的に分泌させるのだ。それにより、血圧が下がるなどの変化が体内で起き、幸福感も生じる。ハロルドがジュリアの胸に抱かれ、乳首を吸うと、二人の間には緊密なつながりが生まれる。そして、その時の刺激は、ハロルドの脳内の神経細胞の発達も促す。ジュリアは、自分が今まで想像さえしなかったような深い満足感でいっぱいになっていることに気づいた。一度などは、いつの間にか「セックスなんてもうしなくていい」セックスなんかより、この方がはるかに幸せ」などと考えている自分に気づいて驚いてしまった。学生時代に、皆の投票で決める「将来、ポルノ映画に出そうな女」ランキングに顔を出したのと同じ人間とはとても思えない。

そしておそらく、赤ん坊の最も強力な武器は「匂い」である。ハロルドの匂いは、とにかく素晴らしかった。彼の小さく、温かい頭から発せられるかすかな匂いは、ジュリアにとって自分の存在の奥深くまで染み込んでいくように感じられた。それもやはり息子との強いつながりを感じるものだった。

もう一つの武器はものまねだ。ハロルドはすぐにジュリアのまねをするようになった。生後数カ月で、母親が口を開けたら、同じように口を開ける、ということができるようになる。頭を左右に動かせば、同じように左右に動かす。ハロルドは間もなく、身振りもまねをし始めた。(14)

ジュリアを見つめるのも、触れるのも、しぐさをまねるのも、すべて原始的なコミュニケーションであると言える。そうすることで、無意識のうちに自分の感情、気分を表現し、また相手の感情や気分に反応しているのだ。ジュリアはいつの間にかハロルドに調子を合わせている自分に気づいた。同じようにハロルドを見つめてしまうし、口を開けたり、頭を動かすしぐさを何度も繰り返してしまうのだ。

以前、ある大学の心理学専攻の学生たちが、こうした「原始的コミュニケーション」を利用して、教授にちょっとしたいたずらを仕掛けたことがあった。学生たちは事前に打ち合わせ、教授が自分たちから見て教室の左側にいる時には、じっと顔を見て話を熱心に聞いている素振りをすることにした。反対に教授が教室の右側に移動した時には、顔を背け、話を聞いていない素振りをすることにしたのだ。講義が進むにつれ、教授は無意識のうちに徐々に教室の左側にいることが多くなった。講義の終わり頃になると、教授はほぼ教室のドアの外に出ているような状態になっていた。彼は学生たちが何をしているのかはまったくわかっていなかったが、左側にいる方が気分が良いということは感じ取っていたのである。他人の行動が一種の重力としてはたらき、それに引っ張られたと言ってもいい。

ジュリアとハロルドの原始的コミュニケーションはもちろん、もっと底の深いものである。ハロルドは、このコミュニケーションにより、ジュリアの母親業を継続させていたのだ。何週間経っても、何ヵ月経っても、その間に何があろうと、絶え間なく変わらない熱心さで母親業に取り組むよう仕向けていた。そして、ジュリアの心にあった壁を壊し、人格を根底から作り変えてしまった。彼女が何を考えていようと、何を感じていようと、決して自分の存在が頭から離れないようにしたのだ。ジュリアは徐々に、独立した一人の人間ではなくなっていった。ハロルドと自分との境目が少しずつ曖昧になっていったのである。

侵略

ただし、ジュリアの古い人格もそのままおとなしく引き下がったわけではなく、やがて反撃を始めた。それは特に驚くべきことでもないだろう。何も、突如現れた新しい生き物に、戦わずして降伏したわけではないのだ。

最初の一年間は、ほとんど授乳に費やされたようなものだった。授乳は、ハロルドの部屋の隅に置いた椅子に座ってすることが多かった。出産前には、友人たち（そのほとんどはまだ出産経験がないのだが）が育児に役立ちそうなものをあれこれとプレゼントしてくれた。もらったのは、たとえば、動画と音声で赤ん坊の様子が見られるベビーモニター、デジタルフォトフレーム、空気清浄機、除湿機、知育用DVD、視覚を刺激するフロアマット、手先を器用にするガラガラ、心を落ち着かせるための波の音発生器、など。ジュリアは、そういうものたちに囲まれて椅子に座り、授乳していた。まるで宇宙船エンタープライズ号（SFTVドラマシリーズ『スタートレック』に出てくる宇宙船）のカーク船長のようでもあった。

それはハロルドが生まれて七カ月ほど経った頃だった。ある夜、ジュリアはいつものように、ハロルドを胸に抱え、椅子に座っていた。柔らかな部屋の灯りが二人を包み、物音一つしない。表面上は、実に穏やかな「母と子の情景」に見えた。母親が我が子に乳を飲ませている。愛情と優しい気持ちに満たされた時間だ。しかし、もし誰か、その時のジュリアの心を読める人がいたとしたら、こんな声が聞こえたはずだ。「もうイヤ！　ほんとにイヤ！　助けて、助けてよ！　頼むから誰か助けて！」

彼女は疲れきっていた。そして、目の前の「小さな怪物」が憎らしくなっていた。この子がいるせいで、私は何もかも諦めなくちゃならない、この子が私の人生をめちゃくちゃにしている、そんな気分になっていたのだ。ハロルドはその可愛らしさを武器に、巧みに彼女の心の中に入り込んだ。そして、侵入に成功すると、彼は何もかもを踏みつけ、次々に破壊していったのだ。

ハロルドは天使のようでもあり、ナチス突撃隊の兵士のようでもあった。ともかく強欲で、何もかもを奪い取ろうとする。まず、睡眠時間を奪う。他のことに注意を向ける時間も奪う。うかうかシャワーも浴びていられないし、トイレに行くこともままならない。時にはゆっくり休憩したいがそれもできない。今、彼女が何を見て、何を考えるかさえ、ハロルドに決められてしまうのだ。泣くか笑うかもハロルド次第である。ジュリアは、すっかり打ちのめされ、惨めな気分だった。

乳児には、平均で約二〇秒に一回くらい、何かしらの理由で大人が注意を向けなくてはならない。(15)そのため、子供を産んだばかりの母親は、最初の一年で約七〇〇時間の睡眠を奪われることになる。(16)その間、結婚生活に対する満足度は七〇パーセント低下するとも言われる。(17)しかも、母親が鬱《うつ》になるリスクは倍になるという。ハロルドの耳をつんざくような泣き声はあまりに不快なものだった。そのため、ついには、「もうすぐ泣くかもしれない」という兆候が少し見えただけで、ジュリアが大声で泣き出すということまで起きた。そんな時にはロブも不機嫌になり、怒り出す。

ジュリアは、授乳中に疲れた頭でよく、すっかり太ってしまった自分の身体のことを考えた。彼女の思考は暗い森を彷徨《さまよ》っているようだった。この体型では、もうタイトスカートは穿けないだろうと思った。以前のように思いつきで行動をすることも許されなくなった。これからは母親としての役割に拘束され、常に母親らしい態度をとることが求められるのだ。何と退屈なことだろう。世の中には、子育てに関して色々なことを言う人がいる。「子供は絶対に母乳で育てるべき」と強く主張して譲らない人たちもいる。実際、ジュリアの知り合いにもいた。自分の子育て法が絶対と信じ、他人に意見しないと気がすまない人も多いのだ。また、母親の中には、いつも気分が沈んでいて、愚痴ばかり言う人も大勢いる。自分がどれほど退屈でひどい日々を送っているかを言い続ける。そんな自分に対して夫や親たちはあまりに冷たいというのだ。公園での母親どうしの会話で交わされるのは、そういう言葉ばかりだ。ジュリアも知らず知らずのうちにそんな会話に加わっていた。ハーバード大学のジル・レポール教授が言うとおり、母親になると誰もが多かれ少なかれ、そういう状態に陥ってしまう。(18)少し、鷹揚《おうよう》になれると救われるのだが、なかなか難しい。また、妻の状況を理解しない夫、褒めない夫も問題である。

ジュリアは、楽しかったパーティー三昧の日々に別れを告げた。新しい人生が始まったわけだが、この時の彼女には、自分の未来が明るいとは思えなかった。暗い想像ばかりをしてしまうのだ。同じような小言ばかりを繰り返す自分、毎日毎日、子供の弁当を用意する自分。突然、子供が感染症にかかり、病院に走る自分……。そして、今は日々「少しは昼寝できますように」とひたすら祈っている。その上、一つ気がかりなことがあった。女性は男の子を産むと、寿命が短くなるという話を聞いたのである。男の子のテストステロンが女性の免疫系のはたらきを損なうのが理由らしい⑲。

母子の絆

ジュリアは沈んだ気分で椅子の背にもたれていたが、ふと、ハロルドを持ち上げてみた。ハロルドの顔が彼女の鼻のあたりまで来た。再びジュリアの胸に下ろされると、彼は小さな手で母親の小指をつかみ、また乳を飲み始めた。喜びと感謝の気持ちが込み上げ、ジュリアは少し涙を流した。

ケネス・ケイによれば、人間の赤ん坊の乳の飲み方には、他の哺乳動物には見られない変わった特徴があるという。それは、飲み方が断続的であるということだ。何秒か飲んだかと思うとやめてしまう。まだ乳首が口の中にあっても、いったん飲むのをやめてしまうのだ。そして、しばらくするとまた飲み始める⑳。飲むのをやめた時、母親はよく赤ん坊を揺するのだが、実は飲むのをやめることで揺するよう促しているのだ、というのがケイの主張である。揺する時間は、赤ん坊が成長するにつれ短くなるというデータもある。生後二日の時点では三秒間だったのに、生後数週間になると、同じ子でも揺する時間が二秒になったというのだ。これは、いわば二人で一つのリズムを生み出しているようなものだ。同じリズムに合わせ、二人でバレエを踊っていると言ってもいい。ハロルドが飲むのをやめる、ジュリアが揺する、ハロルドが飲み出す、ということを繰り返すのだ。これも一種の会話である。このリズム、会話は、ハロルドが成長してもしばらく続く。ハロルドがジュリアを見つめる、ジュリアが見つめ返す、という会話もある。二人の世界は、こうした会話から成り立っているのだ。

二人の会話は、ミュージカルにも似ていた。ジュリアは元来、歌が得意ではないが、気づくとハロルドに向かって本当に歌いかけていることがあった。なぜかはわからないが、歌っていたのは、ほとんどが『ウエスト・サイド物語』の中の歌だ。時には、ウォール・ストリート・ジャーナルの記事をハロルドに読み聞かせることもあった。気晴らしに、連邦準備制度理事会（FRB）に関連する記事ばかりを選んで、いわゆる「マザリーズ」で読むのである。マザリーズというのは、母親が幼い我が子に話しかける時の独特の口調のことだ。速度が遅く、イントネーションが普通よりも強調された、歌うような口調である。世界各国、文化の違いを問わず見られるものらしい。

子供が産まれて何カ月か経つと、「ものまねの練習」を始める母親もいる。といっても、自分自身が誰かのものまねをするわけではない。自分のまねをした時の子供の顔が、誰か有名人に似るよう、あれこれと工夫を始めるのだ。たとえば、ジュリアは、自分が顔をしかめると、息子の顔がムッソリーニのようになることに気づいた。ジュリアがうなり声をあげると、今度はチャーチルそっくりになる。そして、彼女が口を開けると、まるで、ジェリー・ルイスがおびえている時のような顔になるのだった。また、ハロルドは、時にはあまり感じの良くない笑顔を見せることもあった。抜け目なさそうな、ひねくれた笑いである。女性のシャワールームに隠しカメラを仕掛けるような、最低な人間の顔を連想させた。

ハロルドの方では、母親との絆を強くしようと必死だったに違いない。それには、こうした「会話」が極めて重要になる。何らかの理由で会話がうまくいかなければ、生きていくことすら危うくなるかもしれないからだ。こうした母と子の会話をあえて阻害する実験も行なわれている。[21]赤ん坊と接する時、母親に一切、表情を変えないようにしてもらったのだ。すると、赤ん坊は、大きな戸惑いを見せた。顔をこわばらせ、すぐに大声で泣き出し、暴れた。しばらくは、母親の関心を惹くために、あれこれと表情を変えるのだが、それでも反応がないと、今度は自分からはまったく何もしなくなる。まるで鏡に映したように、母親の表情がそのまま子供の表情になるのである。おそらく心の中の状態も、母親の心の中を鏡に映したようになるのだろう。

ジュリアが疲れきってしまった時は別として、それ以外の時には、二人の会話はまるで交響曲のようだった。互いに呼応し合って、一つの音楽を作っていたのだ。そうすることで、ハロルドの脳は作り上げられていく。母親の脳により、子供の脳が作られると言ってもいいかもしれない。

生後九カ月になっても、ハロルドはまだ「自己」を認識していなかった。まだ、できないことばかりである。それでも、彼は、その時期までにしておくべきことを立派にやり遂げてきた。中でも重要なのは、他人と十分にコミュニケーションをしたということだ。コミュニケーションは、人間の様々な能力の発達に不可欠なものだからだ。

人間は、栄養さえ与えれば育つというものではない。確かに栄養が十分なら、身体は大きくなるかもしれないが、それだけでは、脳が十分に発達せず、人間として必要な能力が身につかないのだ。脳の発達のためには、他者と関わる必要がある。それは人間に限らない。少なくとも哺乳類全般には言えることである。ラットの子供を使った実験でも、母親がなめたり、毛繕いをした子供の方が、そうでない子供に比べ、脳のシナプス結合が増えるという結果が得られている[22]。ラットの子供を母親から引き離すと、そうでない場合に比べ、大脳皮質、小脳皮質で死滅する神経細胞の数が二倍になる、というデータもある[23]。また、遊具の置かれたケージで育ったラットは、何もない普通のケージで育ったラットに比べ、シナプスの数が約二五パーセント多くなるという。外的な環境の違いが脳に影響を与えるということだ。

一九三〇年代には、H・M・スキールズが、孤児を対象とした研究をしている[24]。知的障害を抱え、養護施設で暮らしていたが、後に里親に引き取られた孤児たちについて調べたのだ。引き取られてから四年後にIQを検査したところ、驚いたことに、そのまま施設に住み続けた孤児たちに比べ、約五〇ポイントも高くなっていたのである。注目すべきなのは、このIQの向上が、いわゆる「教育」によるものではないということだ。そう言えるのは、孤児たちを引き取った母親たちは皆、自身が知的障害を抱え、別の養護施設で暮らしていた人たちだったからだ。教育ではなく、母親が愛情を注ぎ、注意を向けたことがIQの改善につながったというわけである。

ハロルドは、ジュリアが部屋に入ってくるだけで、明るい表情を見せるようになった。それはジュリアにとっては大きな救いだった。彼女はもう精神的にも体力的にも追い詰められていたからだ。ここ何ヵ月かは、まともに眠ることすらできない日々が続いていた。彼女は自分のことをきれい好きな方だと思っていたが、今、家の中は散らかり放題だった。蛮族の襲撃を受けた直後のローマはこういう感じだったかもしれない、と思うほどである。誰かに話しかけられても、気の利いた答え一つできなくなっていた。最後にまともな受け答えをしたのがいつか、思い出せないくらいだった。しかし、それでも、朝にはいつもハロルドが満面の笑みで迎えてくれる。そのおかげでまた一日、頑張れるのだ。

ジュリアは、この地球上に、自分よりハロルドのことをよくわかっている人間は一人もいないのだということを徐々に実感するようになった。彼女は我が子が自分に何を求めているのかをわかっていた。彼は、もといた世界から外の世界に出され、新しい環境に馴染むのに苦労しているのだ。ハロルドが最も望んでいるのは、胎内に戻ることだ。母親ともと通りの関係に戻りたいのだ。ジュリアはそれを感じ取っていた。しかし、悲しいことに、その望みをかなえることは彼女には決してできない。

ジュリアとハロルドは、まだ一言も言葉は交わしていない。ハロルドはまだ話せないからだ。二人は主に、お互いを見ること、触ることで理解し合っていた。また、匂いや涙、笑い声などで理解し合うこともあった。以前は、意図や考えは言葉でしか伝わらないもの、と思い込んでいたジュリアだが、すでに必ずしもそうではないと悟っていた。言葉がなくても、人間どうしの複雑な関係が成り立ち得ることを理解したのだ。

ミラーニューロン

人間はいかにしてお互いを理解するのか、はるかな昔から哲学者たちはその問題について意見を戦わせてきた。あるものは、こんな説を唱えた。我々は常に、他人の行動について仮説を立てている、というのだ。その後、その人の実際の行動を観察することで、その仮説が正しいか否かを検証するという。仮説に合う行動が見られれば正しいと言えるし、そうでなければ正しくない、というわけである。これは実に理性的、合理的な態度だ。もしこの説が本当なら、人間は皆、科学者であるということになる。科学者とは、仮説を立て、それを実験によって検証する人たちのことだ。実験により、確かな証拠が得られれば、その仮説は正しいと言える。実際、こうした方法で私たちが他人を理解することはあるのだろう。そのことを示す証拠も見つかってはいる。ただし、最近の研究により、他の方法もあることがわかってきた。また、むしろ重要性はそちらの方が高いようなのだ。その方法とは、一種の「シミュレーション」である。人間は他人を見る時、「もしあの人と同じ体験を自分がしたらどうなるか」というシミュレーションを頭の中で自動的に行なうのだ。そうして他人の感じていること、考えていることを理解するのである。これは、仮説を立てて検証するという、一種冷徹な方法とはまったく違っている。自分の実際の経験を基に演技する、「メソッド式」と呼ばれる俳優の演技法があるが、どちらかと言えばそれに似ていると言えるだろう。誰もが無意識のうちにメソッド式の俳優になっているわけだ。自分の言動に対して相手がどう反応するかも、同様の言動を見た時に自分がどうするかを想像して予測する。私たちが社会生活を営んでいけるのは、人によって程度の差はあるが、少なくとも部分的には、お互いの心の中を想像できるからである。他人の心の動きを自分の心の中で再現するのだ。そして、その作業によって自分の心の形も変えていく。

イタリア、パルマ大学の研究チームは一九九二年、マカクザルというサルの脳について調べていたのだが、その時に奇妙な現象に気づいた。サルの見ているところで研究者の一人がピーナッツを手に取り、口に入れると、サルの脳内でも自分がピーナッツを手に取って口に入れた場合と同じような活動が見られたのである。サル自身は一切、身体を動かしていないにもかかわらず、である。つまり、サルの脳は、他者の脳内で行なわれている処理を自動的にシミュレートしていたということになる。

この発見をきっかけに、「ミラーニューロン学説」が生まれた。これは、「脳内には、他者の脳内の処理を自動的にシミュレートするニューロンが存在する」という学説である。ミラーニューロンと言っても、物理的な構造は、他のニューロン（神経細胞）と何も違わない。違っているのは、ニューロンどうしの接続パターンである。その独特の接続パターンにより、他者の脳のはたらきのシミュレーションという驚くべき仕事をするのだ。
ミラーニューロンは、神経科学の世界ではこの数年、最も話題となったテーマであり、活発な論議の的になってきた。その価値がやや過大に評価されているきらいもある。ミラーニューロンの発見は、DNAの発見に匹敵すると考える研究者もいる。脳のはたらきについての理解に革命をもたらしたというのである。ミラーニューロン学説が正しければ、脳の情報処理についての考え方も、他者理解、あるいは他者とのコミュニケーションについての考え方も、完全に改めなくてはならないという。しかし、一方でそれは大げさだと考える研究者もいる。そういう研究者にとっては、「ミラーニューロン」という言葉自体が明らかに不適切なのだ。人にいたずらに誤解を与えるので良くないというわけだ。この言葉だけを見ると、まるで脳の中に「ものまねの能力を持ったニューロン」が存在するかのようだが、決してそんなことはない。あくまでものまねをするのは、ニューロンのネットワークであり、単独でそんなことができるニューロンはない。このように、研究者により温度差はあるものの、人間やサルの脳に、自動的に他者のものまねをする能力が備わっているということに関しては大方の意見が一致している。同じ場にいる人が同じものを見た時に抱く気持ちが似通ってくるのはそのためだ。『ミラーニューロンの発見——「物まね細胞」が明かす驚きの脳科学』の著者、マルコ・イアコボーニが言うとおり、人は他人の経験を、まるで自分の身に起きたことのように感じることができるのだ[25]。

パルマのサルたちは、脳内で他者の行動をシミュレートしただけではない。その行動の裏に隠された意図も読み取っていた。目の前の人が、中に入った飲み物を飲もうとしてグラスを手に取った場合、サルのニューロンは活発に発火する。しかし、空のグラスを手に取って洗おうとした場合、サルのニューロンに発火は見られないのだ。[26] 研究者がサルの見ている前でパントマイム風にレーズンを手に取る身ぶりをしても、ニューロンの発火は起きなかったが、レーズンを本当に手に取った時には発火が起きた。[27] 研究者が紙を引き裂くのを見せた時と、紙を引き裂く音を聞かせた時とで、サルの脳に見られるニューロンの発火パターンがほぼ同じであることもわかった。つまり、サルの脳で起きていることは、単なる「目で見た行為の模倣」ではないということだ。脳の反応は、その行為の目的と密接に関係しているのである。人が何をしているのか、それを把握する時の脳内の処理と、その行為の目的を推し量る時の処理は別なのではないかとつい思うが、実は両者は互いに結びついていて、切り離すことはできないのだ。どちらも処理するシステムは共通であり、脳内の同じネットワークパターンが使われる。[28]

イタリアでの最初の実験以降、マルコ・イアコボーニをはじめ多くの科学者たちが、同様のミラーニューロンは人間にもあると信じるようになった。人間のミラーニューロンもやはり、他人の行為の目的を解釈するのに役立っていると考えられる。[29] ただ、サルのミラーニューロンとは異なり、人間のミラーニューロンの場合は、相手の行為に何の目的も見出せない場合でも、それを模倣するらしいということがわかってきている。誰かが二本の指を使ってワイングラスを持ち上げるところを、ある女性に見せたとする。その時、女性の脳で起きる反応は、二本の指で歯ブラシを持ち上げるところを見せた場合とは違ったものになる。動きはほとんど同じなのだが、見た時の脳内の反応は異なるのだ。また、人間が話をしているのを見た時と、サルが話をするような感じで声を出しているのを見た時では、脳内の反応は違ってくる。

映画で追跡シーンを見た時には、自分が実際に追いかけられている時と同じような反応が脳内で起きる。ただ、実際の場合より反応は弱くなる。ポルノ映画を見た時に脳内で起きる反応も、程度が弱いだけで、自分自身がセックスをしている時とほぼ同じである。ジュリアは息子のハロルドを愛情のこもった眼差しで見つめていた。その時、ジュリアの姿を見るハロルドの脳の中では、おそらくジュリアの脳と同じことが起きていたと考えられるのだ。その体験により、愛とはどういう感情なのか、誰かを愛すると自分の中でどういうことが起きるのかを学ぶわけだ。

ハロルドは成長すれば、脳内で、母親だけでなく、他のあらゆる人間の「模倣」をするようになるだろう。その能力は、ありとあらゆる場面で彼の役に立つはずである。デューク大学の心理学教授、キャロル・エッカーマンの研究によれば、ものまねを含むゲームを多くさせた子供ほど、言葉を早く流暢に話せるようになるという[30]。ターニャ・チャートランドとジョン・バージの研究では、二人の人がお互いのまねをし合えばし合うほど、お互いのことが好きになることがわかった[31]。また、お互いのことが好きな二人ほど、まねをし合うことが多いということもわかった。科学者の中には、無意識のうちに痛みを他人と共有することが、共感や感情移入の基礎になると考える人が多い。痛みを知ることで、他人の感情を推測できるということだ。倫理観などもそこから生まれるという。

ミラーニューロンについての科学的研究が今後どうなるかはわからない。しかし、私たちが日頃体験することがミラーニューロン学説によってうまく説明できるのは確かだ。そして、特にそれが当てはまるのが親子の関係である。母親と幼い子供の間では、確かに心が通じ合っている。お互いの脳と脳の間で感情が循環しているのだ。同じ考え、同じ感情が二つの脳で共有される。二人の間の距離を、その見えない感情のネットワークが埋める。

笑わせる

また何カ月かが過ぎた。それは、ちょうど夕食時だった。ジュリアとロブ、ハロルドは三人でテーブルを囲んでいたのだが、ふとロブが、なぜかテーブルの上にあったテニスボールを床に落としてしまった。すると、ハロルドは弾かれたように笑い出したのだ。ロブがもう一度ボールを落としてみると、ハロルドはやっぱり笑う。ロは大きく開き、目は細くなり、身体は震えている。ティッシュを小さく丸めて目の前で投げ上げてみたら、けたたましい声を立てて笑っている。ロブは再びボールをテーブルの上に置き、しばらく動かずにいた。次に起きることを予期しつつ、三人ともが凍りついたようになった。そしてロブはまた不意にボールを落とし、何度か床で弾ませた。ハロルドはまた笑い出す。声はさらに大きくなっている。パジャマ姿で座る彼の小さな手は、笑いで少し痙攣したようになっている。ロブとジュリアは一緒になって笑い、笑いすぎて涙が出てきた。ロブは何度も何度も同じことを繰り返した。反応は常に同じだ。ボールがテーブルの上にある間、ハロルドは期待に満ちた目でじっと見つめる。ボールが床に落ち、弾むと、本当に嬉しそうに笑う。頭は揺れ、舌は震え、目は忙しく動く。ロブとジュリアはハロルドと同じように歓声を上げ、大声で笑う。そして三人の声は溶け合い、響き合うのだ。

それは最高のひとときだった。同じ頃には「いないいないばあ」もしたし、床の上でレスリングのまねごとをしたり、くすぐったりもした。おむつ替えテーブルに寝かされたハロルドの方を向いて、ジュリアが口に小さなタオルをくわえることもあった。それを見たハロルドは大喜びでタオルを奪い取ろうとするのだ。どれも予測できる「驚き」の繰り返しである。それにハロルドは夢中になった。こうしたゲームが彼に与えたのは、一種の達成感だ。この世界に存在するパターンを一つ理解したという達成感である。そして、両親と完全に「同期している」ような感覚も得られる。それこそは赤ん坊にとっては最高の喜びなのだ。

笑いというものが存在するにはそれなりの理由がある。笑いはおそらく、人間が言語を考え出す前から存在しただろう。メリーランド大学のロバート・プロヴァインによれば、人は誰か他の人といる時、自分一人でいる時の三〇倍くらい多く笑っているらしい(32)。一緒にいる人との結びつきが強いほど、笑いは起きやすくなる。また、驚いたことに、会話中の人を調べてみると、自分が話をしている時の笑いの方が、人の話を聞いている時の笑いより四六パーセントも多いという。つまり、必ずしも、「オチ」のある面白い話を聞いたから笑うというわけではないのだ。笑いが起きた時の話を調べると、間違いなく「面白い」と言えるものは全体の一五パーセントほどにしかすぎない[33]。笑いは、話が面白いから起きるというよりも、その状況が心地の良いもので、また他の人も同じように感じていると察知した時に自然に起きるものである。

ジョークの中には、駄洒落のように、それ自体が面白いというものもある。そういうジョークは社交性のあるなしにかかわらず楽しめるだろう。時には自閉症患者も楽しめるジョークというのがあるのだ。しかし、ジョークはほとんどが社会との結びつきの強いものだ。人と人との間に生じた緊張が緩和した時に笑いが起きる、ということが多い。笑いは、人が互いの間の関係を築くために使う言語であるとも言える。関係に齟齬が生じた際の修復にも役立つし、すでに築いた関係をさらに強固にするのにも役立つ。ただし、笑いにも良い面と悪い面がある。皆で笑い合って連帯感が強まるというのは確かに良いことだが、皆で寄ってたかって誰かを笑い者にするということになると問題だ。しかし、笑いと人間関係というのはほぼ、一体のものと考えていいだろう。スティーブン・ジョンソンはこんなふうに言っている。「笑いは、ユーモアに対する本能的、身体的な反応ではない。笑いは、痛みを感じた時に手を引っ込める、あるいは寒い時に震えるというのとは違うのだ。笑いは、人とつながろうとする本能の表れである。ユーモアはむしろ、笑いに利用するために後から作られたものと言っていい[34]」

毎日毎日、ロブとジュリア、そしてハロルドは、互いを「同期」させるべく努力をした。時には失敗することもあった。ハロルドが感じていることを、同じように感じることができなかったのだ。彼が一体、今、何を求めていて、どうすれば喜ぶのかがわからなかった。しかし、成功する時もあった。成功した時には、笑いという報酬が得られた。

人間はもちろん生物である。生物である以上、その誕生についてあくまで生物学的に説明することはできる。受胎、妊娠、誕生というプロセスを経て産まれてきたわけだ。ハロルドもそうだ。しかし、人間はそういう生物学的なプロセスだけではできあがらない。人間、特に人間の本質と呼べる部分ができるまでには、他の人間との関わりが必要になるのだ。多くの場合、子供が産まれて最初に関わるのは両親である。日々、両親と接する間に、その関係にはある特有の性質が生じる。その後、子供が成長し、自意識が育つにつれ、両親との関係もやはり個人と個人の関係となり親子が一体だった時とはその質を変えていく。人間はまず成長して、それから人と関係を築く、というわけではないのだ。人間は、はじめから人間関係の中に生まれてくる。両親や先祖との関係の中に生まれてくるのである。ここで一つ覚えておくべきなのは、「脳」と「心」は同じものではないということだ。脳は、一人一人の人間の頭蓋骨の中に収まった器官で、それぞれが独立した存在だ。しかし、心はネットワークの中にしか存在できない。心は脳と脳が相互に関わった結果、生まれるものだ。脳と心を混同してはいけない。

サミュエル・テイラー・コールリッジは、こう言っている。「自己が生まれる前に、まず愛が始まる。最初の愛は他者への愛である。幼子は、母親の中に己を発見し、その後、何年も経ってからはじめて己が一個の人間であることを悟るのだ」

コールリッジは、当時三歳だった我が子が夜中に目を覚ました時のことを書いている。目を覚まして母親にこう言ったという。[35]「ねえ、僕に触って。お母さん、頼むから僕に触ってよ」母親は驚いて、「なぜ？」と尋ねた。

子供は泣きながらこう答えた。「僕がここにいないんだ。お母さんが触ってくれないと、僕はここにいられない」

4章　「世界地図」作り——脳と学習

この世に現れて、最初のうちは母親だけを見つめていたハロルドだが、間もなく、それ以外の薄汚れた物質世界も目に入るようになってきた。その時点では、ポルシェがほしいとかロレックスがほしいとか、そういうことを思っていたわけではない。まず彼が注目したのは「ストライプ」である。縞模様が目に入るとそれに注意を向ける。そして次に「チェック」に注目した。白と黒の格子模様があると気にするようになった。さらに、その後、物の「端《はし》」「縁《ふち》」にも目を向け始めた。箱があれば箱の縁、棚があれば棚の縁をじっと見るのだ。まるで、かのカルト指導者チャールズ・マンソンが警察官を見るように執拗に縁を見つめる。

何カ月か経つと、周囲にあるもの一つ一つの区別がつくようになる。箱があり、ベビーカーがあり、ガラガラがあり、哺乳瓶《ほにゅうびん》がある。その一つ一つを見分けられる。「水平」も認識できるようになる。これは、重力がどの方向にはたらいているのか、どっちの方向が「下」なのかがわかることだ。そして、あらゆる物体が常に可能な限り最も低い位置にいようとする、という現象に強く興味を惹かれる。テーブルの上の皿は、テーブルの支えを失えば床へと落ちていく。棚の支えを失った本も同じように床に落ちる。半分だけ残って戸棚にしまわれていたスパゲティも、容器の外に出ればたちまちキッチンの床の上に。何もかもが、そこが自然の居場所だとでもいうように、できるだけ下へと移動する。

この時期の子供が素晴らしいのは、心理学者であると同時に、物理学者でもあるというところだ。母親との関わりから何かを学ぶ時には心理学者となり、一方、物体の落下などの自然現象を理解する時には物理学者になる。母親を見つめ、自分を守ってくれていることを確認しながら、何か下へ落ちたり倒れたりするものがないかを絶えず探している。アリソン・ゴプニック、アンドリュー・メルツォフ、パトリシア・カールによると、この頃の乳児は「説明衝動」とでも呼ぶべきものに取り憑かれている、という。(1) ハロルドは、長い間座り込んで色々な箱を手にし、一つをもう一つの中に入れてみるという作業に熱中することがあった。なかなかうまく大きさの合うものが見つからないが、しばらく続けていると、やがてぴったりと箱の中に箱が収まる瞬間がやってくる。するとその直後、太古の本能に駆られるのか、突然、彼は箱を投げ始める。投げられた箱は、階段を転げ落ちる。

こうして、実験と学習の日々を送るハロルドだったが、彼のような乳児の思考プロセスは、読者や私のものとは根本的に違っている。まず、彼らには、自意識というものがない。もう一人の自分がいて、それが自分を見つめているということはないのだ。(2) 自意識に関わるのは、主に、脳の中で司令塔のような役割を果たす前頭葉だが、前頭葉は他の部分に比べて成長が遅い。前頭葉が未発達なため、ハロルドは、まだ自分の思考を自分で制御することがほとんどできていなかった。自分の思考をどちらに向けるかも、自分で決めることはほぼ、できなかったということだ。

大人であれば、自らに起きていることについて語る、ナレーターのような存在が自分の中に住んでいる。私たちが普段、「自分」だと思っているのは、そのナレーターだろう。だが、ハロルドの中には、まだそんなものはいない。彼は、自分で意図して過去の記憶を想起することができない。また、過去と現在をつなげて一本の線にすることもできない。過去に自分が何を考えたのか、それも思い出せないのだ。たとえ何かを学んでも、それをどうやって学んだのかは思い出せない(3)。生後一八カ月までは、ミラーテストを受けても不合格となる。ミラーテストというのは、自己認識があるかないかを調べるテストである。自己を認識していれば合格できるし、認識していなければ不合格となる。人間だけでなく、チンパンジーやイルカなど動物に対しても行なわれている。このテストではまず、被験者の前頭部にシールを貼る。その姿を鏡に映し、シールが自分の前頭部に貼られていると気づくかどうかを見るのだ。チンパンジーやイルカの場合、大人であれば、鏡を見てシールが自分の前頭部に貼られていると認識するという(4)。つまりテストに合格するわけだ。ところが、ハロルドの場合は、額にシールを貼って鏡を見せても、シールが自分の額に貼られていると気づかない。それだけの自己認識がないからである。彼には、額にシールを貼られた生き物がそこにいるとしか思えない。他者の認識は十分にできるが、自分というものがわからないのだ。

三歳になっても、意識して何かに注意を向けるということはできないらしい。無意識に何かに興味を惹きつけられることはあるが、そういう対象がない時には、頭が空っぽの状態になる。未就学児の場合、他人が今、何を見ているか、何に注意を向けているかすらよくわからないのだ。[5]注意を向ける、という概念そのものが彼らにないからである。長時間何も考えずにいる、ということも未就学児の段階なら可能だ。アリソン・ゴプニックは自著『哲学する赤ちゃん』の中で幼い子供の思考について次のように書いている。「彼らにとって、思考というのはあくまで外界からの刺激によって引き起こされるものである。内的な世界で自発的に何かを思考するなどというのは、彼らの理解を超えた芸当だ[6]」

ゴプニックの言葉を借りれば、大人の意識は「サーチライトのようなもの」ということになる。外界の特定の場所、特定の物に自分の意志で注意を向けることが[7]できるからだ。一方、ハロルドを含めた幼い子供の意識は、「ランタンのようなもの」である。外界を全方位的に照らす。パノラマのように、外界に存在するあらゆる事物を一度に見ているわけだ。三六〇度スクリーンの映画と言ってもいいかもしれない。スクリーンには、実に様々なものが映し出されている。映っているものが多すぎてかえって何もわからない状態だ。一〇〇万もの事象が次々に注意を惹きつけるのだが、注意を惹く順序は完全にランダムで、そこに秩序はない。「あ、面白い形!」、「これも!」、「灯りだ!」、「人だ!」といった具合。

この説明は、まだ不正確かもしれない。これでは、大人との決定的な違いが伝わりきらないからだ。ランタンにたとえたりすると、まるで子供が世界を観察しているようにも受け取れるだろう。観察するためには、自分と、対象となる事物とが、ある程度以上分かれていなくてはならない。その意味で、子供は世界を観察しているとは言えない。世界と自分とが一体だからだ。周囲に何があろうと、何が起ころうと、常に自分はその一部である。

重要な仕事

幼いハロルドは、ともかく世界から少しでも多くのことを少しでも早く学ばなくてはならなかった。自分はどういう世界に生きているのか、それを知るのが彼の仕事だった。頭の中に世界の地図を作るのだ。地図があれば、世界の中でどう動けばいいか判断する手がかりになる。一つ一つの事象に意識的に注意を向けるという方法では、とても地図作りの仕事を短時間でこなすことはできない。自分を世界の中に浸してしまい、一度にすべてを受け止めるという方法が最も早いのである。

子供時代の多くは、地図作りの作業に費やされる（地図は一生、完成せず、大人になってからも修正は続けられることになる）。この地図は、外界から得られる混沌とした、無数の感覚情報を統合、整理したものである。外界の「モデル」と言ってもいい。世界の実際の事象を抽象化したものである。私たち人間はそれを利用して、世界に起きることを予測、解釈する。ジョン・ボウルビィはこんなふうに言っている。「私たちは、自分の出会うあらゆる状況を、頭の中にあるモデルを基に解釈する。これは、世界、あるいは自分自身の再現モデルだ。感覚器官から取り入れられた情報は、モデルに基づいて取捨選択され、解釈されるのだ。モデルを利用することで、情報が自分にとって、また自分に関わりのある人にとって重要か否かを判断する。行動の計画を立てる時、実際に行動する時にも、モデルが重要な役割を果たす[8]」世界の脳内モデル、脳内地図は、私たちの物の見方を決める。個々の事象をどう評価するか、事象に対してどういう感情を持つかを決めるのだ。何を望ましい、好ましいと思うのか、起きた出来事にどう反応するのかは地図次第ということだ。さらに、未来を予測する精度もほぼ、決まってしまう。

ハロルドは今がちょうど、最も熱心に地図作りに取り組む時期だった。エリザベス・スペルキによれば、赤ん坊は生まれつき、世界についての基本的な知識は持っているという[9]。その知識のおかげでゼロから地図を作る必要はなく、作業を早く進められる。転がっているボールがそのまま転がり続けること、何かの裏に隠れたボールがいずれ反対側から姿を現すこと、などはごく幼いうちから知っている。生後六カ月になれば、点が八個描かれたページと一六個描かれたページを見て、両者を区別することもできるようになる。まだ数は数えられないのだが、数の多い、少ないはわかるのだ。

言葉に関してもかなり早い段階から相当な能力を身につける。そのことは、メルツォフとカールが生後五カ月の乳児を対象に行なった実験の結果からも明らかだ[10]。二人は生後五カ月の乳児に、まず「アー」、「イー」と言っている人の映像を見せた。映像には音がなく、ただ表情の変化がわかるだけだ。次に、「アー」、「イー」という音声を聞かせた。すると、

「アー」と言っている顔、「イー」と言っている顔を正しく当てることができたというのだ。

生後八カ月の子供に、「ラ、タ、タ」、「ミ、ナ、ナ」と話しかけてみよう。子供は二分もしないうちに、その言葉が「ＡＢＢ」というパターンになっていることを察知するだろう。子供は驚異的な統計能力を持っていて、それを言葉の理解に利用する。大人が話す言葉は、すべての単語がつながって聞こえてくるのだが、しばらく言葉を聴いているうちに、たとえば、“pre”という音の後には“ty”という音が続くことが多い、というデータを得る。やがて、“pretty”で一つの単語であるということを理解するのだ[11]。“ba”の後に“by”が続くことが多いので、“baby”も一語だと理解する。まだほとんど意識というものを持たない乳児が、そういう複雑な確率計算を見事にやってのけるのである。

シナプス形成

ハロルドの脳にはすでに一〇〇〇億を超える数の神経細胞、つまりニューロンがあった。ハロルドが世界について学んでいる時、ニューロンはそれぞれに枝を伸ばし、次々に他のニューロンとつながっていた。二つのニューロンの枝と枝とが出会う場所のことを「シナプス」と呼ぶ。ハロルドの脳の中では、ニューロン間の接続が凄まじいペースで行なわれていた。妊娠二カ月の時点から、二歳の誕生日を迎えるまでの間、一秒間に一八〇万ものシナプスが作られるという説もある[12]。シナプスが増えれば、それだけ蓄えられる情報が増えることになる。私たちが知っているあらゆることは、脳の中で「ニューロンのネットワーク」として表現される。

二、三歳頃までには、脳内のニューロン一つ一つが、平均で一万五〇〇〇ものシナプスを作ることになる。ただし、そのすべてが残るわけではなく、使われないものは取り除かれる。[13]最終的には、一〇〇兆から五〇〇兆、多い人で一〇〇〇兆くらいのシナプスができる。これは、とてつもない数である。わずか六〇個のニューロンだけを取り出しても、その間の接続パターンは、一〇の八一乗通りもできることになる[14]（つまり、一のあとに〇が八一個もつくということだ）。現在知られている宇宙の中に存在する素粒子の数をすべて合わせても、その一〇分の一ほどである。ジェフ・ホーキンスは脳について、また違った表現をしている。「フットボール場をスパゲティで埋め尽くし、それを頭蓋骨に収まるサイズにまで圧縮したもの」というのだ。[15]スパゲティどうしは極めて複雑に絡み合うことになる。

アリソン・ゴプニック、アンドリュー・メルツォフ、パトリシア・カールの三人は、著書『0歳児の「脳力」はここまで伸びる――「ゆりかごの中の科学者」は何を考えているのか』の中で、ニューロンどうしの接続のプロセスについて非常にわかりやすい説明をしている。「近所の家に頻繁に電話をしたら、ケーブルがひとりでに太くなるようなもの」だという。「はじめのうち、神経細胞はどれも、できるだけ多くの神経細胞とつながろうとする。電話勧誘員みたいなもので、とにかく一軒、一軒、片っ端から電話をかける。電話に出てもらえないことも、勧誘に失敗することもあるが、とにかく多くかけ続けていれば、時には勧誘に応じてくれる場合もある。電話に出てくれ、勧誘に応じてくれた回数が十分に多くなれば、両者の間の回線は太くなり、恒久的なものになる[16]」

いわゆる「人格」は、この「シナプス形成」によって生まれると言ってもいいかもしれない。人格というものを果たして、どう定義すべきか、これまで何千年にもわたり、数々の哲学者たちが考えを巡らせてきた。人間は日々、年々、変わっていくのに、なぜ、ずっと同じ一人の人間であると認識できるのか。数々の思考、行動、感情を一つに束ねているものは一体何なのか。本当の「自分」というものはどこに存在しているのか。

そうした問いに答える上でヒントになるのが、ニューロンの接続パターンとそのはたらきである。たとえば、私たちの前にリンゴがあるとする。リンゴに関する感覚情報（色、形、触感、香りなど）はすべて統合されて、同時に発火するニューロンのネットワークに変換される。このネットワークを構成するニューロンは、脳内のどこか一箇所にかたまって存在しているわけではない。つまり、脳内に「リンゴ」専門のセクションがあるわけではないということだ。「リンゴ」に関する情報は、脳内のあちこちのニューロンに分散している。そのニューロンたちが複雑に結びつき合ってネットワークを作っているのである。そのことは、猫を使った実験でも証明されている[17]。その実験では、まず、ドアに幾何学図形のマークを描き、そのドアの後ろに食べ物を置いた。猫に「このマークのついたドアの後ろには食べ物がある」ということを学習させ、その時の脳の活動を記録した。しばらくして、猫にドアに描かれたものと同じ図形を見せ、脳の活動を観察すると、学習時とまったく同様の活動が見られたのだ。五〇〇万を超えるニューロンが同時に発火したのだが、そのニューロンは特定の領域だけのものではなく、脳のあちこちに分散していた。また、人間を対象にした別の実験もある。これは、被験者に〝P〟の音と〝B〟の音を聞き分けてもらうという実験だ。この時も脳の活動を観察すると、脳内の二二箇所にも分散したニューロンが同時に発火することが確認された(18)。

ハロルドが犬を見れば、脳の中では犬に対応するニューロンのネットワークが活動する。犬を繰り返し見るほど、ネットワークを構成するニューロン間の関係は密になり、情報のやりとりは効率的になるし、ネットワーク自体も成長する。ネットワークが成長し、より複雑になり、情報が速くやり取りされるようになれば、犬を見た時に「犬」という生き物に関してさらに多くの情報を取り入れられるようになる。また、個々の犬の違いも細かく見極められるようになる。これは、練習、訓練によって、ネットワークの性能を改善させられるということを意味する。たとえば、ヴァイオリニストは、演奏する際に左手を多く使うため、脳の左手に関係する領域に密なネットワークが見られる(19)。

筆跡は一人一人違う。笑い方も、シャワーを浴びた後の身体の乾かし方も一人一人違っている。それは、皆がそれぞれに独自の訓練をして、脳の中に独自のネットワークを形成しているからだ。アルファベットをAからZまで順に暗唱することは多分、誰にでもできるだろう。これは子供の頃、何度も繰り返し、この順序で唱えたからだ。繰り返し唱えることで、そのパターンに対応するネットワークが脳の中にできたのである。しかし、ZからAという順序で暗唱しろと言われたらどうか。苦労する人が多いはずだ。この順序での暗唱はあまり経験がなく、そのため、脳の中に対応するネットワークがないのだ。

こうして、人はそれぞれの脳に、自分だけのネットワーク（ニューラルネットワーク）を作りあげていく。ネットワークは、日々生きていく中で、絶えず更新されていく。新しいものが作られることもあれば、すでに作られたものが強化されることもある。いったんネットワークが作られれば、繰り返し使われる可能性は高い。このニューラルネットワークは私たちの行動に大きな影響を与える。私たちの将来を左右すると言ってもいい。私たち一人一人の、この世界でのふるまい方を決めるのだ。それで、歩き方も、話し方も皆、一人ずつ違う。同じ出来事に遭遇した時の反応の仕方も違う。あらかじめ作られた水路を水が流れるように、ニューラルネットワークの作りによって行動が決まる。その意味で、脳はこれまでの人生の記録と言ってもいいかもしれない。その人の癖や好みなど、個性と呼ばれるものの一つ一つを具象化したものが、ニューラルネットワークであると考えることもできるだろう。人間は魂を持った存在だが、その魂は、脳の中のニューロンのネットワークという「物質」から生じているということだ。

一般化

ハロルドの脳の中では、母親の笑顔を見た時には、笑顔に対応したパターンでニューロンが発火するようになった。恐ろしげなトラックの音が聞こえた時には、トラックの音に対応したパターンで発火が起きる。よちよちと歩き回りながら脳を作っていく。五歳になったある日、彼は家の中で走りながら、驚くべきことをした。「僕はトラだー！」と叫び、ふざけてジュリアの膝に飛びかかったのだ。

何でもないこと、と思う人は多いだろう。子供なら誰でもすること、と思うかもしれない。たとえば、ハロルドがもし、五〇四一の平方根を一瞬で答えたというのなら、「それはすごい！」と皆、驚くはずである（五〇四一の平方根は七一）。だが、「僕はトラだー！」と叫ぶことはすごいとは思わない。

それは間違いだ。平方根など、安い電卓でも計算できる。だが、「僕はトラだー！」と叫ぶことは、単なる機械には絶対にできない。そんな想像力を持った機械はないのだ。「僕」は人間だ。幼い男の子である。一方のトラは猛獣だ。両者はまったく別の存在であり、それぞれに複雑な構造と様々な特性を持っている。その二つを混ぜあわせ、合体させて、一つの存在にしてしまうなどという芸当は機械にはできないことである。人間の脳には、この難しい仕事をいとも簡単にこなしてしまう能力がある。ただし、その仕事は意識下の深いところで行なわれているため、私たち自身にもそれが難しいことだという実感がない。

ハロルドが「僕はトラだー！」と叫ぶためにはまず、「一般化」という作業が必要である。これは、ある事象（たとえば、人間やトラ）に共通して見られる特徴を察知することだ。そしてさらに、一般化によって知り得た、二つの事象の特徴を組み合わせなくてはならない。

これがいかに難しいかは、コンピュータを例にとって考えてみればわかる。たとえば、コンピュータに「部屋の中からドアを見つけ出す」という仕事をさせるには、どうすればいいだろうか。多数のドアの形状や寸法などについてのデータを記憶させ、「このデータに合致するものを探せ」と指示すればいいのか。ドアと言っても一つ一つ違っている。一体、ドアとは何か、どういう条件が満たされればドアと呼んでいいのか、それを決めるのは、相当に難しい。ところが、これは人間にとってはいともたやすいことなのだ。ハロルドも同じだ。私たちの頭の中には、「部屋」というものの構造について、漠然としたイメージがある。部屋というものの持つ、おおまかなパターンを把握していると言ってもいい。それによって、ドアがだいたいどのあたりにあるかがわかる。おかげで、普通は意識的には何も考えなくてもドアを見つけ出すことができるのだ。[20]人間の脳は、こういう曖昧（ファジー）な思考に長けている。

私たちは世界を観察して、次々にいくつものパターンを見つけ出し、個々の事象について「だいたいこういうもの」というイメージを作りあげることができる。こうしたパターンやイメージは、それぞれ脳の中ではニューロンの発火パターンとして表現される。この能力を利用すれば、実に色々なことができる。犬のイメージのデータと、ウィンストン・チャーチルのイメージのデータを取り出して、両者を組み合わせることもできるのだ。それで、犬がチャーチルの声で話すところを想像したりもできる（犬がブルドッグなら、さらに想像は容易だろう。おそらくチャーチルに対応するニューロンと、ブルドッグに対応するニューロンはかなり重複しているはずだからだ。この重複により、私たちは似ているものをひとまとめにすることができる)。

想像力がはたらく時には、このように、ニューラルネットワークの融合が起きている。普段、何気なくしていることだが、実は極めて難しいことである。それぞれが別に存在している二つの事象を頭の中で一つにまとめ、実際には存在しない新たな事象を作り出す、ということをしなければならない。ジル・フォコニエとマーク・ターナーは、自著『人間の思考(*The Way We Think*)』の中で次のように書いている。「ニューラルネットワークを融合するためには、まずは個々のネットワークを作らなくてはならない。その上で、できたネットワークの中から合うものを探し、それぞれを部分的に取り出して混ぜ合わせるのだ。融合によってできたネットワークは、また新たな情報を生み、それが脳に再入力される。再入力された情報は、さらに新しいネットワークの創造につながり、それがまた融合されることもあり得る。そうしてネットワークが増える度、脳の中でできることは増えるのだ[21]」これでも、私たちの脳で起きていることのほんの一部に触れたにすぎない。もっと詳しいことを知りたいという人は、科学者の書いた専門書を読むといいだろう。私たちが頭の中で何かを想像する時に、具体的にどういうことがどういう順序で起きているかを事細かに書いた本もある。ネットワークの融合の手順を詳細に知ることもできるだろう。

ハロルドは小さな悪魔のようになった。わずか五分の間に、トラになったり、電車になったり、車になったり、次々に変身していくのだ。母親になることもあれば、嵐や建物、アリになることもあった。四歳の頃には、自分は太陽で生まれたのだと言い張っていた時もあった。それが七カ月ほど続いた。本当は地球の病院で生まれたのだといくら言い聞かせても、余計に頑《かたく》なになって、決して認めようとしない。ジュリアもロブもさすがに心配になった。ひょっとしてこの子はおかしいのかもしれない。生まれつき妄想症か何かなのではないか。

　心配はいらなかった。ただ、ネットワークの融合によって一時的に混乱が生じていただけだ。少し大きくなると、また様子が変わってきた。今度は、自分だけの空想の世界を作り始めたのだ。「ハロルド・ワールド」だ。まさに自分のために存在する世界。自分を中心に回る世界である（専門の研究者は、幼い子供が作るこの世界のことを「パラコスム」と呼んでいる）。ハロルド・ワールドでは、誰もが「ハロルド」という名前で、全員がハロルド・ワールドの王を崇拝している。当然、その王はハロルド自身だ。ハロルド・ワールドでは、皆が決まったものを食べる。食べるのは主にマシュマロとM&M'sチョコレートである。職業も限定されている。そのほとんどがプロのスポーツ選手だ。ハロルド・ワールドには独自の歴史もある。これまでに思いついた空想の出来事で構成される歴史だが、ハロルドの記憶に現実世界の歴史と同じように刻まれている。

　ハロルドのネットワーク融合力や、一般化の能力、また、お話を作る能力は、総じて高いようだった。脳の情報処理能力自体、もし測ることができたら平均を少し上回っていたのではないかと思われる。特別に優れている子供というほどではないにせよ、物事の本質を認識することには間違いなく長けていた。本来は無関係の事象を結びつけるのもうまかった。これは、現実世界のモデルを作ることがうまくできていたということである。そして、実在しない世界のモデルを頭の中に作り上げるということも、見事にやってのけたのだ。

私たちはつい、何かを空想する、想像するというのを簡単なことだと思いがちだ。一般に子供の方が大人よりうまくできる、ということもその通念に影響を与えているのだろう。しかし、実際には想像は簡単ではないし、大人にとっても非常に役に立つものである。想像の才を持った人であれば、「私があなたであれば(―)するだろう」という思考がすぐにできる。あるいは「今は、この方法でやっているけれど、もし、あのやり方に変えたら早くできるようになるのでは?」という発想もできる。このように、頭の中に現実とは違う世界を作り上げる能力があればとても便利なはずだ。

お話を作る

ハロルドには、四歳から一〇歳くらいまで、会話の中にテレビで聞いたセリフやコマーシャルのキャッチフレーズなどをはさみ込む癖があった。皆で夕食のテーブルを囲み、話をしていると、そこにハロルドが色々な言葉をはさみ込んでくるのだ。しかも、会話の内容にとても合った、うまい言葉を選ぶ。難しい言葉も正しく使いこなすのだが、あとで確かめてみると、その言葉がどういう意味なのか、少なくとも意識の上でよくわかっていないらしい。ポール・マッカートニー&ウイングスの古い曲の歌詞を突然、口にしたりもしたが、やはり状況に合った言葉なのだ。それを聞いた大人は驚いて彼を見つめ、「小さいおじさんが中にいるのかな」などと言い合った。

もちろん実際には、頭の中に大人が隠れているなどということはない。ただ、彼の頭の中は、一種の「パターン合成器」があったのだ。ロブとジュリアは、一定の秩序の下で行動しており、ハロルドもその支配下にあった。二人は基本的に毎日、同じ行動を繰り返していた。次に何をするのかは、毎日見ていればほぼ予測ができた。この毎日の習慣が、ハロルドの心の基礎を作った。常に変わらない行動、それが守るべき秩序、規律として認識されたのだ。

しかし、ハロルドの脳はまだ完全に秩序に従っているわけではなく、時折、そこからはみ出て冒険をする。パターン合成器が、思いがけないパターンを創り出すのはそんな時だ。元来、関係がなかったはずのものを鮮やかに結びつける。

ハロルドのこの能力を見て、ロブとジュリアは喜んでいたが、暮らしていく中では問題が起きることもよくあった。スーパーマーケットなどで買い物をする時も、他の子供は実におとなしくカートにつかまっているように見えた。横道にそれたりすることもなく、まっすぐに通路を歩いて行くのだ。しかし、ハロルドはそうではない。すぐにあちこちへ行こうとしてしまう。親が捕まえていないとおとなしくしていることができないのだ。幼稚園でもそうだった。他の子たちは先生の言うことをよく聞いているように思える。なのに、ハロルドは、何かをしなさいと指示されても、それに集中できない。すぐに自分勝手なことを始めてしまう。落ち着きがなく、すぐに癇癪《かんしゃく》を起こすので、叱ってばかりいることになり、ロブもジュリアもそれだけで疲れきることになる。飛行機に乗る時やレストランでの食事の時には本当に困るし、恥ずかしい思いもする。保護者面談でも、ハロルドが言うことを聞かないので、時間を取られて困っていると先生に言われてしまう。そもそも、先生の話を聴こうとしないのだという。ジュリアは書店でこっそりと育児書を読んでみたりもした。ひょっとすると我が子は典型的なADHDなのではないかと思い、心配になったからだ。

ある日、ロブがハロルドの幼稚園の教室を覗いたことがあった。ハロルドは、たくさんのおもちゃに囲まれて夢中で遊んでいた。緑色の野戦服を着た兵士のフィギュアもあれば、レゴの海賊船もある。大量のミニカーが交通渋滞を起こしてもいた。ロブが来た時は、ちょうどダース・ベイダーのフィギュアを手に、油断しているG・I・ジョーを攻撃しているところだった。おもちゃの兵隊たちは、圧倒的な数のミニカーを前に退却を始めた。戦闘の展開とともにハロルドの声は大きくなったり小さくなったりした。戦況の逐一を、声に出して実況していたのだ。今、何が起きているかをすべて詳しく言っていた。その声はささやくようになったかと思うと、次の瞬間には戦況が激しくなったと見え、叫び声になることもあった。

ロブは入り口のところに立ち、ハロルドが遊んでいるのを一〇分ほど見つめていた。ハロルドはほんの少し顔を上げ、父親の顔を見たが、すぐに戦いに戻った。サルのぬいぐるみに向かって、怒った調子で激励の言葉をかけたり、身長一〇センチほどのプラスチックの人形に説教をしたりしている。かと思うと、ミニカーに慰めるような言葉をかけたり、ぬいぐるみのカメを叱りつけたりもする。

彼の作り上げた物語の世界には、将校も下士官もいるようだった。そして、兵士たちには妻もいるし、歯科医師や消防士など、様々な職業の人間がいた。しかも、まだ幼いというのに、それぞれの人物「らしい」言動のパターンをよくわかっている。その時々により、自身が兵士になったり、医師になったり、料理人になったりしていたが、これは、立場ごとに人間の態度、心がどう変わるかを想像できるということだ。

物語の多くは、自分の将来を想像して作ったものである。その中では、ハロルドが何らかのかたちで名誉、名声を得ることになっている。大人たちの場合、何かを夢想するとなると、その対象はだいたいお金か安楽な暮らしということになる。ロブとジュリアもよく友人たちと「お金があったら」という空想をしていた。だが、子供は違う。ハロルドが夢想するのは名誉である。それはハロルドの友達も同じのようだった。名声を得ている自分を空想するのだ。

ある土曜の午後、ハロルドは家で数人の友達と遊んでいた。皆、ハロルドの部屋に引きこもったきり出てこない。そのうち、消防士ごっこが始まった。家の中で火事が起きたところを想像し、その火と闘うべく急いで準備を始めたのだ。想像の世界にはもちろん、消防車もホースも消防斧も揃っている。一人一人の役柄も明確に決まっている。ロブはこっそりと部屋に行き、ドアのところで様子を見ていた。本人は少々、不満のようだったが、ハロルドの役柄は、消防隊のリーダーのようで、他の子供たちに指示を出していた。誰が消防車を運転し、誰がホースを持つのかなどを決めていたのだ。空想の世界ではあるが、何でも思い通りにできるというわけではなく、彼らは何かをする度に、いちいち、それが可能なことかを慎重に確かめていた。空想の世界には、その世界なりのルールがあるようだった。その場にいる子供たちは皆、同じルールを共有するのだ。ルールに適うか否か、ということを実に長い時間をかけて話し合っているので、どうやら、物語よりもルールの方が大切らしい、とロブは思った。

他に感じたのは、どの子も強く自分の考えを主張しているということだった。そして、物語に起伏があることもわかった。穏やかな場面から、重大な危機に陥る場面に移り、その後、再び穏やかな場面に戻る。はじめのうちは平和に過ごしているのだが、やがて、何かひどいことが起き、皆が力を合わせてそれに立ち向かうことになる。そして、闘いに勝利した後は、またもとの平和が戻り、皆の心にも穏やかさが戻る。どの物語もすべて勝利で終わる。必ず「もうこれで大丈夫だ」という時が訪れるのだ。危機に立ち向かい、勝った者には名誉が与えられる。

ロブは二〇分ほど見ていた。だが、そのうち、仲間に入りたくなってきた。ついには我慢しきれなくなって、フィギュアを手に取ると、一緒に遊び始めた。

これは大きな間違いだった。たとえて言うと、ロサンゼルス・レイカーズの試合中に、見ていた観客がいきなりバスケットボールをつかみ、参加してしまうようなものだからだ。

大人として生活する中で、ロブは知らず知らずのうちにそれに適応すべく訓練されている。その結果、ある種の思考法に非常に長けているのだ。心理学者ジェローム・ブルーナーが

「論理・科学的思考」と名づけた、論理と分析に基づく思考法である。法的な文書や、ビジネスの場での報告書、学術論文などでは、この論理・科学的思考が基礎になる。状況を客観的に見つめて事実関係を整理し、そこから一般的な法則を導き出す。またそれに問いを投げかける。おおまかに言えば、そういう思考法ということになる。

しかし、ハロルドたちの遊びは、それとは違った思考法に基づくものだった。それをブルーナーは「物語思考」と呼んでいる。[22] たとえば、ロブが仲間に入るとすぐ、ハロルドたちは牧場ごっこを始めた。子供たち一人一人はカウボーイだ。そうなると、あらゆることが、その牧場の物語の中での出来事ということになる。馬に乗り、投輪をし、家や納屋を建てる、賭け事をする、そのすべてが物語の中で起きることなのだ。すべてはその物語に合うか合わないかで判断される。何が合っていて、何が合っていないかは物語が進むにつれて明確になっていく。

カウボーイたちはともに働くが、時にはちょっとした喧嘩になることもある。牛が逃げて騒ぎになった時には、逃げないよう柵を作ることにした。竜巻に襲われた時には皆が一致団結して牧場を守ったが、危機が去ったら、またすぐばらばらになった。

その世界においてロブは極めて異質な存在だった。「物語思考」というのは、「神話思考」でもある。神話思考には、論理・科学的思考には通常、含まれない要素がいくつもある。それはまず、善悪という要素、聖邪という要素だ。つまり、それは単なる物語ではなく、道徳的、教訓的な意味を持つ物語だということになる。また、感情に訴える物語でもある。

間もなく、牧場に侵入者たちが現れた。少年たちは不安を感じ、警戒した。彼らはカーペットの上をはい回って、プラスチックの馬を集め、侵入者たちに向かい合うように一列に並べた。口々に叫ぶ。「敵が多すぎるぞ!」誰もが途方に暮れているようだった。そこでハロルドは、新たなキャラクターを創造した。巨大な白馬である。大きさが他の馬の一〇倍はあるという設定だ。ハロルドは叫んだ。「あれは何だ?」その問いにハロルド自らが答える。「白馬だ!」彼は敵に向かって走って行く。その後に二人の少年が続いた。全員で巨大な白馬とともに敵に飛びかかる。まさに最終戦争という様相を呈してきた。白馬は次々に敵を踏みつぶしていく。しかし、反撃を受け、白馬も血を流し始める。しばらくして侵入者たちは全滅したが、白馬も死んだ。カウボーイたちが布をかけてやり、葬儀を執り行なうと、白馬の魂は天国へと昇っていった。

ロブは一人だけ別の生き物のような気分だった。子供たちの想像力が生み出す物語にまったくついて行くことができない。ロブには、プラスチックと金属のおもちゃにしか見えないものを、子供たちは一瞬にして正義と悪に分けてしまう。感情表現の強烈さも、ロブにとっては非常に違和感のあるものだった。遊び始めて五分もすると、後頭部に鈍痛を感じ始め、あっという間に疲れはててしまった。

ロブにも、同じようなことのできた時期はあったはずである。だが、もう彼は大人になってしまった。おかげで、一つのことに長く集中することはできるようになったのだが、かつ

てのように、一見、無関係の事物を組み合わせる、といった自由な発想はできなくなってい
た。連想に連想を重ねていくというような思考もできなくなった。ロブは、この時のことを
ジュリアに話した。次々に予想外のことを思いつくので、とてもついていけない、と言うと、
ジュリアはあっさり「もう少し成長したら変わるでしょう」と答えた。
ロブもとりあえずはその意見に賛成した。ハロルドは色々な物語を作っていたが、少なく
とも今までのところは「ハッピーエンド」の物語ばかりだった。ダン・P・マクアダムズに
よると、子供時代に作る物語の性質は、その後の人生の物語に影響するという。自分の実人
生に起きる出来事が最終的に良い結果につながると信じるのか、それとも悪い結果につなが
ると信じるのかは、この子供時代の物語に大きく左右されるというのだ[23]。また、物語の性質
は、子供時代にどういう生活を送っていたかで変わってくる。何があっても最後には、目的
は達せられ、傷は癒され、平和は回復し、人々は分かり合える、そういう物語を作る子は、
自分の人生でも同じことが起きると信じやすい。
おやすみの時間を過ぎても、ハロルドはまだ眠らずに、自分の作り出したキャラクターに
話しかけていることがあった。階下にいる親たちは、眠気もあって、彼が何を言っているの
か、はっきりとは聞きとれない。しかし、やはり物語の展開とともに声が大きくなったり小
さくなったりしていることはわかった。穏やかな口調で何かを言い聞かせている時もあるし、
警戒しているような口調の時もある。空想上の友達を呼び集めている時もある。ロブとジュ
リアはこれを有名な映画にちなんで「レインマン状態」と呼んでいた。現実世界とは違う、

自分だけの世界に入り込んでいる状態だ。二人は一体、いつまでこれが続くのか不安に思っていた。ハロルドはいつ、自分たちと同じ人間の世界で暮らし始めるのか。本当にその日がいつか来るのか、心配だったのだ。だが、ハロルドはサルのぬいぐるみに何かを熱心に教えている間に、いつの間にか眠りに落ちてしまう。

5章　愛　着——親子関係と成長

ある日、ハロルドが二年生の時のことだ。ジュリアは子供部屋にいたハロルドをキッチンに呼び、テーブルにつかせた。宿題をさせるためだ。子供にはよくあることだが、ともかく宿題を何とかして怠けようとするのだ。最初は、「宿題なんてないよ」と嘘を言った。その嘘がばれると「もう学校でやってきた」と言い出した。その後も、すぐにばれるような嘘をいくつもつき続けた。バスの中でやった。学校に忘れてきた。難しいからやってもやらなくてもいいと先生が言った。まだ習っていないところだからできるわけがない。出すのは来週でいいと言われたから明日やる。などなど。

あまりに嘘をつきすぎて、もう嘘の種がつきた頃、ハロルドはとうとう母親に「こっちへ来てカバンの中身を全部出しなさい」と言われてしまった。その時の彼は、まるで有罪判決を受け、死刑執行室へ向かう殺人犯のようだった。本当に「しぶしぶ」という態度で歩いてきた。

ハロルドのカバンの中は、「まさにこれが男の子」という感じだった。また、このままではホームレスへの道をまっしぐら、とも思えた。物が何層にも積み重なった中身を掘り進んで見つかったのは、古いプレッツェル、飲み終わったジュースの紙パック、ミニカー、ポケモンカード、ゲーム機（PSP）、落書きをした紙、古い宿題、一年生の時のプリント、リンゴ、砂利、新聞紙、ハサミ、小さな銅の管などだ。それだけ詰め込まれたカバンは相当な重量になっていた。

ジュリアはがらくたの中から、やっとの思いで宿題のファイルを取り出した。「歴史は繰り返す」とよく言うが、宿題のファイルも、やはりカバンの中と同様の状態と言えた。まず使うファイルが次々に変わる。三穴バインダーを使ったかと思うと、金具に紙をはさむタイプのファイルを使うこともある。どちらにも長所、短所はあるが、結局は深く考えずに気まぐれで決めているだけのようだ。

ジュリアはその日の宿題の紙を発見した。その途端、心が沈んでいくのが自分でもわかった。宿題自体は一〇分ですむものだが、きっと終わらせるのに一時間以上かかるのだ。その間つきっきりでいなくてはならないし、親が色々と準備をしてやらなくてはならない。靴の箱がいるという時もあったし、六色のマーカーや画用紙、糊、小さなホワイトボード、木工用のニス、黒檀材、動物の爪など、何を言われるか予想がつかないので困ってしまう。

この宿題に一体、どれほどの意味があるのかと何となく疑う気持ちもジュリアにはあった。実際、デューク大学のハリス・クーパーのように、小学生の宿題の量と、成績の良し悪し

（主にテストの点数）には強い相関関係はない、と言う人もいるのだ。[1] 調査してみるとそういう結果が出るという。学校側が毎日宿題を出すのには、成績を上げる以外にも目的があるのかもしれない。ジュリアにはそう思えた。子供に対して、親が自然に厳しい態度をとるように仕向けているのでは、という気もした。宿題で重圧をかけて子供の心を押しつぶし、覇気も野心もないような大人にするのが目的なのか、とも思った。もちろん、宿題には良い面もある。宿題で勉強の習慣がつけば、今すぐ成績には結びつかなくても、将来役立つことがきっとあるだろう。

ジュリアは追い詰められた親なら誰でもすることをした。ハロルドをご褒美で釣ろうとしたのだ。ご褒美を渡す、というのは、要するに賄賂で買収しているということである。彼女と同じ社会階級に属する人たちであれば、誰もが軽蔑するような手段である。でも、仕方がなかった。ハロルドを何とかやる気にさせようと、色々なもので誘った。宿題をちゃんとしたら、金メダルをあげる。キャンディでもいいよ。それともBMWのミニカーがいいかな。しかし、まったく効果はなかった。すると、ジュリアはどうしたか。これも誰もがすることだが、ハロルドを脅し始めたのだ。宿題やらないんだったら、テレビはもう見せないよ。ビデオもゲームも取りあげるよ。おやつもごはんも抜きだよ、と言ってみたりした。脅し文句を紙に書いて壁に貼ったこともあった。

ハロルドは、ご褒美にも釣られなかったし、脅しても動かなかった。まだ、長期的な利益というものがよく理解できていなかったせいもある。いくら、あとで良いことがある、辛いことが待っている、と言われても、それと、目の前にある宿題という苦痛とを結びつけて考えられなかったのだ。「テレビを見せない」という脅しが本気でないのもよくわかっていた。テレビがなければ、ジュリアはずっと退屈したハロルドの相手をしなくてはならないだろう。そんなことはできないに違いない。

毎晩、ジュリアとハロルドは、キッチンのテーブルに向かい、宿題をした。ジュリアが水を飲むために少し席を離れ、戻ってくると、ハロルドは「もうできたよ」という。席を離れた一〇秒ほどの間に全部終わらせたというのだ。見ると、何やら解読不能な模様のようなものがたくさん書いてある。初期サンスクリット語の文字のようでもある。

ここから、この模様を消して書きなおすという作業が始まり、延々と続くのだ。ジュリアはハロルドに、字はゆっくり、丁寧に書きなさい、できれば英語でね、と言う。ハロルドはすぐには言うことを聞かない。動揺し、口答えをして、聞き入れられないと拗《す》ねる。こうなると、一五分は宿題ができるような状態に戻らないので、待つしかない。二人の心の中で暴動か戦争が起きているようなものだった。収まるまでの間は、とても落ち着いて宿題に取り組むどころではなくなるのだ。

最近は、小さな子供がおとなしく宿題などできなくて当然、という考え方もある。子供は元来、のびのびと自由に過ごすべきなのに、現代社会は子供を縛りすぎる。それはあまりにバカげている、というわけだ。現代社会のルールに無理に従わせることで、子供の持つ無邪気さや創造性が破壊されていく。人間は自由な存在として生まれてくるのに、今はどこへ行っても鎖につながれている、それはおかしい、と言う人がいるのである。

だが仮に、監視したり、口を出したりするのをやめ、宿題もさせずに放任したとしても、それでハロルドが本当に自由になれるとはジュリアには思えなかった。子供を無垢や自由、喜びの象徴のように言う哲学者もいるが、本当は衝動という牢獄に捕らえられた囚人なのではないかと思った。いくら自由でも、行動に目的や一貫性がなければ、結局、何もできず、奴隷と同じことになってしまう。

ハロルド本人は宿題をしたいと思っていた。良い子になって先生や両親を喜ばせたいとも思っていた。でもどうしてもできなかった。カバンの中も整理したかったがそれもできず、生活の混乱もどうにもできなかった。テーブルに向かっていても、注意を一つのことに向けていられない。音が聞こえたりすると、一体何なのか確かめずにはいられない。気づくと冷蔵庫の方へと気持ちが向かっていることもあるし、コーヒーメーカーのそばに置かれた封筒に目がいく時もある。

ハロルドは自由どころか、自分の未熟な意識に支配されているようなものだった。何か刺激がある度にそれに反応してしまうので、一貫した行動などとてもとれなかった。賢い子なので、自分で自分がコントロールできていないことはよくわかっていた。なのに、心の中の混乱を収めることはどうしてもできない。そんな状態にいら立ち、自分はダメな子なんだと思い込んだ。

ジュリアもいら立っていた。疲れてしまい、いら立ちを抑え切れないこともあった。そんな時は、「早くちゃんとしなさい」「どうしてできないの」と言うだけになる。それがますます事態を悪化させてしまうのだ。しかし、簡単な宿題なのに、どうしてこんなものができないのか、できるはずなのに、という思いにとらわれて、どうすることもできなくなってしまう。ちゃんとしなさい、といくら言っても無駄である。

幸い、ジュリアは、ただちゃんとしなさいと言うだけの母親ではなかった。子供の頃、ジュリアの家は、よく引っ越しをしていた。何度も転校し、新しい友達がなかなかできないこともあった。そんな時は、母親だけが頼りだ。他に話し相手のいない彼女は母親にまとわりついた。長い時間、一緒に散歩をし、お茶を一緒に飲みに行ったりもする。引っ越してきたばかりの時は母親も孤独である。誰も話せる人はおらず、心を開ける人もいない。そういう寂しい気持ちを、幼いジュリアについ話してしまうこともあった。ジュリアはその話を聞くのが好きで、また話してくれないかといつも心待ちにしていた。話してくれないと悲しい気持ちになったくらいだ。母親が心の中を打ち明けてくれると、自分は特別な存在なんだと感じることができた。まだほんの小さな子供にすぎなかったが、大人の世界に触れたような気もした。普段、自分がいるのとは違う世界に招かれたような気分でもあった。

ジュリアは、母親とは大きく違った人生を歩んでいた。母親に比べれば、大した苦労もせず、気楽に生きてきた。表面的なことにばかり気を取られていて、深みがある人間とは言いがたい。来客用のタオルを選ぶのに真剣になって長い時間を費やすようなこともする。有名人のゴシップも気になってしょうがない。しかし、その内面には母親と似た部分もあった。無意識のうちに、母親と同じように考え、母親と同じような行動をとっている時があるのだ。ジュリアも、息子のハロルドに、いつもとは違う特別な話をすることがあった。何も意識してそうしようとしているわけではない。だが、宿題をしていて、二人ともがいら立っている時などに、彼女は自分が若い頃に体験した冒険の話などをした。息子だけに、自分の人生について知る特権を与えたのだ。

その夜もハロルドはやはり宿題に集中できなかった。周囲で少し何かある度に気が散り、自分の中の衝動にも勝てない。そんな姿を見て、ジュリアはしばらくの間、自分だけの世界に息子を連れて行った。

彼女は車でアメリカ大陸を横断した時の話をした。大学を卒業したすぐ後、何人かの友人と旅に出たのだ。旅の間に起きたあれこれを事細かに話して聞かせた。車の乗り心地はどうだったのか。毎晩、どういうところに泊まったのか。アパラチア山脈を抜けて平原に出た時の気持ち、そしてロッキー山脈の景色。朝起きた時、遠くに山が見えたのに、その後、何時間走ってもまったく山が近くに見えてこなかった話。ハイウェイの脇に、キャディラックが何台も縦に積み上げられているのを見たこと。

ハロルドはすっかり心を奪われたように母親を見つめていた。ジュリアは息子を一人前の人間として扱って話をしていた。そして、彼を、未知の世界へ連れて行った。隠された過去、まだ彼が生まれる前の過去の世界へ。昔の話を聞いて、ハロルドの時間の地平は少し広がった。母親にも子供の頃があり、やがて時間が流れて大人になり、そうして自分が生まれてきたのだということが少し理解できるようになった。自分もいずれは同じように成長して大人になり、いつか同じように冒険の旅に出るかもしれない。そこまで想像できるようになった。話をしながら、ジュリアはキッチンの片づけをしていた。調理台の上に置きっぱなしになっていた空き箱を捨て、積み上げられていた手紙を整理してしまった。ハロルドは話に熱心に耳を傾けた。まるで、長い距離を歩いて喉が渇いているところへ水を差し出され、それを夢中で飲んでいるようでもあった。しばらくすると、ハロルドは自分の心の混乱を収めるために母親を利用することを覚えた。話を聞けば落ち着くのだということを知り、それを利用するようになったのだ。

ジュリアは、話を聞くハロルドの口から鉛筆がぶら下がっているのに気づいた。かじったりはしていなかった。軽く歯と歯の間にはさんでいるだけだ。何かを考える時の癖だった。少し前とは打って変わって、穏やかな満足気な表情になっている。ジュリアがそうなるきっかけを与えたのだ。ハロルドは、気持ちが落ち着くとはどういうことか、自分の注意を一つのことに向けるとはどういうことかを、知らず知らずのうちに覚え始めていた。その助けとなっていたのが母親との会話だ。まだ自分だけの力ではできないことも、母親の助けを借りればできたのだ。間もなく、宿題も滞りなくこなせるようになった。それはまるで奇跡のようにも見えた。

もちろん、本当は奇跡などではない。近年の発達心理学の研究でわかってきたのは、親は決して優れた心理学者などにならなくても、子育てに成功できるということだ。親は、才能豊かな教師である必要もない。フラッシュカードやドリルなど子育て用の教材は数多く作られているし、「子供を秀才に育てる方法」などが書かれた育児書も無数にある。だが、そのどれも大した効果はない。親はただ、良い親であればいい。それで十分なのだ。親が子供に与えるべきもの、それは一定したリズムである。親から一定したリズムが与えられれば、子供はそのリズムに乗ることができる。リズムに乗れば、衝動に負けて無軌道な行動をとることもなくなる。親は基本的には子供に優しく接すればいい。その中に「ここから先はダメ」という規律があればいいのだ。ストレスを抱えた時に、感情に任せておかしなことをしないよう、「かせ」をはめてやる。子供にとって、その「かせ」は拠り所になるはずである。また親は、問題に立ち向かう時のお手本にもなる。子供は親の姿を見て育ち、将来、自分が問題に直面した時には、無意識に親をお手本として行動しようとするのだ。

強い愛着

人間の発達に関してはまだわからないことが多い。研究は盛んだが、今のところは、ごく限られたことが解明されたにすぎない。一九四四年、イギリスの心理学者、ジョン・ボウルビィは、素行が悪く、「不良」と呼ばれている若者たちについて調査し、彼らの多くが幼い頃、両親に捨てられているということを突き止めた。幼くして両親に捨てられた若者たちは、自らの怒りの感情、屈辱感、「自分は価値のない人間だ」という気持ちに苦しんでいた。「良い子でなかったから捨てられたんだ」という思いが消えないまま残っていたのだ。(2)

彼らの中には、愛情を外に出さず、抑えつけようとする者が多かったが、それは、自分を苛《さいな》む「捨てられた」という気持ちに立ち向かうための自衛策だとボウルビィは考えた。子供にとって何より必要なのは、冒険と安全である、と彼は主張した。自分を世話してくれる人たちの愛情を感じることも大事だが、その一方で、周囲の世界を冒険し、自分の力で何かをする、ということも大切なのだ。この二つは、時に対立し合うこともあるが、互いに結びついてもいる。大きな安心を得られる場所があれば、人は大胆な冒険ができ、新しいものに触れられるからだ。ボウルビィ自身もこんなふうに言っている。「私たち人間にとって何より幸せなことは、ゆりかごから墓場まで、冒険の旅の連続のような人生を歩めることだ。長い旅もあれば、短い旅もあるだろう。そして、大事なのは、旅が終われば、愛する人の待つ安全な基地に帰れるということである」(3)

ボウルビィの研究は、心理学の世界における、子供というもの、そして人間というものについての考え方を大きく変える役割を果たしたと言える。それ以前の心理学では、専ら人間一人一人の行動について研究していて、人間と人間の関係について研究することはまずなかった。ボウルビィは、子供と母親、あるいはそれに相当する人物との関係に着目し、その関係が子供の世界観に大きく影響することを発見したのだ。

ボウルビィ以前、あるいは彼以後もしばらくは、人間が意識の上で下す判断にばかり注目する人がほとんどだった。また、判断を下すためには、外界から情報を取り入れるわけだが、この情報を取り入れるという過程は、入ってくるものをそのまま受け入れるだけなので、単純で特に難しくはないとされていた。複雑で難しいのは、あくまでその後の判断を下す作業であるという考え方が主流だったのだ。しかし、ボウルビィはそれとは違っていた。彼が重要視したのは無意識のはたらきである。無意識が外界の情報を受け入れる時点から作用し、情報を加工してしまうと考えたのだ。私たちの意識は、無意識によって加工済みの情報を受け入れているというわけだ。

人の特性は、すでに乳児の時点でそれぞれに違っている。たとえば、同じ刺激を受けて、興奮する子もそうでない子もいる。しかし、幸運な子であれば、母親がその時々の気分を敏感に察知してくれる。抱き上げてほしい時は抱き上げてくれるし、下ろしてほしい時は下ろしてくれるのだ。刺激がほしい時には刺激を与えてくれ、そっとしておいてほしい時はそっとしておいてくれる。そういう時を過ごすうちに、子供は、自分が「他者と対話する存在」であることを学んでいく。この世界は、絶え間ない他者との対話で成り立っていることを学ぶのだ。自分が何か信号を発すれば、おそらく誰かがそれを受け取るということも知る。困った時には助けてもらえることも理解する。世界の成り立ちについて自分なりに仮説を立てるようにもなる。冒険をする時、他者と接する時には、その仮説を頼りにするのだ（仮説は、正しいこともあればそうでないこともある。正しい、正しくないの証明は毎日繰り返されることになる）。

生まれてすぐに対話の輪の中に入れた子供は、他者とどうコミュニケーションをとればよいかを自然に学ぶ。他者の発する社会的な信号も的確に受け止められるようになる。彼らは世界を、自分を歓迎してくれる場所とみなすようになる。しかし、生まれて間もなく接した人たちの間の関係が良好なものでなければ、子供は他者を極端に恐れるようになる。そして内にこもるか、極端に攻撃的になるかのどちらかになってしまう。周囲に誰もいない時でさえ、常に何かに怯えているような人間になるのだ。他人からの信号を察知することはできないし、自分の信号を誰かが察知してくれるなどとは期待しない。そんな価値が自分にあるとは思わないのだ。幼い時の周囲の人間関係が、無意識のうちに私たちの価値観に影響を与えるというわけだ。価値観が違えば、同じ状況に置かれても、何を感じるか、何に目を向けるかが大きく変わってしまう。当然、行動も大きく変わってくるだろう。

親子関係というのは複雑で、単純にこういうもの、こうあるべきものと言い切ることはできない。子供が親に愛着を持つのは当たり前のこととも言えるが、ボウルビィの教え子の発達心理学者、メアリー・エインズワースによれば、その親から離れて行動すべき時が必ず来るという。たとえ数分間にしろ、親から離れ、独力で世界を探検しなくてはならない時が来るということである。エインズワースは、安心から冒険へと向かう瞬間について調べるため、「ストレンジ・シチュエーション法」というテスト方法を考案した。このテストでは、幼い子供（通常は生後九カ月から一一カ月の子供）とその母親を被験者とすることが多い。まず、母子には、おもちゃでいっぱいの部屋に入ってもらう。その後、部屋に、母子にとってまったく未知の人物を入れる。母親はいったん外へ出るが、しばらく後にまた戻る。次に、母親と見知らぬ人はどちらも部屋を出て、子供を一人残す。その後は、また見知らぬ人だけが部屋に戻る。エインズワースは、その間、状況の変化とともに子供の様子がどのように変わっていくか、子供がどういう反応をするかを詳しく観察した。母親が部屋を出る時、どのくらい嫌がるか、母親が戻ってきた時の態度はどうか。また、見知らぬ人にはどういう態度をとるか、といったことを見たのだ。

その後の数十年間、「ストレンジ・シチュエーション法」は世界各地で実施され、何千、何万という数の子供たちが被験者となった。(4) それでわかったのは、子供たちの三分の二は、母親が部屋を出ると泣き、母親が部屋に戻ってくると急いでそばに行くということだ。この場合、子供たちは母親に強い愛着を感じており、母親から揺るぎない安心感も得ていると考えられる。これをエインズワースは「安全の愛着」と呼んだ。全体の五分の一の子供は、母親が去っても何も表立った反応は見せないし、母親が戻ってきても急いで近寄るようなことはない。母親に愛着は感じていると思われるが、それを外に表そうとしないのだ。これは「回避の愛着」と呼んだ。その他には、反応が一定しない子供たちがいる。たとえば、母親が部屋に戻ってきたのを見ると急いで近寄るが、母親のそばまで来ると怒り、手で叩いたりするのだ。母親に愛着は感じていても、その気持ちは複雑で整理がされていないのだと考えられる。これは「混乱の愛着」と呼んだ。

人間を種類に分ける試みすべてに言えることだが、この分類にもやはり欠点はある。だが、幼い子供の愛着の種類と、親の態度との間には様々な相関関係が見られることが多くの研究により明らかになっている。また、親に対する愛着の種類は、後の人生にも強く影響することもわかっている。人間関係や、物事を成し遂げる能力に強く影響するのだ。一歳の時の親に対する愛着がどのようなものかを見れば、どんな学校生活を送るのかをだいたい予測できるし、学校を卒業してからの人間関係がどうなるか、全体としてどういう人生を送るのかもかなりの程度予測できる。もちろん、幼い時の「ストレンジ・シチュエーション法」の結果によって人生が決まってしまうわけではない。どういう家に生まれ、どういう親に育てられるのかは運命だが、その運命が後の人生のすべてを支配するとは言えない。しかし、幼い時の親子関係が、子供の心の中に「世界のモデル」を作るのは確かだろう。そのモデルが、後の人生において道案内の役割を果たすのである。

子供が親に対して「安全の愛着」を持っている場合、親は日頃からその子の欲求や気分に即応するような行動をとっていることが多い。子供が不安に駆られていればすぐになだめて落ち着かせ、子供が上機嫌であれば喜んで遊んでやる。このタイプの親も完璧ではなく、常に子供の気持ちに即応できるわけではない。だが、子供はそれほど脆《もろ》いものではない。時には子供の気持ちを読み損なうこともあれば、短気を起こすこともある。子供の欲求を無視してしまうこともあるだろう。しかし、親の対応が全体として信頼できるものであれば、子供は親の存在に安心できるのだ。また「安全の愛着」を持つ子の親が常に子供に優しいとは限らない。時には厳しく罰を与えていることもあり得る。たとえそうであっても親の態度に一貫性があり、予測可能であれば、おそらく安全の愛着を持つことになる。

子供の気持ちにうまく同調できた時、親の脳にはオキシトシンが分泌される。研究者の中には、この特性から、オキシトシンを「親和性神経ペプチド」と呼ぶ人もいる。オキシトシンの分泌量は、人との強い絆を感じた時に急激に増える。たとえば、出産や授乳の際、オーガズムの後などがそうだし、愛し合う人と見つめ合った時、友人や家族と抱きあう時などにも分泌量が増える。オキシトシンが分泌されると、人は強い満足感を覚える。オキシトシンは、人と人とを結びつける上で重要な役割を果たすのだ。

親に「安全の愛着」を持つ子供は、ストレスのかかりやすい状況にもうまく対処することができる。ミネソタ大学のミーガン・ガナーの研究によれば、「安全の愛着」を持つ生後一五カ月の子供に注射をすると、痛みで泣くものの、体内のコルチゾール濃度は上昇しないことがわかった。コルチゾールは、ストレスによって分泌されるホルモンである。「不安の愛着」を持つ子供の場合は、「安全の愛着」を持つ子供と同じくらい大きな声で泣く上、親に助けを求めようとはしない。コルチゾール濃度も急上昇する。[5]注射に限らず、ストレスのかかる状況ではすぐにコルチゾール濃度が上昇すると思われる。「安全の愛着」を持つ子供は、学校でもその他の場所でも、友達が多くできやすい。先生などの大人をうまく利用するコツを知っているので、順調な学校生活を送ることができる。決して先生に頼ってばかりいるわけではないし、先生にまとわりつくわけでもない。かといって先生から遠く離れて超然としているわけでもない。つかず離れずの関係を保つのだ。[6]時折、近づいたかと思えば、しばらくするとまた離れていく。また、彼らは生涯を通して正直で、誠実である。[7] 嘘をつく必要性も感じないし、他人に自分を実際よりよく見せたいとも思わないのだ。

「回避の愛着」を持つ子供は、親が感情を表に出さない人であることが多い。感情を出さず、子供と気持ちを同調させようとすることもあまりない。子供とのコミュニケーションがうまくできず、親密な関係が築けない。正しいことも言うのだが、その言葉には、感情を読み取れるような身振り手振りが伴わないのだ。親がそうだと、子供たちの心の中にできるモデルもそれに合ったものになっていく。そのモデルはまず、「自分の面倒は自分で見る」ということを基礎としたものになるだろう。他人に頼るということはしないし、頼り方もわからない。他人との関わりはできるだけ避けようとする。「ストレンジ・シチュエーション法」では、母親が部屋を出ていこうとしても、それを嫌がる態度を見せることはない。心拍数が上昇するなど、実は動揺しているはずなのだが、それは心の中だけに収めて外には出さないのだ。[8] 部屋に一人残されても泣かない。何もなかったように一人で遊び、冒険を続ける。

少し成長すると、彼らは一見、驚くほど自立した、大人びた印象の子供になる。学校に行くようになれば、先生に少なくとも最初のうちは高く評価されるはずである。しかし、徐々に、同級生たちとも、大人たちともうまく関われないことがわかってくる。彼らは集団の中ではいつも不安を抱えている。自分が他人にとって価値ある存在だという自信がないために、周囲の人と積極的に関わろうとすることはない。L・アラン・スルーフ、バイロン・エゲランド、エリザベス・A・カールソン、W・アンドリュー・コリンズの著書『人間の成長

（*The Development of the Person*）』の中には、「回避の愛着」を持つ子供が教室に入ってい く時の描写が出てくる。「その子は、色々な角度で教室に入ってくる。まるで、帆船が風に合わせて針路を変えるように。いつの間にか先生の近くにいることも多いが、先生の方には顔を向けず、背を向けていることが多い。そうして、先生が自分に何か話しかけてくるのを待っているのだ[9]」

「回避の愛着」を持つ子供が大人になると、子供時代のことをよく覚えていないことが多い[10]。彼らが子供時代について話したとしても、ごく大まかに語るにとどまり、細かいことに触れることはまずないだろう。細かく記憶できるほど、感情を強く動かされたことがほとんどないからだ。誰か、あるいは何かに本気で関わるということがなかなかできなかったせいである。彼らは論理的な議論には長けているに違いない。しかし、会話の内容が感情に関わるようなものになると、その途端、彼らの心の奥底には不安が生じる。また自分のことを話すよう人に言われた場合にも、やはり同じように不安が生じる。感情の起伏は極端に少なく、最も安心できるのは一人でいる時である。ジュネーヴ大学のパスカル・ヴルティィカの研究によれば、「回避の愛着」[11]を持つ大人は、他人と関わった時の脳の報酬回路の活動が他の人に比べて少ないという。七〇歳になった時に一人暮らしをしている確率も、他の人たちに比べて三倍高い[12]。

「混乱の愛着」[13]を持つ子供になりやすいのは、親が気まぐれで、行動や態度に一貫性がない場合である。そこかと思えばまたあちらというふうに変わっていく親、ある時はうるさいくらいに関わってくるかと思えば、別の時には冷淡でまったくの無関心になる、という親に育てられるとそうなりやすい。親がそうだと、子供は心の中に整合性のある「世界のモデル」を作りづらいのだ。親に近づきたい気持ちと、親から遠ざかりたい気持ちを同時に持つことになる。[14] 生後一二ヵ月くらいになると、「混乱の愛着」を持つ子供たちは、「安全の愛着」を持つ子供たちのように、母親の方を向いて何か助けを求めるということをしなくなる。母親からは目をそらすようになるのだ。[15]

少し成長すると、彼らは他に比べ、恐怖心を抱きやすい子供になる。[16] ちょっとしたことにすぐに危険を感じ、怯えてしまう。また、衝動を抑えるということがなかなかできない。こうしたことは子供にとって強いストレスとなり、長期にわたって影響を及ぼす。父親のいない家で育った女の子には、初潮《しょちょう》が早く来る傾向がある。他の要因を考慮に入れても、その傾向があることは確かである。[17] 青年期に性的に乱れた生活を送る傾向も見られる。また、「混乱の愛着」を持つ子供たちは、他に比べ、一七歳の時点で精神に異常を抱える確率が高い。[18] さらに、他と比べてニューロンのネットワークが発達せず、脳が小さくなることが多い、ということも確認されている。この発達の遅れは、幼い頃のトラウマが原因と考えられる。[19]

ただ、すでに書いたとおり、乳幼児期の親への愛着だけで人生が決まってしまうわけではない。幼い頃の愛着のタイプから予想されるような大人にならない人もいる。中には、柔軟性が非常に高く、不利な状況を乗り越えてしまう人もいるのだ（子供の頃に性的虐待を受けた人でさえ、その約三分の一には、大人になってからの後遺症がほとんどないことがわかっている)[20]。人間というものは実に複雑である。たとえ母親との関係に問題があったとしても、その代わりをする人物に出会えることがある。良き師に出会い、その人に人との関わり方を教えてもらえるかもしれない。親戚がその役割を果たすこともある。親にうまく愛着を持てなかったとしても、他にその対象を獲得できる場合もあるし、自分の力で愛着の対象を獲得してしまう子供もいる。他人を、そうなるよう仕向けてしまうのだ。そのように例外はあると考えられるが、幼い頃の親との関係が後の人生に大きく影響することは確かだ。親との関係により子供が心の中に育む「世界のモデル」が、人生において重要な意味を持つからだ。このモデルが無意識のうちに考え方や行動に影響する。

幼い頃の親への愛着と後の人生との関係については、これまでにも多くの研究がなされている。その結果、たとえば、ドイツには、「回避の愛着」を持つ子供がアメリカよりも多くいることがわかっている[21]。また、日本には「不安の愛着」を持つ子供が多いという。中でも特に興味深いミネソタ大学による研究については、先に触れたスルーフ、エゲランド、カールソン、コリンズの著書『人間の成長』に記述がある。

スルーフらの研究チームは、一八〇人の子供とその家族について、三〇年以上にわたり追跡調査をした。調査は、子供たちの誕生の約三ヵ月前から開始している(子供の誕生前は、両親の人間性について調査した)。調査は非常に多岐にわたり、子供たちの生活のありとあらゆる面について調べられた。そして、常に中立的な第三者の監視を受けながら進められた。調査の結果は常識を覆すようなものではなかった。むしろ、常識の正しさが再確認できるものだったと言えるだろう。正しさを裏づけるような明確な証拠がいくつも見つかったからだ。中でも重要なのは、親が子供に与える影響の大きさである。癇癪《かんしゃく》を起こしやすい乳児や、夜泣きをする子供は、親に対する愛着が少ない傾向があり、反対に明るく快活な子供は親に強い愛着を感じていることが多い。愛着を持たれるかどうかには、親の感受性も大きく関係する。また、親が話好きで他人と積極的に関わろうとする人たちであれば、子供は「安全の愛着」を持ちやすいということもわかった。親自身が、自分の親と良好な関係を築けていれば、子供との関係も良くなる。先天的に他人と関わることが得意でない性格の子供もいるが、親に強い感受性があれば、それを克服して「安全の愛着」を持つ子供に育つことも多い。

調査の中では、子供の性格、態度は通常、ごく幼い頃から一貫していて変わらないということもわかった。どこかの時点で「安全の愛着」を持っているとみなされた子供は、後になってもやはり同じように「安全の愛着」を持ち続ける。親が亡くなる、虐待を受けるなど、よほどの酷い体験をしない限り、それが変わることはまずないのだ。先述の『人間の成長』の中には「私たちの研究により、子供時代の様子を見れば、その人の将来がかなりの程度、予測できることが立証された」と書かれている。[22]子供の時に、親がきめの細かい配慮をしてやれば、大人になって以降も良い人生を歩める可能性が高いということである。

親への愛着は、学業にも強く関係している。幼い時にＩＱを測れば、成長してからの学業成績がどうなるかは容易に予測できる、と考える研究者もいる。だが、スルーフの研究の結果を見れば、ＩＱだけでなく、人間関係や感情の側面が信じがたいほど強く学業成績に関係していることがわかる。親に「安全の愛着」を持つ子供、そして親（あるいはそれに相当する人物）からきめ細かい配慮を受けている子供は、読解力や計算力が高くなる傾向があるのだ[23]。それに対し、親に「不安の愛着」あるいは「回避の愛着」を持つ子供は、学校で問題行動を起こしやすい。また、生後六ヵ月の時点で高圧的な親、過干渉な親、行動が予測困難な親を持っていた場合、学校へ行きだすと注意力散漫で落ち着きのない子供になる可能性が高い[24]。

スルーフらは、誕生後四二ヵ月間の親の態度、行動を評価し、その結果から「どの子供が高校を中退するか」を予測したが、その予測は七七パーセントという高率で的中した[25]。しかも、この確率は、子供のＩＱのデータを加味した場合の予測とほとんど変わらなかったのだ。高校を中退せずにすんだ子供たちは、先生や同級生たちとの関係の築き方をよくわかっていた。一九歳になった時点で彼らに尋ねてみると、どこかの時点で特別な教師に出会っていることがわかる。何か困ったことがあった時に頼れる大人がいたということだ。一方、高校を中退してしまった子供たちには、そういう教師はいないことが多い。彼らには大人とどう接すればいいのかがわからないのだ。「特別な教師はいるか」[26]という質問をされた時に、「何を言っているのかわからない」という表情をする子供も多い。

子供の頃の親に対する愛着のタイプが分かれれば、十代くらいまで成長してからの人間関係の質（量ではない）がどうなるかもかなり正確に予測できる。特によくわかるのが恋愛関係の質がどうなるかということだ。学校でリーダーになる子かどうかもわかる。自信の強さや、人付き合いに対する積極性、社交能力の高さなどが十代くらいでどうなるかも予測ができる。子供は、自分が親になった時にも、親の行動を模倣することが多い。スルーフらの調査では、親から虐待を受けていた子供のうち約四〇パーセントが、後に自分の子供を虐待するようになった。だが、虐待の後、支持的精神療法を受けたことのある女の子は、一人を除いて全員が母親になっても問題なく子供を育てることができた(27)。

スルーフらは、子供たちとその親たちにゲームをさせたり、パズルを解かせたりして、その様子を観察するという実験も行なっている。そして、二〇年後、調査対象の子供たちが親となってから、子供と同じゲームやパズルをさせる実験をしているが、その結果は、気味が悪いほど二〇年前と同様になることも多い。『人間の成長』の中に出てくる次のようなケースはその例である。

エリスはなかなかパズルが解けず、助けを求めるように母親の方を見た。だが、母親は助けようとはせず、ただ、呆れたように笑うだけだった。長時間かかってようやくパズルが解けた時、母親は言った。「自分の頭がどれだけ悪いか、これでよくわかったでしょ」二〇年後、今度はエリスの息子、カールが同じパズルに挑んだ。エリスは、遠くから息子の様子を眺め、ただ呆れたように笑っていた。時折、箱からキャンディを取り出して、息子にやるような素振りを見せていた。でも、息子が受け取ろうと走ってくると、箱にしまってしまう。結局、カールはパズルが解けず、エリスが解いた。パズルを解いたエリスはこう言った。「このパズル、俺は子供の頃、解いたぞ。でも、お前は解けなかった。俺の方がお前より頭が良いってことだ」[28]

人間の複雑さ

大人になったハロルドに「子供の頃、あなたの両親への愛着はどのタイプだったと思いますか？」と尋ねたとしたら、「安全の愛着」だったと答えるに違いない。彼は、両親とともに幸せな時間を過ごしたこと、また両親との強い絆を感じたことをよく覚えているだろう。確かに、ハロルドの両親は、彼の欲求や気分によく対応していた。おかげで、彼は両親のそばで安心して過ごすことができ、そうした両親の行動を基礎に「世界のモデル」を作り上げることができたのだ。やがてハロルドは、明るい性格の少年に育った。社交的で、基本的に人を信用する少年になった。両親に愛されて育ってきた経験から、無意識のうちに「自分はこれからも人に愛される」と思うのだ。彼の他人と関わりたいという欲求は驚くほど強いものだった。物事がうまくいかないと、自己嫌悪に陥ることもあるが、内にこもったり、他人を攻撃したりということはほとんどない。困ったことがあれば、彼はそれをすぐに人に話す。関心を持って聞いてくれるはずと信じているのだ。問題解決の助けになってくれるとも思っている。人に助けを求めることもためらわずにできる。慣れない土地に行っても「友達ができないんじゃないか」と不安になることはない。

とはいえ、現実の人間は複雑である。愛着のタイプだけで何もかもがわかるわけではない。ハロルドは、ある種の恐怖に苦しんでいた。そして、両親には決して理解され得ない欲求を抱いていたのだ。ハロルドが生きていく中で経験することの中には、当然ながら、両親が一度も経験していないこともあった。彼の心の構造は両親とは違っていた。彼は両親には理解されない恐怖を抱いていたし、両親には共感してもらえない願望も持っていた。

ハロルドは七歳になると、毎週土曜日に恐怖に陥るようになった。土曜日の夜は、ほぼ毎週、両親が外出することになっていたのだ。朝、起きて、今日が土曜日であることを思い出すと、彼は不安に陥る。やがて自分に言い聞かせ始めるのだ。両親が家を出る時に絶対に泣かないように、と。午後はずっと、神に祈っている状態になる。「神様、どうか、僕を泣かせないでください」そう祈るのだ。

裏庭に出てアリの観察をしてみたり、自分の部屋で遊んだりしていても、その夜のことが頭を離れることはない。両親は泣かずに元気よく見送ってほしいと思っているだろう。それはわかっていた。でも、なかなかそれができなかったのだ。泣かないように必死に頑張るのだが、どうしてもできない。泣きながら、ドアを閉めて出ていこうとする両親の後を追いかけようとしてしまう。そんなことを何度も何度も繰り返していた。ベビーシッターはいつもやっとのことで彼を引き止めるのだ。

両親は「もう大きいんだから、しっかりしてね」と言う。自分がどうすべきなのか、ハロルドは重々承知していたし、泣くのがとても恥ずかしいこともよく理解していた。自分と同じくらいの歳の男の子ならば、両親が自分を残して出かけたくらいで泣いたりしないのに、自分だけが他の子と同じようにできない、そういう気持ちだった。

ロブもジュリアも、ハロルドが泣かないように、ありとあらゆる手を尽くした。まず、彼が毎日、自分たちから離れて学校に行っていることを思い出させた。それでも何の恐れも不安も抱かないのだから、大丈夫だろうというわけだ。しかし、これには効果がなかった。彼自身が自分はどうしても泣いてしまうと思い込んでいたからだ。泣かない方が良いといくら自分でわかっていても、その思い込みをどうすることもできなかった。

ある時などは、不安に駆られるあまり、ハロルドは家中の電灯をつけて回り、ドアというドアを閉めて回ったりもした。ロブはそんな彼に言った。「お父さんとお母さんが出かけるのが怖いのか？」もちろん、ハロルドは「そんなことはないよ」と答えたが、それが嘘なのは明らかだった。ロブは、ハロルドを連れて家の中を歩くことにした。それで何も恐れることはないと納得させようとしたのだ。すべての部屋に入り、そこが空っぽで何もないことを見せていった。何もなければ、まったく安全で怖がらなくていいと証明できる。そう思っていた。しかし、ハロルドにとってはそうではなかった。部屋が空っぽであれば、今度は、目には見えない悪魔のようなものが潜んでいるように思えるのだ。「わかったか？　何も怖いことなんかないんだ」ロブはそう言った。大人は、本当に恐ろしいものを前にした時「何も怖くない」というのだ、とその時ハロルドは理解した。渋々うなずくしかなかった。

ジュリアは、ハロルドを座らせて話をした。怖がってばかりいないで、もっと勇気ある子になってほしいと言い聞かせたのだ。毎週土曜日の夜に泣かれるのはたまらない、もう手に負えないとも言った。この時、ハロルドは、いかにも子供らしい誤解をした。彼は「手に負えない」という言葉をまだ一度も聞いたことがなかったため、「手を切り落とす」という意味だと思い込んでしまったのだ。痩せて背の高い男が大きなハサミを持って現れるところを想像した。男は長いコートを着ていて、長い、ぼさぼさの髪をしている。脚はまるで竹馬のように細い。その何週間か前から、ハロルドは、自分が泣いてしまうのは食べ物を速く食べ過ぎるせいだ、と思うようになっていた。なぜ、そう思ったのか、その理由は子供にしかわからない。泣いていたら手がなくなってしまうから何とかしなくてはいけない。彼は手首から血がほとばしり出るところを頭に思い浮かべた。このところ、できるだけ遅く食べる努力はしているのだが、どうしても速くなってしまう。このままでは絶望的だ。手を切り落とされてしまうんだ。ジュリアが辛抱強くハロルドに話をしている間、彼が考えていたのはそういうことだった。話が終わると、彼は母親に「もう泣かない」ときっぱり言った。大統領報道官のように、表向きはその言葉を繰り返すしかない。でも、心の中では「また絶対に泣いてしまう」と思っていた。

夜が近づき、母親のヘアドライヤーの音が聞こえてきた。終わりの時が近いというしるしだ。コンロではお湯を沸かしている。マカロニチーズを作るのだ。それをあとでハロルドが一人で食べる。しばらくするとベビーシッターもやってくる。ロブとジュリアはコートを着て、ドアに向かって歩き出す。ハロルドは玄関ホールに立っていた。泣き出す時はまず、胸と腹が小刻みに震え出す。やがて身体が大きくうねり始めたが、彼は必死にそれを抑えようとした。涙が目にたまってくる。鼻はむずむずし、あごも震え始めるが、それには気づかないふりをした。内臓が飛び出そうな気もする。そして、とうとう泣き出してしまう。涙は、頬をつたって床に落ちた。彼は涙を隠そうともせず、手で拭おうともしなかった。この時はその場にとどまり、出ていく両親を走って追いかけたりはしなかった。ドアの前には両親がいて、背後にはベビーシッターがいたが、彼は立ち尽くしたまま、身体を震わせて一人で泣いていた。

「ダメだ、ダメだ」ハロルドはそう思った。恥ずかしい、という思いが湧き起こる。すぐに全身がその思いでいっぱいになった。男の子が泣いたりして、という気持ち。頭が混乱した彼は、物事の因果関係を誤って解釈してしまった。自分が泣くから、お父さんとお母さんは行ってしまったのだ、と解釈したのである。

両親が出かけると、ハロルドはベッドから毛布を持ってきた。ぬいぐるみの動物たちを周りに置いて要塞を築いた。子供は、自分のお気に入りのぬいぐるみには、魂が宿っていると考える。子供にとって、ぬいぐるみとの対話は、大人にとっての宗教的偶像との対話にも似ている。ハロルドは、大人になってから、自分の子供時代は幸せだったと思うに違いない。しかし、そこには辛い別れもあったし、不可解な出来事もあった。混乱も誤解もあったし、心に傷を負うこともあったのだ。その意味で、「人物伝」というものは不十分なものになりやすいと言える。内面の動き、特に幼いうちの内面の動きを描き切ることが難しいからだ。

それは自分自身にすら、限られた範囲でしかわからない。自分の「世界のモデル」がどのように形作られたか、ということを自ら認識できる人というのは、ごく稀である。大人になってからだと、どうしても、話を捏造してしまうことになる。本当に内面深くで起きていたことは、あまりに不可解で説明ができないし、本人もよく思い出せない。だが、子供のうちは、まだその「不可解なこと」が目の前にあり、まさに進行中である。そのため、恐ろしい力にとらえられ、圧倒されてしまうこともあるのだ。

6章　学　習——友人と学校

見た目が良くて、人気者で、運動が得意、そういう子供は、大人からの無意識の虐待に遭いやすい。加害者の側にその自覚がなくても、結果的に絶えず虐待していることになりやすいのだ。まず、幼くて感受性が強い頃に、『みにくいアヒルの子』などの童話を聞かされる。これも彼らにとっては一種の虐待だ。「見た目よりも中身が大事」という観念を無理にでも植えつけられるのである。繰り返し見せられるディズニーの映画にも「本当の美しさは心の中にある」というメッセージを伝えるものが多い。だが、幼い頃から外見の良い子は、そのメッセージを自分に結びつけることができない。自分の外見の良さを悪いことのように思ってしまう。高校生くらいになって、「この人は面白い」と感じる教師に出会っても、その教師がかわいがるのは、違うタイプの生徒である。頭が切れて、常に社会への不満を口にするような生徒、「世の中を変えたい」という野心を持っているような生徒がかわいがられることが多い。また、土曜の夜は外出せず、マイルス・デイヴィスやルー・リードを聴いたりする、という類の生徒も、そういう一癖ある教師には気に入られやすい。学校を出てからも、外見が良くて人気者という子は、「ロールモデル」になるような人物をほとんど見つけることができない。いたとしても、それはテレビに出ているタレントくらいなものだ。「ナード」と呼ばれるような子たちには、ビル・ゲイツやセルゲイ・ブリンなど、手本となる人物が数多くいるのだが、それとは大きく状況が違う。ナードたちは、子供の頃は目立たない存在であることが多いが、大人になると逆転し、かつての人気者たちを追い越して、世界を支配するのは彼ら、ということになる。

いつも明るいハロルドも、やはり、子供の頃から外見が良く、人気者でもあったので、ある意味で他の子とは違う重荷を背負っていたと言えるだろう。成長が早かったため、身体が他の子よりも大きく、運動も幼い時から得意で、中学くらいまでは運動場でするようなスポーツで常にスター的存在だった。高校生になると、彼と同じくらい身体が大きくなる子も現れたし、スポーツも、彼より上手い子が何人かいた。だが、それでも彼は自信を持っていたし、その自信のせいで、他の子たちからの尊敬も勝ち得ていた。学校には、彼と同じような逆三角形の体型をした男の子が何人かいて、皆、仲が良かった。彼らが廊下や食堂などで顔を合わせた時には、ちょっとした騒ぎになるので有名だった。とにかく、挨拶が派手なのだ。たとえば、水のペットボトルを手に持っていれば、相手に向かってそれを投げる。投げられた方はペットボトルを受け取ってまた投げる。それがしばらく続く。他の生徒たちは、その場から離れ、ただ騒ぎが収まるのを待つしかない。彼らは、よく可愛い女の子たちと、ちょっと際どいジョークを交わし合ったりもしていた。そばで聞いていれば、教師でさえ、男であれば少し興奮してしまうくらいだった。他の男子生徒たちは、羨《うらや》ましそうに遠くから眺めるだけだ。彼ら自身、そういうことができる自分たちが誇らしかった。はっきり態度に表すことはなかったが、周囲の誰もがそれをわかっていた。彼らは学校内の「王族」として君臨していたのだ。

ハロルドは友人たちとほとんど目を合わせることがなかったが、小突きあったり、レスリングをしたり、身体的接触は多かった。遊びは、運動能力や勇気を競い合うようなものが多かった。会話は、大半が卑猥《ひわい》なジョークで成り立っていた。それぱかり、という日もよくあった。相手が女子生徒であっても親しい間であればそれは変わらない。ハロルドは、立て続けに何人もの魅力的な女の子とつき合った。相手の出自は実に様々だった。エジプト移民の子も、イラン、イタリア移民の子もいたし、イギリスにルーツを持つWASP家庭の子もいた。どういう人たちともうまく関わっていくことができたということだ。

ハロルドは、同じタイプの子供には珍しく大人たちにも好かれた。友人たちといる時には乱暴な言葉を使い態度もぞんざいだったが、両親や礼儀にうるさそうな大人がそばにいる時には豹変するのだ。まるで自分には思春期など来ないかのような態度をとる。十代の少年には珍しいような気配りもできる上、難しい言葉も自在に使いこなせる。地球温暖化防止活動などにも熱心に取り組むなど、社会問題にも関心を示していたため、教師や生徒指導員たちの受けも良かった。

学校というのは、まさに脳と同じような構造を持っていると言える。ハロルドの通っていた高校も例外ではない。まず、学校の運営を統括する人たちがいる。具体的には、校長や役員たちである。彼らは、自分たちが学校を動かしていると思っているが、それは錯覚にすぎない。学校はもっと複雑なものである。ロッカールームや廊下など、校内のあらゆる場所で起きる無数の些細な出来事の集合が学校なのだ。そこでは一人一人が色々なことをする。人が大勢いれば、その間に生まれる関係も様々だろう。友情が生まれることもあれば、確執が生じることもある。他の生徒に片思いする生徒もいる。交際を申し込んで断られることもあるだろう。そうした出来事の噂話をする生徒もいるはずである。生徒が仮に一〇〇〇人いるのなら、その間の関係はおおまかには一〇〇〇×一〇〇〇通りはあるということになる。この多様な関係こそが学校生活の実態だ。

校長など運営側の人間は、学校は一種の「情報伝達」のために存在する機関だと考えているかもしれない。学校から生徒へ伝えるべき情報を伝え、それによって社会的役割を果たすということだ。授業や実習などがその伝達のための手段ということになる。しかし、現実には、学校、特に高校というところには、人を振り分ける機関という性質がある。高校が生徒たちに「自分は社会の中でどのあたりに位置する人間なのか」を教えるというわけだ。

ムザファー・シェリフは、一九五四年に有名な社会科学実験を行なっている(1)。まず、オクラホマ州の一一歳の少年を二二名集め、ロバーズ・ケイブ州立公園のキャンプへと連れて行った。二二名は、できるだけ同質になるよう考慮して選ばれた少年たちである。シェリフは少年たちを二つのグループに分け、それぞれを「イーグルス（Eagles＝ワシ）」、「ラトラーズ（Rattlers＝ガラガラヘビ）」と名づけた。チーム分け後、一週間経ってから、スポーツなどで二つのグループを競い合わせたのだが、その直後から事件が相次いで起きるようになった。最初の事件が起きたのは野球場だ。バックネットのそばに立ててあったラトラーズの旗をイーグルスのメンバーが引き下ろし、燃やしてしまったのである。

綱引きで戦った後には、ラトラーズのメンバーがイーグルスの泊まっている山小屋を襲撃し、持ち物を盗んだり捨てたりするという事件も起きた。イーグルスはその仕返しに、棒で武装してラトラーズのいる山小屋を襲撃した。彼らは自分たちの山小屋に戻ると、相手が必ず報復してくるとみて、すぐにそれに備え始めた。靴下に石を詰めるなどして、武器を作った。

二つのグループは、互いに正反対の文化を持つようになっていった。ラトラーズのメンバーはすぐに乱暴な言葉を使う。逆に、イーグルスでは乱暴な言葉を使うことは禁じられた。ラトラーズでは勇敢さが重んじられたが、イーグルスでは無謀な行動は慎むべきとされた。

同種の実験は、この後、多数行なわれたが、そのすべてで確かめられたのは、人は集団を作りたがるということである。集まる理由はさほど重要ではない。たとえ偶然にせよ、ほんの少しの共通点が見つかれば、人はそれを根拠に集団を作る。そして、隣り合って存在する集団の間には、ほぼ間違いなく摩擦が生じるのだ。

ハロルドの通う高校では、誰も靴下に石を入れたりはしなかった。しかし、誰もが人からの称賛を勝ち取ろうと競い合っており、その競争に生活のほとんどが支配されていると言ってもよかった。戦いの中、生徒たちはいくつもの小集団に分かれていた。また、誰かが明確に定めたわけではなかったが、集団にはそれぞれに「ふさわしい行動パターン」というものがあった。各集団の構成員が具体的にどういう行動を取るべきかは、日々の雑談の中で伝えられていく。行動が適切であれば仲間から称賛され、不適切であれば非難されるのだ。称賛も非難も一見、何気ない会話の中で行なわれる。集団の規範が会話の中で形作られていくと言ってもいいだろう。(2) 規範について他の者より深く理解していることを証明できれば、集団内で高い地位を得て、権力を持つことができる。権力を持った者の発言は重要とされ、その発言が集団の行動に影響を与えていくことになる。

最初のうち、ハロルドにとって何より重要だったのは、自分が属する小集団の良いメンバーでいることだった。彼は、そうした小集団内での人間関係に持てるエネルギーの多くをつぎ込んでいると言ってよかった。何より恐ろしいのは、集団から排除されてしまうことであり、それを防ぐためにはありとあらゆる努力をしなくてはならない。問題なのは、集団のルールは固定されておらず、徐々に変化していくということだ。その変化を察知し損なうと大変なことになるので、必ず察知できるよう常に神経を尖らせている必要がある。

食堂や廊下で一日中、そんなことを続けていたら、きっと生徒は皆、エネルギーを使い果たしてしまうだろう。幸い、学校という場所には、そういう社交活動を休める時間が設けられている。授業時間だ。授業の間は、生徒たちの心も休息できる。集団内での地位を維持する重圧からも逃れられるのだ。大人の多くは理解していないが、生徒たちは皆、理解している。高校生活の中で最も知力を要するのは社交活動であるということを。彼らにとっては、人間関係こそが高校生活の最も大切な要素なのである。

挨拶回り

ある日のランチタイム、学校の食堂にいたハロルドはふと、中を見回した。高校生活も終わりに近づいていたので、その光景を目に焼きつけておこうと思ったのだ。その時、彼は高校という場所がどういうところなのか、よくわかったような気がした。生徒は次々に入れ替わっていく。けれども、この食堂は、生徒が変わってもそのままなのだ。食堂と同じように、他にも変わらないものがある。ハロルドが属していたような小集団も、どれだけ生徒が入れ替わろうと絶えず存在するのだ。食堂の中ほどのテーブルをいつも占領するような集団。校内でも人気のある生徒たちの集団だ。集団にはそれぞれに指定席があった。優等生たちの集団は、いつも窓際。テレビドラマ好きの少女たちの席はドアのそばで、ロック好きの少年たちも近くにいた。ヒッピーに憧れる者たちの集団は、トロフィーケースの脇。そして、これと言って特徴のない地味な生徒たちの席は掲示板の近くで、さらにそのすぐそばには、嫌われ者たちの集団がいくつかかたまっていた。アジア系の生徒たちの集団もいた。彼らはいつも勉強などしていない顔をして陰でしっかり勉強している。

ハロルドは、皆の接点となる存在でもあった。どの集団にも二人か三人は知り合いがいる。その社交能力を活かして、元来、どれもが内にこもりがちな集団と、外の世界とをつなぐ大使のような役目を担っていた。そのため、ランチタイムには、食堂のあちこちを歩き回って何人もの生徒と挨拶を交わすことになる。一年生の時から、そばに来た生徒には必ず話しかけていた。二年生、三年生の時には、自分の属する集団のメンバーとの付き合いが忙しくなったが、最上級生になると、殻を破って積極的に外に出るようになった。同じ仲間とばかり接していると退屈するということもあったが、自分ならば、集団内だけでなく色々な種類の人間とうまくやっていけるという自信を持ったからでもあった。

ハロルドの態度は、挨拶を交わす集団ごとに変わっていく。集団にはそれぞれに独特の言葉遣いや儀式があるので、それに合わせて変えるのだ。たとえば、優等生集団と相対する時には、少し落ち着かない態度になる。いつも忙しく、何かに追われていて、「次に何をするか」ばかり考えている彼らに合わせるからだ。黒人の生徒たちの集団が相手の時は、気軽に身体に触れる。どぎついジョークを言ったりもする。大人が聞いたら眉をひそめるようなジョークだが、彼らとなら平気だ。ロッカーのそばに座って昼食をとる運動部の一年生たちは、ハロルドの前ではいつもおとなしかった。ただし、ハロルドの方も偉そうにするわけではなく、優しく接していた。厚化粧の派手めな女の子たちの集団は、偏見を持たれやすいこともあって、外の人には心を閉ざしがちだったが、ハロルドと話す時は楽しそうだった。

イギリスの作家、G・K・チェスタトンは「真に偉大な人間とは、あらゆる人を最高の気分にさせる人間である」と言った。ハロルドはその言葉に当てはまる人間だったかもしれない。どこへ行っても、少しずつ人に元気を与えるような態度だった。テーブルに向かってただうつむいていた生徒たちも、ひそひそと仲間内の話をしていた生徒たちも、ハロルドが現れると途端に明るい表情になり、元気よく話をするのだった。何やらおどけたことを言う者もいる。このハロルドの食堂での挨拶回りは、学校内でもすっかり有名になった。

社交の天才

ハロルドは、身近な人たちの人間関係に何が起きているかをいつも敏感に察知した。これは、私たち人間が共通して持つ、顔認識の能力に関係がある。たとえば、群衆の中に一人、真っ赤な髪の毛をした人が混じっていたら、私たちはおそらくその人をずっと目で追ってしまうだろう。自然に珍しいものに興味を惹かれるようにできているからだ。目が大きくて、頬の膨らんだ、いわゆる「ベビーフェイス」の人を見ると、瞬時に自分より弱く、従順だろうと判断する能力もある(3)(第二次世界大戦や朝鮮戦争の時には、ベビーフェイスの兵士の方が強面《こわもて》の兵士よりも、その勇気を称えられやすいという傾向が見られた。これはおそらく先入観との差が大きく、印象に残りやすかったためと考えられる)。

校内でいくつもの小集団と交流のあったハロルドだが、彼は各集団のルールや価値観を誰にも教わらずに素早く理解することができた。たとえば、カントリー音楽を「良し」とする集団もあれば、嫌悪の対象とする集団もあるが、それをすぐに感じ取るのだ。(4) 一年の間に寝た女の子の人数が何人までなら許されるか、という類のルールまでもが集団によって違っていたが、ハロルドはそんなルールさえ直感で察知した。三人までなら大丈夫という集団もあれば、七人まではいい、という集団もあったが、彼にはそれがほぼ正確にわかったのだ。

人は、自分の属していない集団の構成員を、自分が属している集団より均質なものだと思いやすい。しかし、ハロルドは、どの集団も外からではなく、内側から見ることができた。おかげで一人一人の個性や、集団内での位置、役割などがよくわかった。「この生徒は、以前はいわゆる『ギーク』タイプで地味だったが、最近、優等生タイプ、あるいは運動選手タイプに変わった」というようなことまでわかったのである。誰がリーダーで誰がムードメーカーか、揉め事があった時に仲裁するのは誰か、新しいことに真っ先に挑戦するのは誰か、ということも見えた。いつも細かい雑用を引き受けている者、ほぼいつも傍観者に徹している者の存在も、ハロルドには見通せた。

作家のフランク・ポートマンは、高校生くらいの女の子は三人組で行動することが多い、と言っている。そして、多くの場合、三人組の構成、役回りは同じだという。(5) まず、一人は美人である。彼女を仮にAとしよう。そして、もう一人は、その美人の親友。彼女をBとする。そして、残りの一人は、二人に比べて容姿が劣る女の子だ。二人からは下に見られているが、嫌悪されているわけではなく「かわいがられている」という印象だ。彼女をCとしよう。A、Bの二人は、Cの世話を焼きたがる。化粧や服装についてアドバイスをしたり、恋人を見つけてやろうとしたりする。恋人候補になるのは、だいたいは、A、Bのうちどちらかの恋人の友人だ。その友人は、ほぼ間違いなく、恋人よりも容姿の劣る男の子である。しかし、二人の真の目的は、Cとその男の子を恋人にすることではない。自分たちがCよりも魅力的であると思い知らせることだ。この種の意地悪が、時が経つにつれ、あからさまなものになっていき、やがてCは三人組から追放されることになる。その後は新しいCが三人組に加わる。Cになる子は常に抑圧され、迫害を受けることになるが、人が入れ替わっていくために、力を合わせてこの上下関係を覆すべく戦うということはない。

ハロルドは女の子三人組のそういう関係もよく知っていた。とにかく、人間関係についての洞察力が驚くほど鋭かったのだ。しかし、教室に入ると、少し勝手が違った。廊下や食堂では何もかもが思いのままだった彼だが、教室ではそうはいかなかった。人間関係においては天才だったが、勉強も天才というわけにはいかなかった。両者では、使う脳の部位が違っているのだ。教科書に書かれているような知識を取り入れたり、抽象的に物事を考えたり、という能力は、人間関係に使う能力とは大きく違っているのである。(6)「ウィリアムズ症候群」という病気の人は、社交には素晴らしい能力を発揮するが、その他のことに関しては深刻な問題を抱えている。そういう病気の存在からも、社交と勉強には別の力が必要なのだとわかる。たとえば社交においては、まず感情を知覚する力が重要だが、ディヴィッド・ヴァン・ローイの研究によれば、そのうちでＩＱスコアとの関係性が認められるのは五パーセントほどにすぎないという。(7)

教室にいると、廊下や食堂で感じたような「何でもできる」という気持ちがハロルドから失われてしまう。クラスには、何人か秀才と呼べる生徒がいたが、見ていれば自分は彼らとは違うとわかった。成績はまずまずだったし、発言を求められれば、一応、まともなことは言えるが、教師が目を輝かせるような答え方ができるわけではなかったのだ。ハロルドは自分のことを、勉強ができなくはないが、決して知性的な人間ではない、と評価していた。ただ、もし彼に「知性って何?」と尋ねたとしたら、きっとうまく答えることはできなかっただろう。

スター教師

ハロルドは、実を言えば、英語の教師に淡い恋心のようなものを抱いていた。そして、その気持ちに自分で戸惑ってもいた。彼女は明らかにハロルドとは違う種類の人間だったからだ。

英語の教師、テイラー先生は、高校時代、運動部の生徒をひどく嫌っていた。十代の頃の彼女は感受性豊かな芸術家タイプで、まさにトム・ウルフが高校生に関して唱えた「敵対のルール」に当てはまる生徒だったと言える。トム・ウルフによれば、高校生は必ず、校内のいずれかの集団に属することになる。そして、誰が味方で誰が敵かを明確に意識するというのだ。私たちの個性、人格、思想などは、知らず知らずのうちに、「敵」とみなした人間と反対のものになっていく。

テイラー先生は、芸術家タイプの生徒の集団に属しており、その自覚から必然的にアスリートタイプの集団には敵対心を抱いていた。アスリートタイプの生徒たちには、一般に、物事に我を忘れて打ち込むという特性があるが、彼女は、それに対抗するように「冷めた態度の傍観者」という特性を持つようになった。また、芸術家タイプの集団は、誰とでも打ち解ける「人気者タイプ」の生徒とも敵対した。おおらかでいつも穏やかな人気者タイプに対して、自分たちの繊細さ、感情の豊かさを強調したのである。彼女は常に、自分のタイプにふさわしい人間でいようとしていた。だが、残念ながら、日常生活はそれほど感情を揺さぶるドラマで満ちあふれているわけではない。今日は何も特別なことが起きなかった、という日も少なくないだろう。そこで、そういう日には無理にでも自らドラマを作り上げることになる。

彼女が若い頃に夢中になったのは、アラニス・モリセット、ジュエル、サラ・マクラクランなどのシンガー・ソングライターが紡ぎ出す言葉だった。デモや不買運動に参加したこともあるし、リサイクルなどにも熱心だった。ダンス・パーティーや結婚式、卒業式前のビーチでのパーティーなど、人が多く集まる大きなイベントでは必ず不機嫌そうな顔をしていた。そうすることで、他の騒々しい若者とは違い、自分は成熟しているのだ、と主張していたのかもしれない。一方で、卒業アルバムなどには、少し気恥ずかしくなるくらい感傷的な言葉を書いたりもしていた。同級生たちがほとんど見向きもしなかったヘルマン・ヘッセや、カルロス・カスタネダに傾倒したこともあった。それが生まれつきなのではないかと思えるほど、いつも神経が昂っていたが、大人になるにしたがい、変わってきた。大学でマリファナを吸ったことなども影響したのか、けだるい、やや厭世的とも言える態度をとるようになっていったのだ。卒業後は「ティーチ・フォー・アメリカ（アメリカの一流大学の卒業生を、教員免許の有無にかかわらず、国内各地の学校に講師として派遣するプログラム）」に参加した。その間は教育現場の問題を目の当たりにして、それに気を取られるあまり、自分のことはさほど考えなかった。

ハロルドがテイラー先生にはじめて会った頃、彼女は二十代後半で、英語の教師になっていた。聴いていた音楽は、ファイスト、ヤエル・ナイム、アーケイド・ファイアなど。デイヴ・エガーズやジョナサン・フランゼンなどの本を読んでいた。手の除菌剤とダイエットコークがいつも手放せない。長年伸ばしっぱなしの髪は、ほとんど手入れもしていない。それを見るだけで出世コースに背を向けていることは明らかだった。とても企業や弁護士事務所の面接には行けそうにない。スカーフが好きで、肉筆の手紙を書くのも好きだった。自宅の壁や机の上には、名言や格言を書いた紙を貼っていた。そのほとんどは、リチャード・リビングストンの言葉である。たとえば、「何か道徳上の問題が起きた時、人はその原因を、問題を起こした人間の弱さに求めがちだが、実際には、理想があまりに高すぎるだけであることが多い」といった具合だ。

彼女が少々、変わった人になってしまったのは、高校の英語の授業で教材となる数々の本のせいかもしれない。誰もが人生のある時期に読むような本かもしれないが、授業で毎日毎日、毎年毎年、教え続けるのは、一度読むのとはまったく違う。具体的には『友だち』、『ライ麦畑でつかまえて』、『二十日鼠と人間』、『るつぼ』、『カラーパープル』、『緋文字』、『アラバマ物語』などの本である。そういうことをしていて、精神的に無傷のままでいるのは難しい。

ずっと授業で触れているうちに、本は彼女の心の深いところにまで入り込んでしまった。そしていつしか、彼女は生徒と本の「仲人役」を買って出るようになった。生徒をよく見て、心の奥底で何を望んでいるかを見抜き、合いそうな文学作品を選んで薦めるのだ。優れてはいても、難解でない作品、そして、その生徒の人生を変えるであろう作品を選ぶ。廊下で生徒を呼び止め、無理やりに本を手渡す。そして、震える声で「あなたは一人じゃない」と言うのだ。

渡された方の生徒のほとんどは自分が一人だなどとは、考えたこともない。だが、テイラー先生は誰もが自分と同じだと思い込んでしまっていた。チアリーダーをしていようが、バンドをやっていようが、奨学生だろうが、とにかく誰もが心の中に静かな絶望を抱えている、そう信じていたのだ。

だから生徒に本を薦めるのには救済の意図もあった。彼女にとって本は、孤独から逃れるための手段であり、自分と同じことを感じている人間に触れることのできる手段でもあった。「これは私の命を救ってくれた本なの」彼女は生徒一人一人に、静かにそうささやいた。自分と同じように、本によって救われる人間を一人でも増やそうとしていたのだ。物事がうまくいかなくて、悩み苦しんでいる時には、ホールデン・コールフィールドがそばにいて、隣を歩いてくれるよ、と伝えたかった。

彼女自身が、本を薦めることを楽しんでいた。薦めた本で生徒が実際に救われれば、彼女も深い感動を覚えることができた。他の大人たちには、感傷に浸っているだけのように見えたかもしれない。しかし、一つ間違いなく言えることは、彼女が素晴らしい先生だったということである。自身が心に悩みを抱えていたために、それが十代の生徒たちの心にも響いた。この場合、大切なのは、器用さや分別などではなかった。大人の世界では生きづらい精神的な資質こそが、彼女を学校のスターにしていたのだ。

学習のスタイル

「学校という組織は、人間に対する誤った理解を基に作られている」テイラー先生はそういう認識を持つ数少ない教師の一人だった。学校は、生徒を「空っぽの箱」のようなものと考えていたからだ。その空っぽの箱の中に情報を詰め込んでいくのが学校というわけだ。

人間はもっと複雑で、理解しがたいものである。彼女はそれをよく知っていた。生徒たちは青年期にいる。その時期、脳は大変な混乱状態にある。第二の幼年期と呼んでもいいくらいだ。第二次性徴の始まりとともに、脳の中では、大量のシナプスが情け容赦なく淘汰されるようになっていく。そのため、この時期の若者たちの知的能力は、直線的には向上しない。

たとえば、他人の感情を読み取る能力などは、一四歳の時点の方が、一九歳になってからよりも優れているという調査結果もある。(8) その後、数年間の成長を経て脳が安定しないと、能力は元に戻らないようだ。

そして、もちろん、ホルモンのハリケーンにも襲われる。特に女子の場合は、下垂体からの分泌物によって突如、生活をかき乱されることになる。(9) まず、エストロゲンが、幼児期と同じような勢いで脳に流入してくる。それにより、批判的思考力が急激に向上し、感情の繊細さも増す。十代になると急に部屋の明るさ、暗さに敏感になる人もいる。気分や知覚のはたらきは、ホルモンの分泌量の変化に応じて、刻一刻と変わっていく。

たとえば、月経周期の最初の二週間には、エストロゲンの分泌量は増えるので、脳は過敏になり、注意力も非常に高まる。(10) 月経周期の後半には、プロゲステロン（黄体ホルモン）が分泌されることで、脳の活動は抑制される。ローアン・ブリゼンディーンはこれについて次のようなことを書いている。「十代の女の子にある日、『そのジーンズ、股上が浅すぎるんじゃない？』というようなことを言ったとしよう。その日は気にもしないかもしれない。しかし、日が悪ければ、とんでもない侮辱をしたと受け止められかねない。『あんたは太っているからそんなジーンズ似合わないよ』と言われたように解釈することもあり得るのだ。言った方がまったくそんなつもりでなくても、脳がそう理解してしまうのだ」

ホルモンの作用により、男の子と女の子とでは、ストレスへの反応が違ってくる。(11) 女の子は、人間関係のストレスにより強く反応する。一方、テストステロンが女の子の一〇倍、分泌される男の子の場合は、自分の立場を脅かすようなストレスに強く反応する。両方に共通するのは、気にしなくてもいいような些細なことを気にするという点である。態度がひどくぎこちなくなってしまうことも多い。カメラの前で自然に笑えないというのもその一つだ。自意識過剰のせいで、笑っているようなそうでないような、何やら落ち着かない、トイレにでも行きたいのか、というような表情になってしまうのだ。

ティラー先生は、授業をしながらも、生徒たちがただ、自分の話だけを聞いているのだ、とは思っていなかった。男の子は密かにマスターベーションのことを考えているかもしれない。女の子は、孤独のあまり死にたいと思っているかもしれない。その前提で英語の授業をしていたのだ。

教室に並ぶたくさんの顔を見ると、一人一人、実に落ち着いているように見える。退屈そうでもある。でも、それはあくまで表面上のことだ。騙されてはいけない。皆、心の内には激しいものを隠しているのだ。生徒たちの前に立った教師が生徒たちに向かっていくら熱心に情報を伝達しようとしても、その情報は、こちらの思うようには彼らの頭に吸収されていかない。ジョン・メディナも言っているとおり、頭に情報が吸収されるプロセスは、「蓋を開けたままミキサーを回している」ような具合になる。[12] 脳に入った情報はばらばらに切り刻まれて、脳内のあちこちに分散されるのである。一定の秩序の下に整然と収容されるというわけではない。時には、以前から収容されている古い情報と新しい情報の間に何か関連性を見出し、両者を統合するということも行なわれるが、必ずそういうことが起きるわけではない。教師になったばかりの頃、ティラー先生は『さかなはさかな――かえるのまねしたさかなのはなし』という本に出会った。[13] カエルと友達になった魚の話が書かれている。魚はカエルに、陸の生き物の話をしてくれと頼む。カエルは話をしてやるのだが、魚はカエルの話を理解できない。人間の話を聞かされても、魚が思い浮かべるのは、まるで尾びれで歩く魚のような生き物である。鳥の話を聞いて思い浮かべるのは、羽の生えた魚のような生き物だ。ウシの話を聞いてもやはり大きな乳房のついた魚のような生き物を思い浮かべてしまう。ティラー先生は悟った。きっと自分の生徒もこれと同じなのだろうと。皆、自分の経験から作り上げたモデルを持っており、彼女が何を言っても、そのモデルを基に想像してみるしかできないのだ。

それに、生徒たちの学び方が今日と明日とで同じとは限らない。研究者の中には、学習のスタイルは人によって違うと言う人もいる。右脳型の人、左脳型の人、あるいは聴覚型の人、視覚型の人などがいるというのだ。そうした説を裏づける確かな証拠は今のところない。ただし、その日、その時の状況によって色々な学習スタイルを使い分けているということは確かのようだ。

もちろん、ティラー先生も、自分が与えようとしている知識が生徒に確実に伝わってほしいとは思っている。特に試験に出るようなことがらに関してはすべて確実に記憶してほしい。しかし、いくら教えても、生徒たちはわずか数週間で教わったことの九〇パーセントは忘れてしまうのだ。教師の仕事は、ただ決まった知識を分け与えるということではない。それ以上に大切なのは、生徒に物の見方を教えること、知識の吸収の仕方を教えることだ。生徒の記憶に残るのは、そういうことを教えてくれた教師なのである。

ティラー先生がしようとしていたのは、「教育」というより、「訓練」だったと言える[14]。まずはとにかく、自分のまねをさせようとした。誰かのまねをすると、無意識のうちに色々なことが学べる。彼女は、色々な例題を使って、自分の思考の仕方を生徒に見せた。その思考法をまねて、生徒が自分でも考えてくれればと思っていた。

生徒にはあえて失敗をさせるようにした。失敗をすること、間違えることは苦痛だ。その苦痛を知れば、失敗をしないよう努力をするようになる。その過程では様々な感情が起きるだろう。強い感情が起きれば、その分、学ぶことが記憶されやすくなる。

また、生徒が無意識のうちに抱いている意見、意思もできる限り、探り出そうとした。意見や意思というのは、徐々に固まっていくものではない。レンガを積んで壁を築くのとはわけが違うのだ。実は本人も知らない間に固まっているもので、重要なのは、自分で自分の意思に気づくことである。そのための能力を身につけさせるのも教師の大事な仕事と言える。

ティラー先生が何より大切にしたのは、生徒に実際に何かをさせるということである。彼女は感傷的な人ではあったが、同時に現実的なところもあり、生徒の自然な好奇心に任せておけばよい、放っておいても勉強するはず、というような考え方はしなかった。そのため、宿題は多く出した。生徒が嫌がってもお構いなしだった。テストも頻繁に実施した。テストの時に脳から知識を取り出そうとすると、その知識に関連するニューラルネットワークが強化される。彼女がそれを知っていたわけではないが、テストに取り組むことが学習の役に立つことは直感的にわかっていたのだ。生徒を追い詰めて、無理にでも勉強させようとした。嫌われることなど、まったく恐れていなかった。

究極の目的は、生徒たちを独学のできる人間にすることだった。自らの力で学び、何かを発見した時のあの、官能的とも言える喜びの感情を覚えてほしかった。懸命に努力し、少し苦しみも味わった後に「わかった」と感じる嬉しさ、それを知って、中毒になってほしいと思っていた。そうなれば、後の人生はずっと独力で学ぶことができる。生徒がそんな人間になれるよう、少しでも力になること、自分の仕事の大きな意義はそこにあると考えていたのだ。

標的になる

ハロルドははじめの頃、テイラー先生のことを少しバカにしていた。しかし、やがて忘れられない人になってしまったのだ。きっかけとなる事件は、ある日の午後に起きた。それは、体育の授業が終わり食堂に行こうとしていた時だ。テイラー先生がこっそりと後をつけてきた。ロッカーに紛れてしまいそうな地味な色の服を着ていた彼女が周囲にわからないよう、ハロルドの後をついて歩いていたのだ。しばらくは、静かに辛抱強くタイミングをうかがっていたが、ハロルドの周囲に人がいなくなった時、一気に距離を詰め、彼女は薄い本を手渡した。「これ読めば、きっとすごいことが起きるわよ」と少し強い口調で言うと、彼女は去っていった。渡された本を見ると、それはエディス・ハミルトンの『ギリシャ人の方法(*The Greek Way*)』という本だった。

ハロルドは、その時のことを決して忘れないだろう。後になってから、この『ギリシャ人の方法』という本は古典学者の間では決して評価の高いものではないと知ったのだが、高校生の彼にとっては、未知の世界へと誘ってくれた本だった。その世界は、未知のものなのだが、彼にはなぜか馴染むことができた。本を読んでわかったのは、古代ギリシャの世界が戦いと競争の世界だったということだ。団結力や、名誉を求める気持ちの強さは現代とは違っている。ハロルドのいる世界とは違い、古代ギリシャでは、勇気が何よりも重要な美徳とされていた。一人の武人の怒りが歴史を動かすこともあった。人間が現代よりも大胆に生きていると感じられる。ハロルドの生きる世界では、男らしさというものを意識することはまずないが、古代ギリシャでは、意識せざるを得ないし、男らしさとは何か、ということも明確に定められていた。

エディス・ハミルトンの本を読むことで、ハロルドは、遠い過去の人たちと心の深いところでつながったような気がした。⑮それははじめての感覚だった。本の中ではアイスキュロスの言葉が引用されていた。「神の法を知る者がいれば、その者は必ず苦しむことになる。眠っている時でさえ、痛みは忘れられない。しかし、たとえそう意図してはいなくても、知恵は滴《しずく》が落ちるように少しずつ心の中に入り込んでいく。それが素晴らしい神の恩寵《おんちょう》なのだ」

ハロルドはこの言葉を完全に理解できたわけではないが、何か大切なことを言っているのだということは感じ取った。

ハミルトンの本を読み終えると、ハロルドは、独力で関係する本を探し始めた。彼は古代ギリシャにある種の神秘性を感じ、その神秘性についてさらに深く追究したいと思ったのだ。それまでの彼は、勉強と言えばとにかく進学のためにするもの、という意識だった。パーティーで誇らしげに名前を言える大学に行くこと、それだけが勉強の目的だったのである。ところが、古代ギリシャに関しては違っていた。進学などの実利を離れた、何か大切な真実を見つけたいという願望に衝き動かされていたのだ。どの本も、どうしても読まなくては、という思いで読んでいた。一般向けの歴史書を何冊も読んだ。『300〈スリーハンドレッド〉』や『トロイ』など、古代ギリシャが舞台になった映画（ほとんどはひどい出来だった）を何本も観た。高校生なりの理解ではあったが、ホメロスやソフォクレス、ヘロドトスなどにものめり込んだ。

テイラー先生は、そんな彼の様子を嬉しそうに見ていた。そして、ある日の放課後、彼女はハロルドに残るようにと言った。これからの勉強の計画を立てようというのだ。

場所はもちろん、普通の教室である。装飾のない裸の蛍光灯、二人で使うには小さすぎる机。ハロルドは、先生の説得に応じ、古代ギリシャ人の生活の知られざる一面についての論文を書く決心をした。褒められてその気になった部分もある。書き上げるまで先生がアドバイザーとしてついていてくれるという。論文について熱心に説明してくれる話に耳を傾けているうちに、熱意は彼にも伝染した。一対一での会話は楽しかった。研究によれば、言語習得の方法で最も上達が早いのが、いわゆる「マンツーマン」の方式だという。逆に、最も遅いのが、音声テープやビデオテープによる学習だという。ハロルドの場合も、教師との「マンツーマン」の対話が学習の効果を高めていたのだと考えられる。しかも、相手は知的で魅力的な年上の女性である。その人が熱心に話す古代ギリシャの神秘に彼は惹きつけられた。

ティラー先生は、ハロルドが人気者で、運動も得意な活発な生徒だということはよく知っていた。だがそれだけではなく、心の中に何か高い理想を隠し持っているのではないかとも思っていた。それが垣間見えることがあるのだ。垣間見えるのは、たとえば、クラス内で討論をする時だ。そんな時に、ふと、彼がとても気高いもの、普通の生活よりも上にあるものを求めていることが感じられるのである。ハミルトンの本を渡したのは、元々、そういう気高いものの姿が少しでも見えれば、ひらめきが得られれば、という期待からだった。放課後の教室で論文について話した時、先生は、「古代ギリシャ人の生活と、現代の高校生の生活に接点を見つけなさい」とアドバイスした。創造行為には、一見、無関係な二つのものを結びつけることが重要だと考えていたからだ。宇宙空間で二つの銀河を融合するようなことをすれば、新しいものが生まれるというわけだ。そのため、彼女は、人間は皆、本職以外に何か別の仕事、あるいは仕事でなくても熱心に取り組むものを持っていた方がいいと考えていた。そうすれば、二つの視点から世界を見るようになり、両方の世界において洞察力が高まる。ティラー先生の場合も、シンガーソングライターという別の顔を持っていた。教師があくまで本業であり、音楽の方はさほど成功しているとは言えなかったが、それでも二つの仕事を持っていることで得るものは大きかった。

ステップ1

論文を書く最初の段階ですべきことは、知識の習得だった。先生はハロルドに、古代ギリシャ人の生活について書いた本を次々に読むよう言った。そして、五冊読んだら、読んだ本のリストを持ってくるように言った。特に体系的なカリキュラムを設けたりはしていない。大人と同じように、自分自身で面白そうだと思う本を選んでほしかったのだ。自ら書店なり、インターネットなりで探してくれれば、と思っていた。本とは偶然出会うこともあれば、評判を聞いて読むこともあるだろう。色々な種類の本を読むべきだし、書く人の種類も色々な方がいい、という考えもあった。その方が数多くの幅広い知識が吸収できる。頭の中で種類の違う知識が結びつくこともあるはずだ。

そういう方法だと、どうしてもはじめのうちはいかにも素人という調査の仕方になる。だが、それで問題はないのだ。人にものを教えるという仕事は、いきなりはじめから目覚ましい成果を上げる必要はない。心理学者のベンジャミン・ブルームはそれについて次のように言っている。「はじめの段階ですべきことは、学ぶ人を学ぶ対象に惹きつけることだ。対象に魅了され、もっと知りたい、もっとできるようになりたい、という強い気持ちを持たせられれば成功である」(16)ハロルドが古代ギリシャ人の生活という調査対象に興味を惹かれていて、調査を楽しいと感じていれば、たとえ少しずつでも確実に知識は深まっていくだろう。アテネやスパルタの人々が日々、何を考え、どのように暮らしていたのか、基本的なことはすぐにわかるようになるに違いない。そうした知識を足がかりにすれば、さらに上に行くことは比較的、容易だろう。

人間の知識は、コンピュータのメモリに蓄えられた情報とは違う。コンピュータは、データベースのデータ量が増えたからといって、記憶の効率が上がることはない。だが、人間の脳にはそういうことがあるのだ。脳は生きているし、貪欲だ。少し与えられると、もっともっとと要求する。すでにある程度、知識のあることがらに関しては、速く効率的に新しい知識を吸収できる。学んだことを漏れなく記憶できる。

小学校三年生と大学生の被験者に、漫画のキャラクターをいくつも見せ、記憶させる、という実験が行なわれたことがある。結果は、小学生の圧勝だった。小学生の方が元々、見せられたキャラクターたちに馴染みがあったからだ。同様に、学業遅滞児とされる八歳から一二歳までの子供のグループと、平均的な知性を持つ大人のグループに、多数の人気歌手の名前を記憶させるという実験も行なわれている。この場合も、やはり子供たちの方がはるかによく記憶できた。しかも、彼らは「記憶が遅い」とされている子供たちである。元々の知識があれば、記憶力は大きく向上するのだ。

先生は、ハロルドが早く基礎的な知識を身につけてくれれば、と思っていた。ハロルドは寸暇《すんか》を惜しんで手当たり次第にギリシャの本を読み漁った。家でも、バスでも。朝から晩まで、少しでも時間があれば読んでいた。その効果は確かにあったようだ。読書はそのための場所で落ち着いてすべきもの、と思っている人も多いだろう。しかし、実は時間や場所、周囲の状況などを様々に変えて読書をした方が、読んだ内容が記憶に残りやすいのだ。そのことは実験によって確かめられている。(17) 変化によって脳に刺激を与えた方が、ニューロンのネットワークが密になるのだ。

何週間かして、ハロルドは五冊の本を読み終え、そのリストを持ってきた。読んだのは、一般向け歴史書を二冊ずつ(それぞれ、マラトンの戦い、テルモピュライの戦いについて書かれたもの)、ペリクレスの伝記、『オデュッセイア』の現代風訳、アテネとスパルタの比較研究書である。本当にばらばらだが、この五冊によって彼は、古代ギリシャの世界の全体像、ギリシャ人たちの生活、価値観などに関して、だいたいのことがわかるようになった。

ステップ2

本を読み終えたハロルドを、先生はよく頑張ったと褒めた。心理学者、キャロル・ドゥエックによれば、人は努力した後に他人に褒められると、「自分は努力する人間である」という自己イメージを持つようになり、褒められれば褒められるほど、そのイメージは強化されるという。(18) そういうイメージを持った人は、積極的に新しいことに挑戦するようになる。また、たとえ失敗をしたとしても、それも成功までの一過程だと思えるようになるのだ。一方、子供の頃から「賢い」と褒められていた人は、自分は何かをすれば成功するよう生まれついているのだ、という自己イメージを持つようになってしまう。そして、「賢いと思われたい」ということが行動の基本になる。新しいことへの挑戦には消極的になる。失敗してバカだと思われるのが怖いからだ。

先生は、ハロルドに、もう一度、最初のエディス・ハミルトンを含め、これまでに読んだすべての本を読み返すよう言った。その狙いは、知識を無意識化することにあった。人間の脳には、繰り返し使う知識を無意識化する機能が備わっている。たとえば、はじめて自動車を運転した時は、あらゆることを意識して考える必要がある。しかし、何度か運転するうちに、運転中のあらゆる動きが無意識化され、自動的に運転できるようになるのだ。読み書きにしろ、計算にしろ、後天的な技能を習得する場合には、繰り返し、ということが重要になる。繰り返すことで、無意識化、自動化をするのである。数学者、哲学者のアルフレッド・ノース・ホワイトヘッドは、この学習のプロセスを文明の進歩になぞらえ「文明は、考えなくてもできる仕事を増やすことによって進歩してきた」と言っている。(19) 人の学習も同じように進むというわけだ。

本で得た知識を無意識化しようとすれば、本を繰り返し読む必要が出てくる。ギリシャの本も、一通り読んだだけでは、まだその知識は意識的なものである。だが、二度、三度と読むことで、より深いところに入り込んでくる。試験の前夜に、長い時間をかけて教科書を読んで丸暗記しようとするより、五日間、毎日、試験範囲を一通り読むことを繰り返す方がはるかに良い。それはテイラー先生が生徒たちに何度も何度も言ってきたことだった（ただし、生徒の方は何度同じ話を聞いたところで、実践をしてみなければ、結局、先生が何を言っているのかを正しく理解することはできないに違いない）。

先生はハロルドに、良いリズムで学習してもらいたかった。それは、ごく幼い頃の学習リズムに戻るということでもある。幼い子供が周囲の世界を探検する時と同じことをするわけだ。探検の時は必ず、母親のもとから旅立つ。そして、思い切って何か自分にとって未知のもの（たとえば、新しいおもちゃ）に触れる。それが終わると、安全が保証された母親のところへ戻り、しばらくするとまた冒険に出かける。そういうリズムだ。

同様のリズムは高校生になっても、大人になってからも重要である。これは、『スマート・ワールド（*Smart World*）』の著者、リチャード・オグルが「手を伸ばしては、また元に戻す」というふうに表現したリズムだ。[20] この場合、母親に当たるのは、その分野の基礎的な知識である。いつでも立ち戻れる基礎的な知識を踏まえた上で、新しい知識を得ようと手を伸ばす。持ち帰った新しい知識は、それまでの知識と融合させる。しばらくすると、また新しい知識へと手を伸ばす。その繰り返しだ。オグルも言っているとおり、すでに知っていることに安住して、新しい知識にまったく手を伸ばさないのもよくないし、やたらにあちこちに手を伸ばしても、ほとんど成果は得られない。先生は、ハロルドを「適度に手を伸ばして、また元に戻す」というリズムに乗せたいと考えていた。

全部の本をもう一度読めと言われて、ハロルドは不満だった。もう読んでしまった本をまた読むなんて、退屈で仕方ないだろうと思ったのだ。しかし、実際に読んでみると、二度目は最初とはまったく違う本のように感じたので驚いてしまった。目に留まる箇所が違う。論旨も違っているように思える。最初に重要だと思って線を引いた箇所はまるで的外れで、大して重要でないと思って無視していた箇所が実は重要だったりした。自分なりに加えておいた注釈があまりに幼稚で恥ずかしくなってしまうこともあった。これは、本が変わったのではなく、読む人間の方が変わったのである。

本を何冊も読む間に、彼の頭の中では、取り入れた情報の整理が無意識のうちに行なわれる。互いに関連し合う情報が脳の中で結びつけられるほか、情報の優先順位づけも行なわれる。新奇な情報は常に、以前からすでに得られている古い情報に比べて重要とされる。そして、さらに新しい情報を取り入れる際には、最近得られた情報との関連性が高いものが優先される。一度読んだ本を読み返した時の印象が最初と大きく異なるのはこうした理由からだ。これによって、知識は次第に深まっていく。

五冊の本を読み返したところで、古代ギリシャに関するハロルドの知識が専門家と呼べるようなものになるわけではない。歴史学専攻の大学生にもまだ遠く及ばない。だが、すでにもう素人のレベルではなくなった。学習をしても、知識レベルが決して直線的に向上するわけではないことには、ハロルドも気づいていた。しばらく停滞した後に壁を突破して一気に向上、ということを繰り返すのだ。壁を突破する時、というのは、物の見方が変わる時である。

素人と専門家の違いがよくわかる実験の例を紹介しておこう。これはチェスに関する実験である。熟練のチェスプレーヤーとまったくの素人に、いくつかの盤面を五秒間から一〇秒間ずつ見せ、後から駒の配置をどのくらい覚えているかを確かめる、というものだ。どの盤面にも、実際の試合にありそうな配置で、二〇個から二五個の駒を並べておく。すると、熟練のプレーヤーがどの盤面でもすべての駒の位置を記憶しているのに対し、素人はせいぜい四つか五つの駒の位置を記憶しているにすぎないという結果になる。[21]

これは、必ずしもチェス名人の方が素人よりも頭が良いということを意味しない。IQを基にチェスの強い、弱いを予測しても実はあまり当たらない。[22]チェス名人が驚異的な記憶力を持っているということでもない。チェスのルールを無視して駒を完全にランダムに並べてしまうと、名人もやはり素人と同じ程度にしか盤面を記憶できないことがわかっている。[23]

名人が盤面を覚えられるのは、長年にわたる学習と訓練の結果だということである。盤面の見方が普通の人とは違っているのだ。普通の人には、駒は一つ一つばらばらに見える。ところが名人には、すべての駒が一体に見えるのだ。駒と駒との関係が見えると言ってもいい。これは、本に印刷された文字を一つ一つばらばらに見るのではなく、単語、段落、ストーリーといった塊でとらえるのと似ている。文章を構成する文字を一つずつばらばらに記憶せよと言われれば難しいが、ストーリーを記憶せよと言われればさほど難しくはない。専門家になるというのは、脳内の多数の情報を結びつけ、大きなネットワークにしていくことだと言ってもよい。学習は単なる知識の蓄積ではないのだ。情報と情報との間の関係を知ることも学習の大切な要素である。

知識の構造は、分野ごとに違っている。どのような知識がどのようなパターンで組み合わされているかは、それぞれに異なっているのだ。分野ごとに独自の「パラダイム」があると言ってもいい。専門家は、この構造、パラダイムを把握している。多数の知識が互いにどう関係し合うのかを暗黙のうちに知っているのだ。だから、経済学者は経済学者らしく、弁護士は弁護士らしく物を考える。学習を始めた当初は、自分がその世界に入っていくという認識だが、間もなく、世界の方が自分の中に入ってくることになる。はじめのうちは、頭蓋骨の障壁を乗り越えて知識が頭の中に入っていくという感じだが、頭の中に世界が入ってしまえば、その障壁はなくなってしまうのだ。

専門家になると、個々の事象について細かく考える必要がなくなる。考える量が素人に比べて圧倒的に少なくなるのだ。何かが起きた時にも、それがどこにどう影響するのかは詳しく分析しなくてもわかる。その世界がどういう要素から成り、個々にどう関係し合っているかを十分に知っているので、個々の出来事について分析しなくても先が予測できるのである。

ステップ3

次の段階で先生がしようとしたのは、ハロルドが無意識のうちに身につけた知識を意識にのぼらせるということである。何週間もかけてすべての本の再読を終えた彼に、先生は日記をつけるよう言った。その日記には、ギリシャ人の生活について考えたことと、自分自身の学校生活について考えたことの両方を書く。書く時には、無意識から自然に思考が湧き起こってくるに任せるようにという指示もした。とりあえずは「何を書いて、何を書かないか」のルールを特に設ける必要はなく、うまく書こうなどとは思わなくてよいということだ。ただ思いつくまま書けばいい。

論文は、頭の中で七五パーセントくらいは完成させてから書き始めること、というのが彼女の基本原則だった。実際に書くという作業を始める前には、長い時間をかけて計画を練らなくてはならない。その際には、資料を様々な角度から調べる必要がある。同じ資料を何度も繰り返し読むのだ。読む度に、頭の中の状況が異なるので、必ず、前とは違う角度から見ることができる。論文に直接、関係のないこともできる限り考えるべきだ。そうすることで、物事を正確に見通す力がさらに高まる。意識して考えをまとめようとしなくてよい。脳には自動的にパターンを見つけ出す能力があるからだ。脳は、得られたデータから本質を引き出すことに長けている。たとえば、電話は受話器に入力された音声情報のうちのわずか一〇パーセントしか相手に伝えることができない[24]。そんな断片的な情報なのに、話している相手を特定することは子供にでもできる。それは脳にとってはたやすいことなのだ。

先生がハロルドに日記を書かせたのは、本人が知らない間に得ている知識を、できるだけ無理のない形で表に出させたいと考えたからだ。それによって、漠然とした思考、直感のようなものに明確な言葉を与えられれば、と思った。ジョナ・レーラーは「あなたは、あなたの知らないことも知っている」と言ったが、それと同じ考えだったのだ(25)。筋道を立てて何かを考えるのではなく、偶然に任せて考えていくと、自分の中に思いがけない知識があるのが見つかる。この方法は無駄が多いようだが、制限を設けずに思考をはたらかせた方が、結局は早く目的が達せられることが多いのだ。

ハロルドは、この時の日記を生涯、持ち続けた。何度も焼いてしまおうと思ったのだが、そうはしなかった。思春期の頃の自分がこんなにも青臭く未熟な考えを抱いていたということを、子や孫には知られたくはなかったが、日記は処分できなかった。はじめのうちは、ページの真ん中あたりにキーワードとなる単語を書くだけだったのだが、そのうちに、まとまった考えが頭に浮かぶようになったので、それを走り書きするようになった。時には本題にはあまり関係ないようなことが思い浮かんだりもしたが、気にせずに書いていった。

彼は、古代ギリシャの英雄たちが持っていた激しい情熱について色々なことを書いた。アキレスの怒りと、自分が普段の生活の中で抱く怒りとを比較したりもした。怒りを抱くような場面で果たしてどういうふうにふるまえば、少しでも英雄的と言えるのか、ということを考えたりもしている。勇気について書くことも多かった。アイスキュロスについてエディス・ハミルトンが書いた言葉を書き写したこともある。それはこんな言葉だった。「彼にとって、人生は冒険であり、危険に満ちたものだった。しかし、人間は元々、安全な場所で生きるように作られてはいない(26)」

誇りについて書く時は、アイスキュロス自身の「傲慢な人間がたとえ何かを得たとしても、得たものは涙にまみれているだろう。誇りを持つのはいいが、それが傲慢になってしまうと、神によって重い罰が与えられることになる」という言葉を書き写した。[27] ハロルドには、自らの人生の中で、自身を英雄視しがちなところがあった。自分を級友たちよりも上の存在ととらえるところがあったのだ。古代ギリシャの人たちが書いた文章を読むと精神が高揚した。はるかな過去の時代、その時代の人々との間に深いつながりを覚えるのだ。あるスパルタの教師は「名誉につながることはすべて心地良い、私は子供たちにそう教えている」と誇らしげに語っていた。そういう美徳に触れると刺激を受けた。深夜にペリクレスの言葉を読み、日記にそれを書き写していたら、突然、大きな幸福感に包まれたこともあった。彼は次第に、古代ギリシャ人の価値観を、実感を伴って理解できるようになってきた。人間の尊厳とは何か、人生にとって何が大切か、といったことをギリシャ人になったつもりで考えられるようになったのだ。日記が終わりに近づいた頃には、本に書いていないことでも、自分で判断ができるようになったし、それぞれに別のところから得た知識を結びつけられるようにもなった。たとえば、勇猛果敢なアキレスと、知将オデュッセウスの違いについて自ら考え、日記に書いたりもしている。現代の自分と古代ギリシャ人との違いについても明確に認識し始めた。古代ギリシャ人たちの言葉を見ていると、他人との共感を表現しているものはあまり見られない。「戦いに勝ち、名誉を守る」という類の言葉は多いが、他人への思いやりや哀れみの感情を表現した言葉に出会うことがまずないのだ。「困っている人、助けを求めている人に手を差し伸べる」というような言葉が見当たらない。優しさというものをあまり認識していなかったようにも見える。神の愛は、それにふさわしいものだけに与えられるという考えだったようである。

日記をつけるよう言ってから数週間後、先生はハロルドに「これまでの日記を見せてほしい」と頼んだ。彼は躊躇した。とても個人的なこと、あまり他人に知られたくないような思いも書いてしまっていたからだ。先生が男性であれば、みすみす自分の弱さをさらけ出すようなことはしなかったかもしれない。しかし、彼はテイラー先生を信じていたので、ある週末に日記を渡し、家に持って帰ってもいいと言った。

先生は日記を見て驚いた。多重人格なのではないかと思えるほど色々な記述があったからだ。尊大でもったいぶった調子の日があるかと思えば、子供のようになる日もある。皮肉屋になる日や、文学的になる日、科学者になる日もある。「心は流転していく」ロバート・オーンスタインはそう書いている。「次々に状態が変わっていくのだ。慌てふためいたかと思うとすぐ静かになる。幸せを感じていたのに、次の瞬間、急に心配になることもある。状態が変わるごとに、脳の中の違う部分がはたらくことになる」[28]

日記に現れるハロルドは一人の人間ではなく、何人もいるようだった。次にどのハロルドが現れるかは、ページをめくるまでわからない。そんなことがあり得るとは、教育大学では教わらなかった。「この生徒は、今までの自分を破壊して、生まれ変わろうとしている」と彼女は考え、感動した。目の前でそういうことが起きているのだ。これからどう指導していこう。そう思うと興奮してきた。生徒が教師の提案をそのまま受け入れ、その結果、大きな飛躍を遂げる。めったにないことだった。

ステップ4

いよいよステップ4。これが最終段階だ。今までは、論文を実際に書く前の準備、情報集めを続けてきた。ハロルドはすでに何カ月にもわたって資料を何度も読み返し、日記に考えを書きとめるなどして理解を深めてきた。そろそろ、実際に何をどう書くかを話し合うべき時だろう。

ハロルドは、日記に「高校のダンス・パーティーにペリクレスが来たら……」と題した絵を描いていた。絵を見ると確かにタキシードやガウンを着た生徒の中に、トーガを着た人物がいる。先生は、これを論文のタイトルにしてはどうか、と言った。ハロルドの日記には、先生の指示もあり、古代ギリシャについての記述と、自分の高校生活についての記述が交互に出てきたからだ。一見、無関係の物事を結びつけること。それが新しいものを創造するきっかけになる。ハロルドの場合には、古代ギリシャ人の生活と自身の生活の融合が創造のきっかけというわけだ。

家に帰ったハロルドは、本や日記を見ながら考えた。論文は一二ページだ。これだけのことをどうやって一二ページにまとめればいいだろうか。彼は、日記の最初の方を読み返した。

少々、気恥ずかしい。本もあちこち拾い読みした。何も思いつかない。どうにも進まないので、友達にメールを書いて、しばらくゲームをした。フェイスブックものぞいた。また本を読んでみる。止まっては再び取りかかる、その繰り返しだ。何か作業を進める時、休み休みになってしまうと、連続して進めた場合に比べ、その作業の正味の所要時間が約一・五倍になってしまうという。また、誤りも一・五倍に増えるという(29)。脳は複数の作業を同時に進めるのには向いていないので、一つの作業を一度に進めた方がいいのだ。そうすれば、脳内の互いに関連し合うニューロンのネットワークが連鎖的に活動するため、効率が上がるのだ。休み休みだと、その連鎖が切れてしまう。

問題は、彼自身が自分の知識の全体像を把握していないということだ。知識を自分の思い通りに活用するというより、知識の方に自分が振り回されている状態だった。色々なことが断片的に頭に浮かぶばかりで、それをどう整理するのか、という方針が立っていなかった。彼はある意味で、一時的にだが、一八八六年生まれのロシア人(ラトビア出身)ジャーナリスト、ソロモン・シェレシェフスキーのようになっていたと言えるかもしれない。シェレシェフスキーは、何もかもすべてを覚えてしまう驚異的な記憶力で知られた人物である。その記憶力のすごさは、実験でも証明されている。ある実験で研究者は、合計で三〇もの文字と数字から成る複雑な式を彼に見せた。そして、式を書いた紙を箱の中にしまい、その後の一五年間、一度も開かなかった。一五年後にシェレシェフスキーに尋ねると、彼は式を記憶していた。箱から取り出した紙と照合することで、その記憶は完全に正確であることがわかった。[30]

ただ、シェレシェフスキーはあらゆることを記憶できたが、記憶を整理することができなかった。個々の事象を単にばらばらに覚えているだけで、その中にパターンを見つけ出すことができなかったのだ。少しでも違う事象はすべて独立して覚えていたため、「似ている」という認識もできず、したがって比喩は理解できず、詩も読めなかった。抽象的な思考ができず、長く複雑な文を理解することもできなかった。

ハロルドもややそれと似た状態に陥っていると言えた。彼が高校生活について考える時のパラダイムと、古代ギリシャについて考える時のパラダイムは同じではなかった。両者は今まで、まったく別のものとして存在していたのである。だから、接点のない二つのものを融合しろと言われて困ってしまった。このままでは、核のない論文になってしまう。ただ二つのことを並べて書いただけに終わるだろう。一七歳の少年らしく、その日は諦めて寝てしまった。

次の夜は、携帯電話の電源を切り、パソコンのWebブラウザも閉じて取り組んだ。絶対に集中するのだと決意していたのだ。絶えず情報の洪水に襲われているような日常の生活から逃れ、今、成し遂げるべき一つのことだけに目を向けようとした。

まず彼は、ペロポネソス戦争当時、ペリクレスが兵士を追悼するために行なった演説の言葉を読み返した。直接、古代ギリシャの人の言葉に触れれば、様々な連想がはたらきやすくなる。これまで本で読んだことも次々に思い出すことができる。ペリクレスの演説は中でも特に連想力の強いものだった。たとえば、ペリクレスは演説の中でアテネ人の文化を褒めたたえて、こんなことを言っている。「我々は物事を洗練させはするが、決して華美に陥ることはない。知識は追求するが、それによって決断を鈍らせることはない。富はあくまで利用すべきものであって、見せびらかすものではない。たとえ貧しくともそのこと自体は不名誉ではない。貧しさと闘う力をなくすことが恥なのだ」(31)

ハロルドは、この言葉に感動し、心が昂った。感動させたのは、この言葉の持つ意味ではない。その気高く、勇ましい口調である。言葉の迫力が気分を大きく変えた。彼は「英雄」というものについて考え始めた。自らの命を国家に捧げ、その勇気によって永遠の栄光を勝ち得た人たちについて。ペリクレスは彼らの素晴らしさを称賛し、皆が手本とすべき存在であると言った。

続いて彼は、本で読んだ古代ギリシャの英雄たちについて考え始めた。何人もの種類の異なった英雄がいた。ひたすら戦いに生きた怒れる男アキレス。苦難の末に妻のもとへと帰った知将オデュッセウス。テルモピュライの戦いで命を落としたレオニダス。権謀術数で国を救ったテミストクレス。真理のために命を捧げたソクラテス。紳士であり、優れた指導者であったペリクレス。

彼は、こうした英雄たちについて何時間も考え続けた。そしてついに、それぞれに違った英雄どうしを比較するか、全員に共通する特徴を探すかするといいのではないか、とひらめいた。それがおそらく正しい道であることは、無意識のうちに感じ取れた。答えはもうすぐそこにある、そんな予感がしたのだ。

本当に作業に集中し始めたのは、その時からだった。彼は本や日記で、さらに色々な種類の英雄の例を探した。ハロルドをとらえていたのは、スティーブン・ジョンソンが「ゆっくりとした予感」と呼ぶ、特別な感覚だった。うまく説明はできないが、彼は漠然と「こっちでいいぞ」と感じていたのだ。ただ、彼が本当に正解にたどり着くまでには、まだあちこちへと回り道をし、ゆっくりと進まなくてはならなかった。

私たちは絶えず多種多様な情報に囲まれており、それぞれが注意を惹くべく競っている。それが普段の状態だ。しかし、この時のハロルドは、古代ギリシャの英雄に関係する情報以外はすべて締め出す状態になっていた。流れていた音楽もほとんど聞こえなくなった。音も色も、すべてが姿を消したのだ。科学者たちはこれを「予備段階」と呼んでいる。予備段階には、脳が一つのことに注意を集中させるため、視覚野など、感覚に関連する部位の活動が弱まるのである。

ハロルドは何とか論文を書き始めようと、一、二時間くらい頑張ってみた。古代ギリシャと現代における英雄について、ということなら何かしら書けるのではないかと思ったのだ。だが、無理だった。視点は定まってきていたのだが、まだ論文の中心になるテーマというのがなかった。結局のところ何が言いたいのかというのがはっきりしていない。そこでまた、本や日記を見返すことにした。どこかにヒントがあるのでは、と思ったからだ。

労力のかかる、いら立たしい作業だった。たった一つのドアを探して、次々に関係のないドアを開けて確かめている、そんな気分である。探しても探してもなかなか、ヒントは見つからなかった。仕方がないので、少しでも思いついたことは全部、メモに書くことにした。ただ、何か書いても、見返すと、何時間か前にも同じことを書いている、ということがあった。せっかく思いついたのに、すぐにそのことを忘れてしまっていたのだ。短期記憶の容量には限界がある。それを補うために、メモや日記のページを内容によって分類し、種類別に床に積み上げることにした。これでアイデアの重複は避けられるだろうと考えたのだ。「勇気」に関係するメモはここ、「知恵」に関係するメモはここ、というふうにより分けていったのだが、徐々に分類の基準が曖昧になり、混乱してきた。ハロルドは必死で想像力をはたらかせ、時には、答えまであと少しというところまで迫った。予感と、意識下から送られるかすかな信号だけが頼りだ。考え続けるが、やはり論文全体で言うべきことというのがまとまらない。だいたいはわかっているのだがはっきりしないのだ。袋小路だ。もう疲れてしまって前へ進めない。

その日は諦めて、床に入ることにした。実はそれが一番賢い方法だったのだ。睡眠中に何が起きるかについては、研究者の間にも議論がある。しかし、睡眠中に記憶が整理されるということは、多くの研究者が認めている。眠っている間に、その日に学んだことが整理され、その日の行動によって脳に変化が生じていれば、その変化が強化される。ドイツの研究者、ヤン・ボルンは、これに関連する実験を行なっている(32)。その実験ではまず、何人かの被験者にいくつか数学の問題を提示し、その問題を解くのに必要な公式を見つけるよう指示をした。

被験者は、途中で八時間の睡眠をとるグループと、最初から終わりまでずっと起きているグループとに分けられたが、公式を見つけられた人数は、前者のグループの方が圧倒的に多かった。人数には二倍もの開きがあったのだ。また、ロバート・スティックゴールドらの研究では、十分な睡眠が少なくとも一五パーセント、記憶力を向上させるという結果が得られている。[33]

翌朝、目を覚ましたハロルドは、しばらくベッドの中で、窓の外に見える木々に日が当たっているのを眺めていた。彼の思考はさまよい、その日の予定や、論文のことや、友人のことなど、色々なことをとりとめもなく考えていた。早朝、起きたばかりの頃の脳では、右半球が普段より活発にはたらく。[34] こういう時は、本来、関係が遠いと思われることも同時に考える可能性が高いと言われる。一つのことだけをつきつめて考えるのではなく、複数のことを漠然と考えるということだ。思考に規律や秩序はあまりない状態とされる。そういう状態の時、ついにハロルドはひらめいたのだ。

脳波を調べれば、きっと右脳のアルファ波が急激に増えたのがわかっただろう。ロンドン大学のジョイ・バタチャルヤによれば、パズルをしていて、解くのに必要な重要なヒントに気づいた時には、その八秒前に右脳のアルファ波が急激に増えているのだという。そして、マーク・ユング＝ビーマンとジョン・クニオスによれば、ひらめきが起きる一秒前には、視覚情報を処理する領域の活動が一瞬、休止し、気を散らす情報がシャットアウトされるという。[35] 三〇〇ミリ秒前には、ごく短い間だけ、最も周波数の高い脳波であるガンマ波が出る。

さらに、右側頭葉（右耳のすぐ上あたりの部位）が急にはたらく。ユング＝ビーマンとクニオスは、脳の様々な部位の情報がここで結び付けられるのだと主張している。

ハロルドは、突然のひらめき、いわゆる「ユリイカ」の瞬間を体験した。内側から、突然、素晴らしい考えが浮かび上がってきたのだ。彼は、目を大きく見開いた。全身が大きな喜びで満たされた。「そうだ、これだ！」という感じ。昨日まで存在に気づいていなかった川を飛び越えたのだ。考えがまとまり、昨日までとまったく違う発想ができるようになった。抱えていた問題が一瞬にして解決した。論文のテーマが見つかったのだ。はじめのうちは、そのテーマが何なのか言葉では表現できなかった。だが、見つかったということだけはわかっていた。得てきた知識を思いもかけないかたちで組み合わせることができると気づいたのだ。それは思考というよりは、まだ単なる感覚だった。「神に触れた」というような感覚だったかもしれない(36)。ロバート・バートンは著書『確信する脳――「知っている」とはどういうことか』の中でこう書いている。『わかった』、『その通り』、『間違いない』そういう感覚は、理性による思考、判断の結果、生じるものではない。私たちの意思とは無関係に襲ってくるものだ(37)」

ひらめいたのは、「動機」を論文のテーマにしたらどうか、ということだった。アキレスはなぜ自らの命を危険にさらすようなことをしたのか。テルモピュライの戦いで倒れた人たちは、なぜ命を投げ出したのか。ペリクレスは、自分、そしてアテネに何をもたらそうとして行動していたのか。そして今、高校に通う自分自身は何を求めて行動しているのか。スポーツの大会などあれば母校のチームに勝ってもらいたいと思い、応援するが、それはなぜか。そういう、古代ギリシャ人と自分自身の行動の動機をテーマにしようと考えたのだ。

ギリシャ語には、こうしたすべての疑問に答えるような言葉がある。それが「テュモス」である。「勇気」、「気概」などを意味する言葉だ。ハロルドは読んできた本の中でこの言葉に出会った。彼はそれまで、動機といえば、「お金がほしいから」、「成績を上げたいから」、「良い大学に行きたいから」という類のものだと思っていた。現に、周囲にいる人たちが口にする動機はそういうものばかりだった。しかし、古代ギリシャの英雄たちの行動は、この種の動機では説明がつかないのだ。また、ハロルド自身の行動の中にも説明のつかないものが多かった。

古代ギリシャ人の動機の成り立ちは現代人とは違っている。「テュモス」の中には、認められたいという願望も含まれている。他人に自分の存在を認めてほしいという願望だ。それも、一時ではなく、絶えず認めていてほしいという気持ち。永遠の名誉を求める気持ちと言ってもいいだろう。単に名が知られればいいというのではない。皆がいつまでも心の奥底から称賛するような人間になりたいということだ。現代の英語には、そういう願望を一言で表現できるような言葉はないが、ギリシャ語にはそれがあったのだ。そして、その言葉によってハロルド自身の願望も一言で表現することができた。

ハロルドには空想癖があった。空想の中で彼はメジャーリーガーだったり、アメリカン・フットボールの選手だったりした。自分がワールドシリーズで優勝する姿や、完璧なパスを決める姿を思い浮かべていたのだ。大切な人が命の危険にさらされているところを助ける、という空想も多かった。空想の世界では、そんな彼を必ず家族や友人を含めたあらゆる人たちが見ているのだ。そして、子どもっぽいと言えばそれまでだが、どれも「テュモス」と呼ぶべき願望から生まれた空想だろう。世界に認められたい、世界とつながりたいという願望である。その他の願望、お金や成功を求める願望なども、元はといえば、そこから生じているはずである。

テュモスを基本とした世界は、現代のハロルドを取り巻く世界、お金や地位が重要視される世界よりも「英雄的」な世界と思えた。現代社会においては、誰もが人間である、という最も根源的なレベルでは皆がつながっているが、それ以上のレベルでは誰もが「個」として生きる、というのが共通認識となっている。すべての人間の祖先は同じであり、本能のレベルでは同じような性質を持っているが、それ以外は一人一人が違っていると考えられているのだ。だが、古代ギリシャの人たちの考え方はそれとは逆だ。彼らは、人間はもっと高いレベルで結びつけられていると考えていた。彼らを結びつけていたのは理想だ。他のすべての人にとって価値のある人間となり、永遠に称賛される存在となるという理想。そうした理想へと向かう原動力になるのがテュモスだ。テュモスは完全なる成功を夢見る願望である。この成功は、自分自身にとっての成功であると同時に、宇宙全体にとっての成功、永遠に価値を失わない成功でなくてはならない。

ハロルドのアイデアの中には、テュモスだけでなく、「アレーテ（才能、勇気などを表す言葉)」、「エロス(愛の神)」といったギリシャ語の言葉を現代社会で暮らす自分の生活に当てはめてみる、ということも含まれていた。このように、二つの世界の融合をはかれば、古代ギリシャをより身近で理解しやすいものにできるし、自分の生活をより英雄的なものに変えられると考えたのだ。

頭にはあとからあとから色々な考えが浮かんできた。彼はそれを夢中で文章にしていった。テュモスは人をどう動かすのか、現代の高校生である自分にも、テュモスは影響しているか。他人の称賛を求める気持ちは自分にもあるか、といったことを次々に書いた。こんなふうに、一見無関係の知識を関係づけて物を考えたのははじめてだった。時折、文章がひとりでにできあがっていくような感覚に襲われることもあった。彼は何もしていないのに、言葉の方が勝手に溢れ出してくるのだ。自分の存在が消えてしまうような瞬間もあった。彼がいなくても作業だけは進んでいく、そう思えた。

一通り書き終えてからの推敲は簡単ではなかったが、それでもどうにか完成させることができた。書き上がった論文を読んで先生はとても喜んでくれた。あまりに熱がこもりすぎて、読んでいて痛々しく感じられる箇所もあったが、ハロルドにとって、一行一行すべてが大事なものだった。この論文を通して、彼は物の考え方を学んだ。そして、自分自身と自分を取り巻く世界を、今までとは違ったふうに理解するようになった。

ギリシャ人からの贈り物

テイラー先生の助けを借りて、ハロルドは自分の無意識とやりとりする術を学んだ。意識と無意識を協調させる方法を学んだと言ってもいいだろう。何か新しいことを学ぶ時はまず、核となる基本的な知識を身につけ、それを頭の中でしばらく熟成させるとよい、ということも知った。その際は、一度読んだ本を読み返すなどして、得た知識を最初とは違った角度から見ることも大切である。知識と知識が互いにどう関係し合うかを知り、学ぶべきことの全体像をつかむことも必要になる。また、学んだことを基に、新しい着想を得るには、一見無関係な二つの事象を結びつけてみるという方法が有効だ。そうすれば、学んできたことを違った角度から見ることができる。今回の論文でも、古代ギリシャ人と現代の自分とを結びつけたことで、過去の英雄たちの行動や自分自身の行動の見え方が大きく変わった。その作業は決して容易ではない。何と何を結びつけるべきかに気づくまでには大変な努力を要するし、ストレスもたまる。しかし、それによって、内面的に一段階上に成長できるのだ。成長すれば、自分を取り巻く世界がまったく違う場所に見えるようになるだろう。数学者アンリ・ポアンカレはこんなふうに言っている。「この世の事象は互いに関係し合っている。ただ、我々の気づいていない関係も多いのだ。個々の事象は遠い過去から知られていたにもかかわらず、誰一人、互いに関係し合っているとは思いもしなかった、ということもある」[38]今や、「テュモス」という言葉は、ハロルドが自分自身や自分の周囲の人たちの行動を解釈する時に自然に頭に浮かぶ言葉になっていた。古代ギリシャ人の生活と現代の生活は、もう彼の頭の中では自動的に結びつくものになったのだ。

小学校に入る頃、ハロルドはなかなか字を読めるようにならなくて苦労した。だが、しばらくすると、読むという行為は何も考えずにできるものになった。単語を一つ一つ読んで、それをつなぎ合わせる、ということではなくなったのだ。それからはただ、意味を把握することに集中すればよかった。高校生になって、彼は古代ギリシャ人の研究に関して再び同じ体験をした。はじめのうちは、古代ギリシャ人の価値観を現代の社会に当てはめるということを、いちいち意識しなければできなかったが、今では何も考えずにそれができる。

学校で授業を受ければ、確かに知識は頭に入るかもしれない。だが、それだけでは学習の第一段階が終わったにすぎないのだ。ハロルドには、それがわかるようになった。学んだことを真に理解するには、まず今回の論文を書いた時と同じように、何日もの間、日記を書き続けなくてはならない。その日記を読み返し、内容を整理する作業もいるだろう。そんなふうに手間をかけ、知識を熟成させると、すべてを変えるような素晴らしい着想が湧くことがある。それは、外を歩いている時かもしれないし、シャワーを浴びている時かもしれない。そんなひらめきの瞬間は、生涯にそう何度も訪れるものではないだろう。単に受け身の姿勢で知識を授かる、という学習方法ではなかなか体験できないことだ。しかも、いつも同じ方法でうまくいくわけではなく、何を学ぶかによって少しずつ変えていかなくてはならない。少しずつ、状況を見て、方向が正しいかどうかを見極め、試行錯誤しながら前へと進むのだ。そうすれば、混沌の中から何かが生まれることもあるし、生まれないこともある。知恵と成功にたどり着くためには、そういう道を歩むしかないのである。

7章　創発システム——貧困と教育

「はじめに」でも触れたとおり、この本には主人公が二人いる。一人はすでに登場したハロルドである。もう一人は、そのハロルドと夫婦になり、その人生に深く関わる女性、エリカだ。ただし、エリカの人生は、ハロルドとは大きく違った場所から始まる。彼女は、わずか一〇歳にして逮捕されそうになるのだ。

当時、エリカは母親とともに、母親の友人の住む公共アパートに居候していた。近所には、「ニューホープスクール」というチャータースクール（税補助は受けるが、従来の公的教育規制を受けない学校）があった。建物も、バスケットボールのコートもネットも、アートスタジオも全部、真新しい。栗色とグレーのおしゃれな制服。エリカは、その学校へ行きたくてたまらなかった。

ある日、彼女は母親に連れられて社会福祉局へ行った。廊下で一時間以上も待たされた。ようやく中に入ってケースワーカーと話をしたが、エリカには、入学者を決める抽選に参加する資格すらないという。法律上の居住地がないからだ。

ケースワーカー、ソーシャルワーカーというのは、一日中、あちこちから無理難題を言われる仕事である。そんな状態で毎日を生きていれば、どうしても横柄で無愛想な物の言い方をするようになる。常に手元の書類に目を落とした姿勢を保ち、やって来る人たちを次から次へとさばいていく。話す言葉は、誰も理解できないし理解しようともしないような公共機関の専門用語ばかり。何かを要求されれば反射的に「ノー」と答える。

エリカの母親は、元々、彼らの言うことをまったく信用していなかった。そもそも、お役所も、そこで働く人間も信用できないと思っていたのだ。だが、ここに来る人たちは、ケースワーカーの言うことを半分もわかっていないが、わからないとは言いたがらない。自分の無知をさらしたくないからだ。それで内心は不安なのに表には出さず、何でもないような顔をし、言われたことをそのまま受け入れて家に帰る。この屈辱的な出来事について後で友人に説明する時には、適当な話をでっちあげるのだ。

それはエリカの母親も同じだった。母娘は、この近所に三カ月前に越してきたのだが、確かに法律上の居住地はなかった。暮らしているのは友人のアパートだ。学校の件で騒ぎを起こせば、立ち退きを迫られるかもしれない。そんな危険を冒したくはなかった。ケースワーカーは、ただ「この学区の学校に入学する資格を満たしていない」と繰り返すばかり。母親は諦めてその場を立ち去ろうとした。

エリカは動こうとしなかった。彼女には、帰り道のバスでの母親の様子まで想像できた。ケースワーカーをひどい言葉で罵るのだ。その怒りを今、この場でぶちまけてくれればいいのに。ケースワーカーの態度も良くなかった。完全に見下した感じで、ガムを嚙みながら応対している。ずっと書類に目を落としたまま、目を合わせようともしない。作り笑いすらしないのだ。

母親は出口に向かって歩き出そうとしたが、エリカは椅子をつかんでその場から離れようとしなかった。「私はニューホープに行きたいの！」彼女は言い張った。

「法律上の居住地がなければ無理です」ケースワーカーはまた同じことを言った。「資格を満たしていないのです」

「ニューホープに行きたいの！」理屈も何もない。エリカはただ、言いなりになるだけで何もしようとしない母親に腹を立てていた。騒ぎになるのを恐れたのか、母親は「さあ、もう行くよ！」と強く促した。それでもエリカは動かない。椅子をいっそう強くつかんだ。母親が引き剝がそうとして引っ張るのだが、それでも手を離さない。母親は声をひそめて叱る。注目を浴びたくないので、大きな声は出さないのだ。エリカは頑として動かないままである。結局、エリカが座ったまま椅子は横へ倒れた。

「警察を呼びますよ」ケースワーカーが小声で言った。「少年院に行きますか」少年院はすぐそばにあったのだ。

エリカがなおも動こうとしなかったので、ガードマンらしき男を含む三、四人の大人が集まってきて皆で彼女を引っ張った。「ニューホープに行きたい！」エリカは叫んだ。怒った顔は涙で濡れている。強く引っ張られて、ついに手を離してしまった。ガードマンが怒鳴る。

怒りの収まらないエリカを母親は連れ去った。

帰り道、母親はエリカを叱らなかったし、何も言わなかった。無言のままバスに揺られていた。その夜、キッチンの流しで母は娘の髪を洗ってやった。二人とも昼間の事件にはまったく触れず、楽しく話をした。

エリカの母、エイミーは、色々と問題を抱えた人で、一族の中でも疎んじられる存在になっていた。両親は中国から移住してきた人たちで、親類は皆、良い暮らしをしていた。しかし、エイミーは長らく、躁鬱《そううつ》病の症状に苦しんできたのだ。躁状態の時、彼女は驚くほどのエネルギーに満ち溢れる。学校に行っている時は素晴らしい成績を収めた。二十代前半には、いくつもの大学、職業訓練学校、研修センターに通った。それぞれ数カ月ずつで、すぐに次へ移るのだ。学ぶことも次々に変わった。医療技術を勉強していたかと思えば、ITのプロになるべくコンピュータソフトウェアを勉強し始めたり、といった具合だ。二つの仕事を掛け持ちしていたこともあった。ともかく毎日毎日、朝から晩まで働き詰めになる。「自分は中国の農民の子孫だから、ご先祖からその勤勉さを受け継いでいる」というのが口癖だった。

そんな時期には、娘のエリカを食べ放題の店に連れて行ったり、新しい服や靴を買ってやったりもした。娘には、着る服から遊ぶ友達にいたるまで、細かく指示をした（遊んでいい友達の方が少なかった）。ほとんどは、あの子は不潔で病気がうつるからダメと言っていた）。それから本をたくさん読むようにと言った。そうすれば、他の子より偉くなれるから、というのだ。クローゼットにしまいっぱなしになっていた筆を突然、引っ張り出してきて、中国の書道を教え始めたこともあった。母の軽快でリズミカルな筆さばきを娘ははじめて見た。自分の母親にまさかそんな能力があるとは思ってもみなかっただろう。「筆で字を書く時には、普段と頭のはたらきが変わるのよ」と母は言っていた。エリカはその他に、スケートを習わされたこともあった。

しかし、いずれ鬱《うつ》の時期がやってくる。躁《そう》の時期にはあれほど色々なことをしていたのに、一転して何もしなくなってしまうのだ。そんな時には、娘のエリカが母親の役割を果たすことになる。酒浸りになり、マリファナやコカインにも手を出す。シャワーも浴びなくなるので体臭がひどい。当然、家事はほとんど何もしない。エリカが赤ん坊の頃には、哺乳瓶にペプシを入れたこともあった。それで静かにさせようとしたのである。もう少し大きくなってからは、面倒だからと夕食にシリアルだけを与えたこともあった。何日もまったく同じメニューを続けるのも珍しいことではなかった。エリカは九歳の時には、自分で電話をかけてタクシーを呼べるようになってしまった。母親がよく「動悸《どうき》がする」と言うので、その度に病院へ連れて行くことになったからだ。鬱の時期には、母親がカーテンを閉めっぱなしにして一切開けなくなるので、暗闇で過ごすことにも慣れていた。

エリカが少し大きくなる頃には、父親はあまり姿を見せなくなっていた。父親はメキシコ系アメリカ人だった（エリカの容姿は人目を惹いたが、それは両親のこの組み合わせが原因と思われる）。エリカの父は、一言では表現できない複雑な人だった。頭が良くて魅力的ではあったが、頼りになるとはとても言えなかった。現実を直視できないところもあった。酔って車を運転し、消火栓に衝突した時には、「バスがぶつかってきたので、それをよけた」などと、平気ででまかせの話をしたりした。生い立ちの話をすることもあったが、多くは作り話だった。あまりに見え透いた嘘をつくので、幼いエリカにも見抜けるほどだった。

彼はよく「自尊心」という言葉を口にしていた。自尊心が強いので、他人に奉仕するような仕事はできないという。エイミーに偉そうにされると姿を消すのも、自尊心を傷つけられるからだ。いなくなると、数週間、長い時は数ヵ月帰って来ない。そしてある日突然、子供のためのおむつを持って現れるのだ。エリカが五、六歳になってもそれは続いた。そうして、いたりいなかったりなのにもかかわらず、エリカとエイミーが自分の金を全部吸い取ってしまうと文句を言っていた。

そんな父親だが、エリカは嫌いではなかった。友達の中には、やはり父親がいなくなったり帰ってきたりしている子が何人かいて、その子たちは父親を嫌っていたが、エリカはそうではなかった。一緒にいると楽しい人で、いつも優しかったからだ。自身の両親や兄弟、いとこたちとは仲良くしていて、一族が集まることもよくあった。エリカもよくその集まりに連れて行かれた。大勢のいとこたちとともに、ピクニックやパーティーにも連れて行ってくれた。父はエリカをとても自慢にしていて、皆に「この子は賢い子だ」と言っていた。刑務所へ行くようなこともなく、娘を虐待することもなかったが、一つのことを長く続けることがどうしてもできなかったようだ。色々なことに手を出し、はじめは熱心に取り組むが、結局は、どれものにならないのだ。

両親は二人とも、エリカを深く愛していた。はじめのうち、二人は結婚してごく普通の家庭を築くつもりでいた。「フラジャイルファミリーズ（壊れやすい家族）」と名づけられた研究の結果によると、同棲カップルに子供が生まれた場合、その九〇パーセントは結婚を考えるという。しかし、エリカの両親が結婚することはついになかった。それは決して珍しいことではない。フラジャイルファミリーズの調査でも、子供が生まれて結婚を考えたカップルのうち、子供の一歳の誕生日までに実際に結婚するのはわずか一五パーセントにとどまることがわかっている(1)。

結婚しないのには、それなりの理由がある。一つは、「結婚しなくては」と思わせる社会的な圧力が小さいことだ。また、二人がお互いを信頼しきっていないということも大きい。経済的な余裕がなく、夢に見ていたような素晴らしい結婚式ができないという理由もある。離婚を恐れる気持ちも強い。離婚をすれば、何かと辛いだろうと考えてしまうのだ。そして、何より重要なのは、価値観の変化である。アメリカでは、何十年もの間、子供のいるカップルが結婚しているのは当たり前のことだった。「結婚して子供ができて一人前」という通念もあった。だが、少なくともアメリカの一部では、そういう通念はもはや過去のものとなっている。以前なら無意識のうちにしていた決断を、現在では、意識的にしなくてはならないのだ。結婚は、今や普通のことではなくなった。数ある選択肢の一つである。強い意志をもって自ら行動しなくては実現できないだろう。エリカの両親にはそれだけの意志がなかった。

では、エリカは社会的、経済的にどういう状況に置かれていたか。それは月によって違った。母親が躁の時期で、父親もそばにいる時には、「中流」と呼べるような暮らしができた。しかし、そうでない時には、途端に貧困層に落ちてしまい、文化的な環境も大きく変わる。住む地域も変わるので、生活環境もまったく違ってくる。良い時には、両親のいる家庭が多く、犯罪率も低い地域に住むことになる。しかし、収入が下がると家賃が払えなくなるので、慌てて家賃の安い地域に移り住むのだ。そういう地域は空き地や空き家が多く、犯罪率も高く、建物の外観も統一がとれていなくて景観が良くない。

荷物を小さなポリ袋に詰め込んで、快適な中流の暮らしに別れを告げた日のことをエリカは生涯、忘れないだろう。広い家を出て、親戚や友人の家に居候したこともあれば、老朽化した安アパートに越したこともある。そういうアパートは周辺の地域も荒廃していて、移った当初は本当に気が滅入《めい》ってしまう。

荒廃した地域には仕事もあまりなく、お金を稼ぐことは難しい。人は少ないが、それは刑務所に入っている人が多いからでもある。それだけ犯罪が多いのだ。だが、違いはそういう物質的なことだけではない。物の考え方や、行動習慣も違っている。

貧しい地域の人たちも、求めるものは他の人たちと変わらない。良い仕事を得て、良い家族を持ち、安定した穏やかな暮らしがしたいのだ。しかし、物質的に貧しいと、ストレスがたまり、精神的にも悪影響が大きい。ストレスが強いと人は自滅的な行動をとりやすくなり、そういう行動がさらに貧しさに拍車をかける。まさに悪循環である。皆、今より良くなりたいという望みをほとんど、あるいはまったく持たなくなる。自分の運命を切り拓く能力が自分にあるとは考えない。明確な理由もなく、どうせ自分はダメだと思い込むのだ。実際には自分でそうしているのだが気づかない。

誰もかもが、重労働や強いストレスで疲れきっている。自信はまったくないが、自信に溢れているように他人には見せている。しかし、実際には、次から次へと訪れる危機を何とか切り抜けながら、ぎりぎりのところで生きているのだ。時折、ひどい事件も起きる。エリカも知っている女の子が、かっとなってクラスメートを刃物で刺し、殺してしまったこともあった。わずか一五歳で、人生が台無しになってしまった。「弱みを見せたら終わりだ」エリカは悟った。一歩も後へは引けない。相手に譲歩してはいけないのだ。何か言われたらすぐ言い返さなくてはならない。

そんな状況を打開しようと、母親たちが連携を始めたりはしていた。育児をはじめ、生活全般に関わる問題に協力し合って対処しようとしたのだ。ただ、彼女たちは、外の世界からは隔離されてしまっていた。政府や、中流階級の人たちが就くような仕事とは、無縁の存在となっていたのだ。そして、彼女たち自身、お互いへの不信感をどうしても拭えずにいた。ほとんどの人がお互いを完全には信じられずにいたのだ。協力しようとしても、結局は裏切られる、という気持ちがどこかにあった。周囲には信用できない人間ばかりだった。店で買い物をすれば釣り銭をごまかされることが多いし、ソーシャルワーカーにも、親身になって助けてくれようとする人間はまずいない。

地域にはそれぞれに、暗黙のルールが存在する。明文化はされていないが、皆が無意識のうちに了解しているルールだ。そのため、歩き方や挨拶の仕方、見知らぬ人間への対応の仕方などは地域ごとに違ってくる。「未来」というもののとらえ方さえ、違っていることがあるのだ。言い換えれば、それが、地域ごとの「文化」ということになるだろう。エリカは、中流階級の住む地域と、貧しい人たちの住む地域を行き来したが、大きく異なる二つの文化に驚くほどうまく対処した。少なくとも表面上はそう見えた。二つの国の間を行き来しているのに近かったのだが、うまくやっていたのだ。中流階級の国では、人々は比較的、安定した暮らしをしていたが、貧しい国ではそうではなかった。中流階級の国では、子供たちはいずれ大学に行くが、貧しい国ではそうではない。

アメリカ社会の文化規範が、階層ごとにどう違っているか、ということについては、ペンシルベニア大学の社会学者、アネット・ラローが詳しく研究している。彼女の研究チームは、二〇年にわたり、様々な家庭の居間や車の中で、一体どういうことが起きているのかを観察し続けた。その結果、まずわかったのは、知識階級の親（多くが中流層）と、教育程度の高くない親（多くが貧困層）とでは、親としてのふるまいが根本的に違うということだった。それは量的な違いではなく、質的な違いと言えた。子供を育てるということに関する論理、モデルがまったく違っているのだ。

ハロルドもその一人だが、知識階級の子供たちは、ラローの言う「協調育成」の下で育つことになる。親たちは、大人が管理する活動に子供を数多く参加させるのだ。大人の意志により、子供たちはあちらこちらへと行くことになる。親は、子供の生活のあらゆる面に関与する。次から次へと新しい学習体験ができるよう、周囲の大人が協調し合う。常にこの状態だと疲れるのは確かだ。宿題のことで親子が喧嘩をするというのも珍しいことではない。だが、こういう育ち方をした子供は、団体の中で秩序正しく行動するコツを自然に身につけることになる。大人とも物怖《ものお》じせずに話ができるし、大勢の前で何かをするのにも抵抗がなくなる。人の目を見て話をするので、相手に好印象を与える。自分の行動と結果の因果関係も正しく認識できる。

ラローによれば、教育程度の高くない親たちに、知識階級の家庭の行動スケジュールを見せると、その忙しさに驚くという。恐ろしいと思うようだ。子供たちはきっとストレスがたまるだろう、かわいそうだ、とも考える。彼らの家庭での子育てはそれとはまったく違っている。重要なのは、大人の世界と子供の世界の間に明確な境界線があるということだ。親があれこれと子供の世話を焼く時期はすぐに終わると考える。その後は、放っておけば勝手にするだろう。特に遊びに関しては好きにさせておけばよい、という考え方だ。ラローの観察対象となったある家庭では、女の子がドールハウスを買ってもらい、母親に「組み立てて」と頼んだのだが、母親は即座に拒否している。まったくすまなそうな顔をせず、ごく当たり前のように拒否したのだ。子供の遊びは子供のものであり、大人には関係のないものだ、と考えるのである。

こういう家庭では、のんびりとした明るい子供が育つことが多いという。彼らは、両親だけでなく、他の親戚とも頻繁に交流する。両親があちらこちらへと遊びに連れて行くことはないので、彼らの余暇時間は無秩序、無計画なものになる。何も考えずに家の外に出て、近くに子供が集まっていれば、その子と遊ぶ。同い年でなくても気にしない。年齢の違う子ともよく遊ぶのだ。「退屈だ」などと文句を言うことはまずない。冷蔵庫から食べ物を出す時には、いちいち母親に許可を求める。「中流家庭にはよく見られる、親に不平、不満を言う子が、この層の家庭にはほとんど見られない」とラローは言っている(2)。

ハロルドの育った家庭は、前者の知識階級、中流の家庭ということになるだろう。一方、エリカが育った家庭は、単純にどちらとは言えない。両方の間を行ったり来たりしていたからだ。母親が彼女に強い関心を向けてくることもあれば、母親がいないかのような状況で過ごすこともある。鬱状態の母親は、彼女にとって看護すべき患者のようになってしまうからだ。看護して、再び元気を取り戻してくれるのを待つのだ。

貧しい家庭の子育てにも良い面は多い。しかし、現代社会を生き抜く上で大切な能力が身につきにくいのは確かだろう。まず問題になるのは、言語能力である。優れた言語能力が育まれる環境とはとても言いがたいのだ。アルヴァ・ノエは言語について次のように書いている。「言語は、一種の文化的行為であり、他人と共有すべきものである。特定の文化生態系の只中に生き、そこで学ばない限りは習得できない(3)」労働者階級の家庭の多くがそうであるように、エリカの家庭も、あまり会話が活発とは言えなかった。ラローはさらに次のようにも書いている。「一口に労働者階級の家庭と言っても様々であり、会話の量も家庭によって

違っている。だが、総じて言えば、中流家庭に比べれば会話がかなり少ないというのは事実である」(4)

ハロルドの両親は、特に彼がそばにいる時には絶えず何かを話していた。エリカの家では、大半の時間はテレビがついていて、話をすることは少なかった。エリカの母親は、いつも疲れすぎていて、子供と多く会話するようなエネルギーが残っていなかったという面もある。丹念にデータを集め、中流家庭と労働者階級の家庭とで、親子の間で交わされる言葉の数にどのくらいの違いがあるかを計算した研究者もいる。有名なのは、カンザス大学のベティ・ハートとトッド・リズリーだ。彼らの計算によれば、四歳になるまでに親子の間で交わされる言葉の数には、親が知的職業に就いている中流家庭とそうでない貧しい家庭とで三二〇〇万語もの差があるという(5)。前者の家庭の方がそれだけ会話が多いわけだ。一時間あたりの発話回数で言えば、親が知的職業に就いている家庭が四八七回にのぼるのに対し、生活保護を受けている貧しい家庭の場合はわずか一七八回になってしまう(6)。

違うのは会話の量だけではない。会話に表れる感情の違いも重要である。ハロルドの両親は、言葉に「承認」や「賛同」の意思を込めることが多く、彼はそれを浴びて育った。ほんの些細なことであっても、成し遂げる度に大きな称賛を受ける。そのため、自分は素晴らしい能力を持っていると感じることができるのだ。エリカは、親に励ましの言葉をかけてもらうこともあったが、それと同じくらい、やる気をそぐような言葉もかけられた。ハロルドの両親は息子によく問題を出した。答えられないと、わざとバカにしたような、からかうような態度を見せて、負けん気を煽《あお》る。彼らは、何かハロルドにも影響する決断を下した時、あるいはハロルドの行動に制限を加える時には、必ずその理由を詳しく説明した。ハロルドの方も、もし、それがおかしいと思えば臆《おく》することなく反論をし、なぜおかしいと思うのかを話した。両親はハロルドの言葉に文法の誤りを見つけると、それを逐一訂正した。おかげで、学校で習う前から彼は文法を理解していた。何が正しくて、何が間違っているかは直感でわかり、その直感に頼るだけでテストでも正解できるのだ。家庭内の言語環境の違いは、学習効果の違いに直結する。親子間で交わされる言語が豊かだと、IQも高くなるし、学業成績も良くなる傾向がある。

ハロルドの両親はもちろん、彼が育つのに必要なお金を提供したわけだが、両親が与えたものはお金だけではなかった。それ以外に、習慣や知識を与え、物事の認識の仕方も教えた。祖先はおそらくずっとそうしてきたのだろう。そういう血筋に生まれたのだ。その態度は遺伝子だけによるものではない。何世代にもわたる努力により、強化されてきたに違いない。

エリカは、ハロルドのような目に見えない強みをほとんど持っていなかった。彼女は、ハロルドよりもずっと混乱した世界で生きていたのだ。ペンシルベニア大学のマーサ・ファラーによれば、ストレスホルモンのレベルは、中流家庭の子供より、貧しい家庭の子供の方が高いという。このことは、認知システムの様々な面に影響する。記憶や、パターン認識、認知制御能力（第一印象を訂正する能力）、言語操作能力などに影響を与えるのだ。(7) また、貧しい家庭の子供は、生物学上の両親のどちらか一方がいない状況で育つ場合が多い。(8) 小型哺乳類を対象にした調査では、父親なしで育った子は父親のいた子に比べ、ニューロンのネットワークの発達が遅く、衝動を抑える能力も発達しづらいという結果も得られている。もし人間にも同様のことが言えるとすれば、それは単にお金がないとか、チャンスが少ないとかいう以上の障害になり得る。貧困や家族の崩壊は、人の無意識を変えてしまう。無意識が変わるというのは、未来や世界の認識、理解が変化するということだ。

そうした家庭環境の影響は、誰の目にも明らかだろう。全体の下位四分の一に属する貧困家庭の場合、子供が大学の学位を取得できる割合は八・六パーセントにとどまっている(9)。反対に上位四分の一の層では、七五パーセントの子供が大学の学位を取得する。ノーベル賞経済学者、ジェームズ・J・ヘックマンによれば、生涯収入の不均衡の約五〇パーセントは、その人の一八歳までの人生に存在した要因によって生じるという(10)。また、この不均衡の大部分が、本人が意識していない態度や認知、行動規範などに関係している。そして、はじめはわずかだった差は、あっという間に大きくなってしまう。

決意

エリカは結局、ニューホープスクールではなく、普通の公立学校に通うが、八年生(日本でいう中学二年生)の時、近所に「アカデミー」というシンプルな名前の新しいチャーターハイスクールができた。ティーチ・フォー・アメリカを経験した二人の先生が始めた学校だ。主として、ニューホープの卒業生を入学させることを目的とした高校で、教育理念もニューホープとほぼ同じだった。制服があり、規則やカリキュラムは独特のものだ。

創始者は、貧困に関して独自の理論を持っていた。貧困というものが生じる原因が明確にわかっていたわけではない。製造業の雇用喪失、人種差別、グローバル化、親から受け継いだ文化や価値観、不運、政府の政策のまずさなど、多数の要因が複雑に絡み合っているだろうと想像することはできたが、そこまでだった。ただ、彼らには重要なことがわかっていた。それは、おそらく他の誰も、貧困の起きる原因を正確には知らない、ということだ。「それさえ実行すれば子供たちを貧困から救える」というような対策を探しても無駄だろうと彼らは思っていた。要因が一つでないのだから、一つの対策で解決できるわけもない。世代を超えて続く貧困のサイクルに立ち向かうには、あらゆることを一度に行なう必要がある。

アカデミーの構想が生まれた頃、創始者の二人は、資金の寄付が見込めそうな人たちに学校設立についてプレゼンテーションを実施した。残念ながら、そのプレゼンテーションは、ほとんど誰にも理解されず、失敗に終わってしまった。だが、根本となる考え方は、今も変わっていない。それは、「貧困とは創発システムである」という考え方だ。

人類は長年にわたり、還元主義的な推論によって世界を理解しようとしてきた。つまり、物事を要素に分解して、その仕組みを理解しようとする、という方法が主流だったのだ。アルバート＝ラズロ・バラバシは、有名な著書『新ネットワーク思考――世界のしくみを読み解く』の中で、次のように書いている。「還元主義は、二〇世紀の科学研究の原動力だった。

自然界を理解するため、私たちはそれを要素に分解した。部分について理解できれば、その組み合わせによってできる全体を理解することはたやすいと考えていたのだ。分割しさえすれば、あらゆるものを支配できる、『悪魔は細部に宿る』というわけだ。何十年という時間が経つうちに、こういう世界の見方は私たちの習い性となり、他の見方をすることは難しくなってしまった。宇宙を理解しようとして原子や『超ひも』などを研究したり、生物を理解しようとして分子を研究したりしているのは、その現れだろう。生物の性質、行動を遺伝子によって説明しようという試みもなされているし、教祖の人間性を分析することで宗教を理解しようとする人もいる。流行が起きた時、仕掛け人について探ることでそれを解釈しようとする人もいる[11]」物事は要素に分解すれば理解できる、そういう考え方からすれば、人間性さえも同じように理解しようとするのは当然の流れだった。遺伝子の影響、環境の影響などを一つ一つ丹念に調べていけば、その人がどういう性格を持つようになるかはかなりの精度でわかると思われた。このような演繹的な推論は意識の役割である。いわゆる論理的な思考だ。「線形」の思考と言ってもいい。部分の総和が全体になる、過去の延長線上に未来がある、というような発想法である。

この種の思考法の問題は、「非線形」の現象をうまく説明できないということだ。そして、人間や文化、社会などは本質的に非線形なのである。部分に少しの変化が生じた際、全体にどういう影響が及ぶか予測ができないような複雑な現象を理解するのに、論理的な思考は向かないのだ。そこで近年、創発システムというものに注目が集まるようになった。創発システムとは、全体が部分の総和以上になるシステムである。要素に分けることはできても、要素一つ一つについて理解しただけでは、全体は理解できない。システムの要素が互いに関係し合い、その関係によって、新しいものが生み出される、と考えてもいいだろう。たとえば、空気と水は、どちらも単独では無害なものである。しかし、両者があるパターンで影響し合うと、ハリケーンのような危険なものが生まれる。色々な母音や子音を一定のパターンで組み合わせると、心動かす物語が生まれることもある。この場合も個々の音をいくら詳しく調べても、全体の物語についてはほとんど何もわからないだろう。

創発システムには、全体を制御するような要素はどこにもない。だが、あるパターンが生じると、それが部分のふるまいにも影響を与えることになる。

たとえば、集団の中の一匹のアリが、どこかで食べ物に出会ったとしよう。アリの集団には、皆に命令を下すリーダーはいない。命令に従い、一斉に食べ物を目指して歩き出すということはできないのだ。では、どうするのか。まず、一匹のアリが食べ物を見つけ、その食べ物に向かって歩き出したとする。その時、アリはフェロモンを出す。すると、すぐそばにいた別のアリが、フェロモンを察知して、自分も歩く方向を変える。すると、さらにそのそばにいたアリが……ということが続き、あっという間に多数のアリが一斉に食べ物に向かって歩いているという状態になるのだ。スティーブン・ジョンソンも言っているとおり「局地の情報が全体の知恵につながる」というわけだ[12]。一つの変化が、集団を構成するアリからアリへと伝えられ、やがて集団全体の行動が、その変化による利益を享受できるものへと変わるのである。その変化をもたらすために、誰かが意識的に決断を下したというわけではない。しかし、新たな行動パターンはひとりでに生まれ（これを「創発する」と呼ぶ）、アリたちは皆、自動的にそのパターンに従って行動する。

アリの集団はこのような創発システムになっているおかげで、同じ特性を何百世代、何千世代にもわたって受け継いでいくことができる。スタンフォード大学のデボラ・ゴードンは、アリの集団を大きなプラスチックの容器に入れて実験をしたが、プラスチック容器の中でもやはり、自然界のアリの集団と同様の行動をとることが確認できた[13]。たとえば、アリたちは、死んだ仲間のための共同墓地を作る。この墓地は、集団が普段暮らしている場所からはできるだけ遠いところに作られる。ゴミ捨て場も作るが、これは、暮らしている場所からも、共同墓地からもできるだけ離れたところに作られる。それぞれの配置を把握しているアリは一匹もいない。個々のアリは、全体の構造がどうなっているのかまったくわかっていないのだ。個々のアリは、そばにある手がかりに反応して動いているだけだ。一匹のアリが何らかの手がかりに反応して動くと、周囲のアリは、その動きに反応して動く。それによって集団全体としては、アリたちが代々受け継いできた行動を容易にとることができる。このような行動パターンが一度、確立されてしまえば、数千世代を経ても、それは維持されるだろう。集団の構成要素である個々のアリは、知らない間に、そのパターンに従って動くというわけだ。

創発システムは、世界のいたるところに存在する。脳も一種の創発システムである。脳を構成する個々のニューロンは、たとえば「リンゴ」がどういうものかはまったく知らないし、リンゴに対して何の考えも持っていない。しかし、無数のニューロンが一定のパターンで発火することで、「リンゴ」という概念が脳の中で創発するのだ。遺伝も、創発システムと言えるだろう。多様な遺伝子と環境とが相互に作用し合うことで、その生物の全体としての習性（攻撃性など）が創発する。

「結婚」も創発システムの例と言っていいだろう。フランシーン・クラグスブランは、精神科医のもとに結婚セラピーに訪れる夫婦を観察していて、セラピーの患者は夫と妻の二人ではないということを発見した。もう一人、「結婚」という三人目の患者が存在していることがわかったのである。結婚というのは、夫と妻という二人の人間の間に起きたあらゆる出来事によって作り上げられたシステムなのだ。システムのふるまいのパターンが確定すると、それは二人の脳に刻み込まれ、二人の行動も決めることになる。「結婚」システムは形のないものではあるが、二人の間に確かに存在し、二人に影響を与えるのだ。

文化も創発システムである。アメリカの文化、フランスの文化、中国の文化など、文化にも色々あるが、いずれの場合も一人の人間がそれを決定しているわけではない。どこかに支配者がいて、人々の行動パターンを決定し、それによって文化を作り上げているというわけではないのだ。多数の人たちの行動、互いの関わり合いの中から、一定のパターンが創発するのである。パターンがいったん確立すれば、次の世代の人々も無意識のうちにそれに従って行動することになる。

アカデミーの二人の創始者は、すでに書いたとおり、貧困も創発システムであると考えていた。深刻な貧困のうちに暮らす人たちは、ある種の生態系の中に捕らえられているという。そして、その生態系がどのようなものかは、誰も詳しく調べた人がいないし、誰も正しくは理解していないのだという。

バージニア大学のエリック・タークハイマーは、二〇〇三年に、貧困家庭に育った子供のIQは低くなる傾向にあるという研究結果を発表している。この発表を受け、ジャーナリストたちは当然のごとくタークハイマーに「では、貧困家庭の子供たちのIQを上げるにはどうすればよいですか」と尋ねた。この問いに関してタークハイマーは後に次のように書いている。「正直なところ、貧困家庭の環境の中に『特にこれが有害』というものは見当たらない。特にこの点を改善すれば、IQへの悪影響がなくなる、という要素はないのだ[14]」

タークハイマーは何年もの時間を費やして、貧困家庭のどこに問題があるのかを突き止めようとした。しかし、これという問題が見当たらない。貧困家庭に育つことが、全体としてIQに悪影響を与えているという証拠は比較的、簡単に得られたのだが、では、悪影響を与えている要素がどこにあるか探してみても、まったく見つからない。家庭環境の様々な側面についてデータを集めてみても、他の家庭の子供と比較して大きな違いがあるとは思えなかった。実に四三もの研究の結果を詳細に調べたのだが、「家庭のこの部分に問題があると、子供の認知能力が低下する」というような明確な結論を得ることはできなかったのである。

だが、これは、貧困の悪影響を軽減する方法がまったくないという意味ではない。貧困という システムを要素に分けて、個々の影響を調べても意味はないということだ。貧困は、「全体が一体となった創発システムだからだ。タークハイマーはこんなふうに言っている。「一人一人の人間は自由な存在であり、その行動は極めて複雑なものである。その複雑な行動について、『Aという原因がBという結果を生んでいる』というような単純な説明はできない。たとえば、ある子供が思春期に非行に走ったとすれば、それにはいくつもの原因があるはずで、しかも、原因どうしが相互に作用し合っているはずだ。その相互作用により、個々の原因のもたらす影響はますます多様なものになるだろう。ある原因が別の原因を誘発することもある。はじめは単独で作用していた原因が、後になって、別の原因とともに作用し始めることもあるだろう。作用するのは環境だけではない。持って生まれた資質も作用する。その資質自体に問題はなくても、環境との相互関係により、全体として悪い結果をもたらすこともある[15]」

貧困家庭に育つ子供について、まず言えることは、そういう環境で暮らしていると、将来に対して悲観的になりやすい、ということである。タークハイマーの言葉を借りれば、「暗い見通し」を持ちやすくなるということだ。いくら科学的に調べたところで、人間の行動に関して、明確な要因を特定することはできない。こういう要因があったから、こういう行動をとったのだと、はっきり言い切ることは不可能である。言えるのは、貧困という創発システムが全体としてどのようにふるまいやすいか、ということくらいである。また、多くの家庭について調べれば、経済的に貧しい家庭で統計的にどういうことが起きやすいかはわかるだろう。また、特定の二つの要素だけを取り出して、その二つの相互関係を知るということは可能である。それを知ること自体は無意味ではない。だが、家庭が貧しいとなぜ子供のIQが低くなってしまうのか、その原因を特定するのは極めて難しく、多くの場合はまったく不可能である。因果関係は複雑で不透明になってしまっている。

そういう理由から、アカデミーの創始者たちは、常に、貧困という創発システムの部分ではなく、全体に目を向けようと努力していた。子供であれ大人であれ、何か一つの対策で問題が解決し、その後の人生がまったく変わるなどということはない。しかし、その人を取り巻く文化が新しいものに変わり、関係する人たちが入れ替われば、何かが起きる可能性がある。それによって、発想や行動が新しいものになれば、きっと予測もつかない影響があるはずだ。大事なのは、それまでに属していた文化から脱出させ、新しい文化に身を置けるよう支援することである。また、もとの文化に逆戻りしないように見守ることも必要だ。逆戻りしてしまえば、せっかく改善した状況ももと通り、ということになってしまう。

ただ学校を作るだけでは不十分、ということだ。学校とともに、新たな文化も作らねばならない。貧困家庭を取り巻く文化に対抗できる文化を。入学した子供はすべてその文化に身を浸すのだ。誰もが、自分には潜在的な能力がある、努力すれば物事を成し遂げられると考えるような文化の中に身を置く。単に、子供たちが今まで属していた文化に敵対するわけでも、文化を否定するわけでもない。そうではなく、新たな価値観や習慣を植えつけるのだ。医師や弁護士の家庭に生まれた子と同様、自分も大学に行くことが可能なのだというメッセージを生徒に発する。現状の世の中が不平等であること、富が偏在しているということは率直に認め、貧困家庭の子供に対し、恵まれた中流家庭の子供とはまた違った支援をしていく。

学校は、「親の影響からの解放」を方針として打ち出した。貧困家庭の親が無意識のうちに与えている悪影響を消すということである。社会学者、ジェームズ・コールマンも言っているが、親やコミュニティが子供の学業成績に与える影響は、一般に学校より大きい。そこで「アカデミー」では、単なる教室の集まり以上の学校となることを目指した。教室で勉強を教えるだけでは不十分と考えたわけだ。勉強を教える場であると同時に、家族やコミュニティの役割も果たそうとしたのである。アカデミーという家庭、コミュニティにいれば、自分は当然、良い成績を収め、大学に行くもの、と思えるようにしようと考えた。

創発システムが難しいのは、すでに書いたとおり、何か問題があってもその「根本原因」が見つかりにくいということである。ほんの些細なことが連鎖反応を起こして、悪い結果を生んでいるのだ。だが、これは裏を返せば、些細なことが連鎖反応を起こして、一気に良い結果が生まれるかもしれないということである。取り巻く文化が良くなったことを察知すれば、次から次へと雪崩のようにプラスの反応が起き、急速に人生が上向きになることもあるのだ。

この学校に行かないという選択肢はエリカにはなかっただろう。八年生になったエリカは、身長も高くなり、容姿はさらに魅力的になっていた。だが、強情なところは相変わらずだった。彼女の心の底には常に不満がくすぶっていた。母親を愛してはいたが、時に怒りを露《あら》わにしてしまう。誰にも理解できないほど複雑な性格になってしまっていたのだ。同級生たちともうまくやれない。些細なことに過剰に反応して、口論になることもあり、時には取っ組み合いの喧嘩になることもあった。学校の成績は優秀なのだが、同時に問題の多い生徒でもあった。どうも彼女には、人生は闘いだと思っているようなところがあったのだ。まるで戦場にいるかのように、周囲の人間の多くを理由もなく敵視しているようだった。

救いの手を差し伸べようとしてくれる人にひどい態度をとることもあった。ひどい態度をとっていることも、それが良いことではないということも、わかってはいたのだが、自分で止められないのだ。彼女は鏡を見つめてよく「私は強い」と自分に言い聞かせていた。本当はそうではないのに、学校は嫌いだと思い込もうとした。自分が住む地域の人たちも嫌いだと思っていたが、それはある意味で本当だった。そこが彼女の並外れたところとも言えた。自分の力だけで今の自分は変えられない、ということを薄々感じ取っていたのである。今の環境にいる限り、自分の意志の力だけで未来を明るいものにすることは困難だろうとわかっていたのだ。周囲の人たちの持つ後ろ向きの感情にどうしても影響を受ける。彼女が自分の意志を通そうとしても、その感情に、大きな力で抑え込まれてしまう。

だが、彼女は一つの決意をする。環境を変えようという決意だ。違う環境、違う文化に身を置けば、その影響を受けて知らず知らずのうちに自分も変わるかもしれない。自分の内面を変えるよりも、環境を変える方が簡単だ。環境を変えれば、環境から無意識のうちに受け取る様々な情報により、自分の内面が変わることがあり得るのだ。

半年くらいかけ、エリカはアカデミーについてあれこれと調べた。アカデミーの生徒と話もしたし、母親や先生に尋ねたりもした。そして、二月のある日、アカデミーで学校の役員会が開かれることを知ったのだ。彼女は、その役員会に強引に自分も出てやろうと考えた。まず、学校の裏口からこっそり中へと潜り込む。体育の授業に向かう生徒たちとすれ違ったが、何も言われなかった。そのまま会議室まで歩いて行き、ドアをノックして中へと入った。大きなテーブルが並べられた部屋の中には、大人が二五人くらい座っていた。創始者二人は、部屋の一番奥のテーブルについていた。

「私、この学校に入りたいんです」エリカは、部屋にいる全員に聞こえるよう、精一杯大きな声を出した。

「どうやってここまで来たのかね！」誰かが叫んだ。

「来年、入学させてもらえないでしょうか」エリカはもう一度言った。

創始者の一人が微笑んだ。「知っているでしょう。入学者は抽選で決めるんですよ。まず入学を申し込んでもらえれば、四月に抽選があるので……」

「私はどうしてもこの学校に入りたいんです」エリカは途中で遮《さえぎ》った。そして、この何カ月か、頭の中で繰り返し練習してきた台詞を口にした。「一〇歳の時、ニューホープに入学したいと思いました。でも、断られました。社会福祉局に行き、そこの方に話したんですが、取り合ってくれず、最後にはつまみ出されてしまいました。今、私は一三歳です。一生懸命勉強して、良い成績も取りました。ちゃんと行儀良くすることもできます。入学の資格はあると思います。誰にきいてもらってもかまいません。推薦状だってあります」エリカは紙の束を取り出して見せた。先生に書いてもらった推薦状だ。

「君、名前は？」

「エリカです」

「入学にはルールがあるんです。わかるでしょう。アカデミーに入りたい人がたくさんいるんです。全員は入れないから、できるだけ公平に入学者を決めなくちゃいけない。それで春に抽選をしているんですよ」

「それは、遠まわしに断っているということですよね」

「そうじゃない。他の誰であっても同じですよ。入れる可能性は皆に平等にある」

「入れてくれるつもりがないからそういうことを言うんでしょう。私はアカデミーに入らなくちゃいけないんです。アカデミーに入って、大学に行かないと」

エリカはもうそれ以上、何も言えず、ただ黙ってその場に立っていた。でも、一〇歳の時のように簡単には追い出されないと心に決めていた。創始者の斜め横には、太った男の人が座っていた。彼は、何十億ドルもの資産を持つヘッジファンドマネージャーで、学校の資金の大半を提供している人物である。頭が良く、人の扱い方を心得ていた。彼はポケットからペンを取り出し、紙に何かを書いた。そして、エリカの方を見ると、紙を折りたたんでテーブル越しに創始者二人に渡した。彼らは渡された紙を開いて中を見た。そこには「抽選を操作すればいいじゃないか」と書かれていた。

二人は無言でお互いを見た。しばらく沈黙が続いた後、ついに一方が顔を上げて低い声で言った。

「ええと、名前は何と言ったっけ」

「エリカです」

「まあ聞きなさい。アカデミーにはルールがあります。万人に平等なルールです。ルールは忠実に守らなくちゃならない。秩序が必要だからです。学校全体の秩序です。同じことは二度と言わないから聞きなさい。もし今後、君が今こうしてここに押し入って入学したいと訴えたことを、誰かに話すようなことがあれば、私は一存で君を退学させます。わかりましたね」

「わかりました」

「では、君の名前と住所を紙に書いて出て行きなさい。九月に会いましょう」

太った男の人は椅子から立ち上がって、エリカにペンと紙を渡した。高そうなペンだ。エリカはそんなペンをテレビでしか見たことがなかった。彼女は紙に、名前と住所と、念のために社会保障番号も書いて、部屋を出た。

エリカが去った後、役員たちは黙ったまま互いを見合った。そろそろ十分遠くに行っただろう、という頃に、太った男の人がニヤリと笑った。それを見た役員たちは一斉に楽しそうに笑い出した。

8章　セルフコントロール——集中力が人生を決める

「アカデミー」は、エリカにとって驚くべき場所だった。まず、とにかく学校にいる時間が長い。永遠に続くのではないか、と思うほどだ。授業は朝八時に始まり、夕方五時まで続く。土曜日も学校に行くし、普通の学校なら夏休みになる期間にも、何週間か登校しなくてはならない。成績が一定水準に達しない生徒は、アメリカの平均的な高校生の倍くらいの時間を学校で過ごすことになる。成績が普通の生徒でも、他の高校生の一・五倍くらいの時間は学校にいなくてはならない。もう一つ驚きだったのは、学校が勉強に必要なものは何もかも提供してくれるということだ。英語や数学の授業は一見、特に変わったものではないが、授業時間数は異常に多い。英語の授業は毎日二コマある。授業以外には、健康診断や心理カウンセリングも受けられるし、食事も出るし、放課後のイベントも多かった。

だが、何よりエリカが驚いたのは、素行についてとてもうるさく言われるということだ。しかも、本当の基本から徹底的に教え込もうとする。人の話を聞く時には、話している人の顔を見るよう言われたし、授業中には椅子にどういう姿勢で座ればよいか、誰かの言うことに賛同する時にはどううなずけばよいか、ということも教わった。その他、初対面の人にどう挨拶すべきか、握手はどうすべきか、ということも細かく言われた。初回の音楽の授業は、一列に並んで教室に入り、席に着くということを練習するだけで終わってしまった。入学して何週間かは、廊下の歩き方、歩く時の本の持ち方、人にぶつかった時の謝り方といった類のことばかりを注意されていた。先生には「些細なこと、細かいことがきちんとできるようになれば、あとでもっと大事なことを学ぶのがとても楽になる」と説明された。中流家庭の子供であれば、知らず知らずのうちに身につけることばかりなのだが、アカデミーの生徒の場合は改めて教え込む必要があったのだ。

その他、歌う機会が多いということにも驚いた(1)。学校での一日は、全校生徒集まっての「サークルタイム」で始まる。全員が体育館に集合し、皆でラップや合唱をするのだ。よく歌われる歌が何曲かあった。たとえば、「尊敬の歌」という合唱曲。「知識は力なり」という歌。これは、黒人霊歌に多い「コール・アンド・レスポンス」という形式の歌で、一人が一節歌うと他の人が後に続いて同じ一節を一斉に歌う、ということを繰り返す。「大学の歌」というのもあった。有名大学の名前を次々にあげ、必ずそのどれかに入学すると誓う歌だ。集会の最後には、体育の教師が生徒たちに問いかける。「君たちはなぜここにいる?」生徒たちは答える。「教育を受けるため!」「君たちは何をする?」「勉強!」「君たちに大事なことは?」「努力!」「それと?」「規律!」「君たちはどこへ行く?」「大学!」

「何のため？」「自分の未来を自分で決めるため！」「どうすれば大学へ行けるようにすれば行ける！」「不可能はあるか？」「ない！」「行けるようにすれば行ける！」

アカデミーの生徒にはそれぞれ、独自の「卒業日」が設定されている。これは、アカデミーから卒業する日ではなく、さらにその四年後、志望大学から卒業する日のことだ。クラスには名前がついていたが、「一組」、「二組」というような単純なものではなかった。何とそのクラスを受け持つ先生の出身校の名前がつけられていたのだ。「ミシガン」、「クレアモント」、「インディアナ」、「ウェルズリー」といった具合。大学は生徒たちにとって「約束の地」とされた。生徒たちがいずれ達するはずの高みというわけだ。

エリカがアカデミーの授業で学んだのは、それまでまったく知らなかったことが多かった。授業では、タイ人の日常生活が取りあげられることもあれば、古代バビロニアについて話を聞くこともある。六週間に一度、必ずテストがあり、その結果によって、学習の進捗が評価される。期待以上の進捗が見られた時には、「スカラー・ダラー」と呼ばれる通貨が受け取れることになっている。この通貨は、自由時間や、校外学習への参加権利と交換することができる。エリカのお気に入りの授業は、音楽だった。この授業で楽譜も読めるようになり、実習ではバッハの『ブランデンブルク協奏曲』の演奏に挑んだりもした。一年生の二学期には、成績優秀者名簿に載った。成績優秀者になると、制服のシャツが白から青になる。はじめて青いシャツを着て全校生徒の集まる場に出た時は、本当に誇らしい気持ちになった。それまで一度も体験したことがないほど、素晴らしい気分だった。

放課後はテニスをするようになった。アカデミーに入るまで、エリカは本格的にスポーツをしたことはなかったし、テニスはラケットを持ったことすらない。だが、アカデミーの校庭には立派なテニスコートが四面もあった。アフリカ系アメリカ人のプロテニス選手二人がコートを作るための資金を寄付してくれたからである。コーチも毎日、学校にやって来る。エリカは選手になりたいと思った。

アカデミー入学後のエリカは、以前にも増して真面目な生徒になっていたが、テニスに関しては真面目を通り越して、少々、恐ろしいようなところもあった。彼女はテニスに心を奪われていたのだ。毎日、午後には何時間も壁打ちを続ける。自宅の部屋には、テニス選手のポスターを貼っていた。スター選手たちの出身地や、トーナメントの開催地を覚えることで、自然に世界の地理にも強くなった。一、二年生、特に二年生の時の彼女の生活は、小さな黄色いボールを中心に回っていたと言える。

テニスは、エリカにとって、単なるスポーツを超えた、何か大きな、根源的な目的を持ったものになっていた。エリカにとってのテニスは、ウォルター・リップマンが次のような言葉で表現しようとしたものに近いかもしれない。「人間にとって何より必要なもの、何より満足を与えてくれるものは、食べ物でも、愛でもないし、当然、一時の気晴らしでもない。名誉でもない。おそらく、命よりも大事なものがあるのだ。それは、自分がある秩序の中に属している、ある規律の下に存在しているという確信である」(2)テニスは、何年かの間、エリカの存在証明でもあったのだ。

エリカは強い意志をもって練習に打ち込んだ。誰にも言ったことはなかったが、少なくとも二年間は、テニスこそが、自分を幸福と名声へと導いてくれる手段だと信じていた。自分がウィンブルドンや全仏オープンに出ている姿を想像することもできた。後に母校を訪れ、未来の後輩たちに成功までの道のりを話しているところを想像したりもした。メールアドレスのIDまでが "tennisgirl" である。パスワードもすべてテニスに関係するもの。ノートの落書きもテニスに関係するものばかり。日々、コーチの助言はほんのちょっとしたものもすべて吸収しようとしていたし、インターネットではテニスのサイト、テレビではテニスの中継を見ていた。おかげで、彼女のテニスは上達していった。ただ、問題は試合中に怒り出すことだ。あまりの怒りに周囲の人たちは皆、恐れをなした。確かに彼女は普段から非常に真面目で、頑固で融通が利かないところがあったが、怒り出すようなことはない。ところがコートの上では人が変わったようになってしまうのだ。あらゆるもの、あらゆる人に対して、すぐに短気を起こしてしまう。怒りを抑えることがどうしてもできない。ダブルスのパートナーとコートの上で話をすることもないし、ましてや冗談を言い合うようなこともない。勝っている時は、怒ることもないので、安心して見ていられるが、負けている時には、誰もそばに近寄らなくなる。たとえ練習であっても良いプレーができないと、その日は不機嫌なまま帰宅することになるのだ。

コーチは、そんな彼女を見て「リトル・マック」などと呼んだりもしていた。態度があのジョン・マッケンローに少し似ているから、というわけだ。だが、ある日、とてもそんな冗談ですまないような出来事があった。二年生の春だ。郊外の、アッパーミドルクラス家庭の子供たちが集まる学校で試合が行なわれた日のことである。当時、まだチーム内のトップクラスのプレーヤーというわけではなく、二番手グループに属していたエリカのシングルスの試合は、午後遅くになった。コーチはフェンス越しに様子を見ていたが、彼女の最初のサービスゲームを見て、すぐに嫌な予感がした。一本目のサーブは大きすぎ、二本目のサーブは逆に小さすぎて、ネットの下に当たってしまう。ゲームカウントが0－3になる頃には、彼女のフォームはばらばらになっていた。ボレーでは肩が開いてしまうし、サーブでは腕が下がる。前へ向かって打つのではなく、横へ打ってしまうような格好になり、ボールがコートの中へなかなか入らないのだ。

コーチはエリカに「一〇まで数えて気持ちを落ち着かせろ」とアドバイスしたのだが、彼女はまるで野獣のような目をしてコーチを見るだけだった。怒りといら立ちで眉間《みけん》には深いしわが寄っている。完全に自分の感情に支配され、ボールへの集中力はなくなっていた。満足な構えすらできない。リターンはネットに当たったり、大きすぎたり、横にそれたり、そんなことの繰り返しだ。失敗の度、彼女は「畜生！」と吠え、自分に対する怒りを露わにする。

コーチは次々にアドバイスをする。「肩を開くな」、「脚を動かせ」、「トスに集中しろ」、「もっとネットに近づけ」というふうに。だが、意識するほどフォームが崩れるという悪循環に陥っていて、どうしても立て直すことができない。彼女は渾身の力を込めてボールを叩くのだが、ミスが続いてしまう。ミスの度に彼女の中の自己嫌悪の感情は大きく膨れ上がっていく。ついには、自ら試合を壊すようなプレーをし始めた。なぜそんなことをするのか、彼女は自分でもよくわからなかった。ボレーはわざと、コートの外のフェンスに当てるように打つし、十分に返せるはずのサーブさえ返そうとしない。サイドチェンジの際には、足を踏み鳴らすようにして歩き、座る時にはラケットを椅子の下に放り投げた。ボレーミスの後に、後ろを向き、ラケットをフェンスに投げつけたこともあった。それを見たコーチは「エリカ！　大人になれ！　大人になれないのなら、帰れ！」と怒鳴った。

エリカは怒鳴ったコーチを睨《にら》みつけ、サーブを放った。「イン」だと思ったのだが、「アウト」と判定され、彼女は叫んだ。「頭おかしいんじゃないの!?」その言葉ですべての試合が中断してしまった。エリカはラケットを地面に叩きつけ、もう一度「頭おかしいんじゃないの!?」と叫び、猛然とネットに向かって歩いて行った。「行く手を遮る者は全員殺す」とでも言っているように見えた。対戦相手も、線審も、チームメートも、皆、怒り狂った様子の彼女から離れた。

自分のしているのが良くないことであるというのは、彼女自身にもよくわかっていた。しかし、怒りをぶちまけている時の気分は爽快だった。無性に誰かを殴りたい、顔から血が噴き出すところを見たい、そう思うのだ。そばにいた人たちがそそくさと離れていくのを見ていると、急に自分が強くなったような、その場を支配しているような感覚に陥った。彼女は誰か、傷つける相手、屈辱を与える相手を探していたのだ。

かなり長い間、誰も近寄っては来なかった。ついにエリカはコートから出て椅子に座り、うつむいた。彼女は自分以外のすべてを責めていた。ラケットも、ボールも、対戦相手も、その他、周囲の人たちのことごとくが「ろくでなし」だと思っていたのだ。コーチが近寄って来る。彼女と同じくらい怒っている。彼女の腕をつかむと、怒鳴った。「出ていくんだ、さあ！」

エリカはコーチの手を払いのけた。「私に触らないで！」そう言いながらも彼女は立ち上がって、バスに向かって歩き出した。大股で、コーチの三歩前を歩いて行く。バスに乗り込む時には、車体をこぶしで殴りつけ、大きな足音を立てながら通路を奥へと進んだ。そして、道具をシートに叩きつけるようにして置くと、最後部の座席に座った。その後、すべての試合が終了するまでの一時間半、彼女は座ったまま動かなかった。皆が戻ってきてバスが動き出し、学校へ帰り着くまで、彼女は黙ってあれこれと考えていた。

その日、彼女の身には特に何も起きなかった。悔やむ気持ちはない。学校でも家でも色々と面倒なことになるかもしれないが怖いとは思わなかった。頑固なのだ。自分を曲げようなどとは思いもしない。何人か話しかけようとした者がいたが、その全員に冷たい態度をとった。

エリカのコートでの行状は、チームが戻る頃には学校中の噂になっていた。翌日はすべての授業が中止になった。何かひどい事件が起きると、いつも授業が中止になるのだ。そして、全校生徒と先生全員が体育館に集められる。この日は当然のごとく、スポーツマンシップについて話し合われることになった。エリカの名前が出されることはなかったが、事件を起こしたのが彼女であることは誰もが知っていた。先生たちも理事たちも、決して名前は出さないが、一様にエリカの言動を批判していた。

生まれながらの気質

その日の夜になると、エリカは事件についてまったく違う気持ちを抱くようになった。急に悲しくなり、枕に突っ伏して泣いてしまった。前日はまったく悔やんでいなかったのに、今は後悔でいっぱいだ。恥ずかしい、と感じた。

母親のエイミーは高校時代、エリカのような子ではなかった。これほど激しい性格ではなかったのだ。それでも、娘の気持ちはわかった。自分でも説明のつかない行動をとってしまうことはあったからだ。ひょっとすると、そういう面は自分からの遺伝ではないか、とも思った。せっかく良いところがたくさんある子なのに、自分から受け継いだ性質のせいで、それが台無しになっているのでは、という気もした。

果たしてこれは、思春期の嵐のようなもので、ほんの一時のことなのか、それとも生涯続くことなのか、それがエイミーにはわからなかった。人間は皆、遠い祖先から「闘争・逃走本能」を受け継いでいる。この本能のせいで、驚きやストレスに対し、自動的に反応してしまうことがあるのだ。中には、「逃げ出す」方の反応が優勢な人もいれば、「戦う」方の反応が優勢な人もいる。それはごく幼い頃から分かれている。エリカは後者の「戦う」タイプである。

同じことを体験しても、驚きやすい人もいれば、そうでない人もいる。新生児の段階でそれはわかる[3]。未知の状況に置かれた時に、脈拍や血圧が急激に上がる子供とそうでない子供がいるのだ。一九七九年、心理学者のジェローム・ケーガンらは、五〇〇人もの乳児を対象とした実験を行なっている。五〇〇人の乳児に、いくつか未知の刺激を続けて与え、反応を見たのだ[4]。その結果、全体の二〇パーセントが、激しく泣き出し、「高反応」とされ、四〇パーセントは反応がわずかだったため「低反応」とされた。残りの四〇パーセントはその中間というわけだ。

約一〇年後、ケーガンは同じ子供たちを対象に再度、実験を行なっている。いくつか不安を引き起こすような体験をさせて反応を見た。すると、一〇年前に「高反応」とされた子供のうちのおよそ五分の一はやはり、激しい反応を見せた。また、「低反応」とされた子供のうちのおよそ三分の一の子供は、やはり反応がほとんどなかった。だが、「高反応」、「低反応」だった子供の多くは、一〇年後には中程度の反応をするように変わっていたのである。これを成長したしるしと見ることもできるだろう。「高反応」だった子が「低反応」になったり、「低反応」だった子が「高反応」になったり、ということは皆無に近かった。

子供には生まれつきの気質というものがあると思われる。だが、その気質が後の人生での性格を決め、ひいては人生を決めてしまうというわけではないようだ。それよりもむしろ、E・O・ウィルソンの言う「首ひも」に近いものだと考えるべきだ。エリカも他の子供たちと同様、ある気質を持って生まれてきた。それは間違いない。生まれつきの気質は、驚きやストレスに強く反応する方だったかもしれないし、反応が異様に弱い方だったかもしれない。生まれつき陽気だったかもしれないし、気難しかったかもしれない。彼女の性格はその後の人生で変化していく。どういう経験をし、脳内のニューロンがどういうネットワークを形成するかで変わっていくのだ。ただし、変化は無制限ではない。ここからここまでの範囲は変わり得るけれど、これ以上は変化しないという限度がある。たとえば、幼い時に「高反応」だったとすると、反応が中程度にまでなることはあるが、「低反応」にまで変わることはほとんどない。また、いったん基本の性格が決まると、そこから大きく変化することはない。多少の揺れはあっても、基本から大きくは外れないのだ。たとえば、高額の宝くじが当たったりすれば、嬉しくて、普段では考えられないほど陽気になることがある。それでも、何週間かすれば元通りの性格に戻るはずだ。反対に、配偶者や友人などが亡くなったりすれば、悲しみと苦しさで普段よりも陰鬱な態度をとるかもしれない。その場合も、しばらく時が経てば元の性格に戻ることが多い。

エイミーは不安だった。エリカは、内面に危険なものを抱えているのではないか。エリカが幼い時から、他の子より気分の起伏が激しい子だったのは事実だ。何か予想外のことが起きた時の驚き方も他の子たちより大きかった（些細なことにも驚きやすい人は、恐怖を抱いたり、心配を抱えたりもしやすい）。研究者の中には、子供を「タンポポ型」と「ラン型」に分けている人もいる。(5) タンポポ型の子供は、情緒が安定していて、忍耐力もある。どういう環境に置かれてもたいていはうまくやっていける。ラン型の子供はもっとムラがある。状況が良ければ、素晴らしくきれいな花を咲かせるが、少し状況が悪いと惨めにしおれてしまうのだ。エリカはラン型で、大成功するかもしれないが、悲惨な未来が待っているかもしれない。危険な気質と言えた。

一体、この子はどうなってしまうのか。エイミーは、ぼんやりと娘の将来を案じていた。もちろん、思春期の子を持つ親は、誰もが多かれ少なかれ、同じような不安を抱くものである。自分自身、思春期を経験しているだけに、その心理状態が理解できなくはない。特にその頃は、ちょっとしたことにも過剰に反応しがちなところがある。本当は何でもないことなのに、自分が責められているように思ったり、心配しなくていいことを心配したりもする。怒らなくていいことに怒る時もある。誰も何もしていないのに、何かを自分で勝手に思い込んで勝手に傷ついたりしていることもあるのだ。自分の内面の世界が、外界よりもはるかに危険になっている時期なのだ。

慢性的なストレスにさらされている人は、脳の海馬《かいば》の細胞が失われやすいという研究結果もある。海馬の細胞がなくなれば、それに伴って記憶も失われることになる。特に良い出来事についての記憶が失われやすいという。また、常にストレスにさらされていると、免疫系のはたらきも弱まるし、骨のミネラル分も減る。逆に体脂肪は蓄積する。腹部の体脂肪が増えやすい。そういうことが長く続けば、徐々に体が衰弱していくことになるだろう。半年にわたり極めてストレスの多いプロジェクトに取り組み、週に九〇時間働き続けたエンジニアたちを調査したところ、コルチゾールやアドレナリンのレベルが通常より明らかに上がっていることが確認されたという報告もある。(6) コルチゾールもアドレナリンもストレスと関係の深い物質だ。しかも、二つの物質の量が増えている状態は、プロジェクト終了後、一八カ月間、持続したという。その間、全員が四、五週間の休暇を取ったにもかかわらず、である。ストレスはそれだけ長く影響を持続させ、体を蝕《むしば》んでいく。

その日の夜は、テニスコートでの事件から三〇時間は優に経っていたけれども、エリカの自分を恥じる気持ち、ストレスは弱まっていなかった。エイミーはどうすれば娘の気が少しでも楽になるか考えていたが、どうしていいのかわからなかった。仕方がないので、エイミーはただ、娘の背中に手を当てて、そばに座っていた。少し哀れんでいるようでもあったが、それで娘が状況に対処する助けになればという気持ちだった。一五分くらいそうしていると、二人とも落ち着かない気持ちになってくる。立ち上がり、二人で夕食を作ることにした。エリカがサラダを作り始め、エイミーは戸棚からパスタを出した。そうして二人で協力し合ううちに、徐々に落ち着いてくる。心が平衡を取り戻すのだ。エリカも、どうにか再び世界を穏やかな目で見つめられるようになった。そして、トマトを切りながら、母親の顔を見て言った。「どうして私は自分のことがコントロールできないのかな」

これは実はとても重要な問いなのだ。アンジェラ・ダックワースとマーティン・セリグマンの調査によれば、高校生のセルフコントロールの能力は、ＩＱの二倍、出席率や成績に強く関係しているという。(7) この調査結果には異論もあり、ＩＱほど強くは関係しないと主張する研究者もいるが、充実した人生を送る上でセルフコントロールの能力が重要になることを疑う人はいないだろう。

「自分が自分じゃないみたいになってしまうの」エリカは事件について母親にそう言った。「知らない人が私を乗っ取って、その人が怒っているみたい。その人がどこから来るのかもわからないし、何を考えているのかもわからない。いつ戻ってくるかと考えると怖い。きっとまたひどいことをするに違いないから」

マシュマロ実験

一九七〇年頃、当時、スタンフォード大学（現在はコロンビア大学）教授だったウォルター・ミシェルは、現代心理学でも特に有名と思われる実験を行なった。非常に明解な結果の得られた実験である。被験者となったのは四歳児たち。ミッシェルは四歳児を椅子に座らせ、目の前のテーブルにマシュマロを一つ置いた。その上で子供にこう告げたのだ。「このマシュマロ、すぐに食べてもかまわないけど、私が部屋を出て戻ってくるまでの間、食べずに待っていられたら、もう一つマシュマロをあげよう」待っている間の子供たちの様子は撮影された。映像を見ると、ミッシェルが部屋を去った後、子供たちが身をよじったり、机を蹴ったり、マシュマロが見えないよう目を隠したりしていたのがわかる。テーブルに頭をぶつける子もいた。そうしてどうにかマシュマロを食べないよう頑張っていたのである。一度、マシュマロの代わりにクッキーの「オレオ」を使ったことがあったが、その時には、間に挟んであるクリームだけを食べて元に戻した子がいた（こういう子が案外今、上院議員くらいになっているかもしれない）。

この実験で重要なことは、マシュマロを食べずに長い時間我慢できた子の方が、わずかな時間でマシュマロを食べてしまった子よりも、後の学校の成績がはるかに良く、問題行動も大幅に少なかったということだ。中学生、高校生くらいになってからの友人関係も、マシュマロを長く我慢できた子の方が良好だった。一五分間我慢できた子たちの一三年後のSAT平均スコアは、三〇秒しか我慢できなかった子の平均スコアに比べ、二一〇ポイントも高かった（後のSATスコアは、四歳の時のIQスコアより、マシュマロを我慢できた時間を基にした方が正確な予測ができたと言える）[8]。二〇年後の大学卒業者の割合も、マシュマロを一五分間我慢できた子たちの方がずっと高かったし、三〇年後の収入についても同様のことが言えた。後に刑務所に入った人数、ドラッグ中毒者やアルコール中毒者になった人数も、マシュマロをすぐに食べてしまった子たちの方が大幅に多くなった。

この実験で子供たちは、短期的な欲求と長期的な報酬の間の葛藤に直面することになる。より大きな長期的報酬を得るため、短期的な欲求を抑えることができる子かどうかが明らかになるのだ。それができる子は、後に学校で良い成績を収め、社会に出てからも成功することができるだろう。しかし、できない子は、学校や社会を絶えず自分にストレスを与える場としか感じないだろう。

一定の秩序のある家庭で育った子供の方が、この能力を身につけやすいと言える。[9] この場合、「秩序がある」とは、自分の行動の結果が予測しやすいという意味である。今、ほしいもの、したいことを我慢すれば、後でもっと良いことがあるという確信が持てることが重要なのだ。そうした秩序のない家庭で暮らしている子は、すぐにマシュマロが食べたい、という一時の欲求を抑えることが難しくなる。自分の行動と、得られる結果の間に相関関係が見出せないからだ。我慢すれば後で良いことがある、と信じることはなかなかできない。

また、重要なのは、欲求を抑えられた子はどうやって抑えたかということである。うまくいったのは、マシュマロにあまり注意を向けないようにするという方法のようだ。マシュマロがそばにあっても、その存在をできるだけ忘れていられるような工夫をすれば、食べずに我慢しやすいということだ。そのためには、「これは幻だ」、「偽物のマシュマロだ」などと思い込む方法が有効なようである。自分にそう思い込ませれば、注意をうまくそらすことができる。

ミッシェルは後に、「これは本物じゃなくてマシュマロの絵だよ」と子供たちに告げておく、という実験もしている。注意をそらすのに役立つヒントを与えたわけだ。ヒントを与えられると、子供たちは、通常よりも、平均で三倍長く我慢することができた。[10] 「これはマシュマロじゃなくてフワフワの雲だよ」と言うと、我慢できる時間はさらに延びた。取り入れる知覚情報が同じでも、想像力を駆使すれば、その情報を違ったふうに解釈できる。マシュマロを頭の中で何か別のもの、欲求を呼び起こしにくいものに変えてしまえば、マシュマロから距離を置くことができるのだ。長い時間、欲求に負けずに我慢できる子供は、この知覚の変換がうまくできる。美味しい物を見ても、美味しい物と解釈しないでいられる。もし、美味しい物を美味しい物だと、そのまま解釈してしまえば、とても我慢することはできないだろう。その時はもう、口の中に入れる以外の選択肢はなくなってしまう。

つまり、セルフコントロールというのは、厳密には、意志の強さの問題ではないということだ。欲求に負けない子供は鉄のような意志を持っていて、それで欲求を抑え込んでいるというわけではない。無意識の世界で起きることを意識によって直接、コントロールできるわけではないのだ。自分の無意識がどうなっているかを明確に知ることもできない。できるのは、「きっかけ」を与えることだけだ。無意識では常に様々な思考が流れている。そして、何かきっかけが与えられればいつでも、それまでとは違う新たな思考が流れ始める。自制心のある人、セルフコントロールのできる人というのは、きっかけの与え方を知っている人である。過去の経験から、無意識にどんなきっかけを与えれば、自分にとって望ましい思考が始まるのかを知っているのだ。物事を前向きにとらえ、長期的視野に立って判断をするよう、自分を仕向けることができると言ってもいい。

意思決定の三段階

人間の意思決定は、大きく三つの段階に分けることができる。最初は、状況を把握する段階だ。次は、いくつもの行動の選択肢を吟味する段階である。どの行動が自分にとって最も利益になるかを検討する段階ということになる。そして、最後に、検討の結果に基づいて実際の行動を起こす。行動には意志の力が必要になる。人間の性格について説明する理論は、過去数世紀の間に多数考え出された。特に、子供の頃の体験が性格にどう影響するか、ということに関しては多数の理論が打ち立てられた。一九世紀の理論には、意思決定の最後の段階である第三段階に注目したものが多かった。つまり、意志の力が注目されていたわけだ。ビクトリア朝時代には、人間の意志のはたらきを、まるで水害を防ぐ「治水」のようにとらえる考え方が主流だった。人間が生来持つ熱情は激流のようなもので、正しい行動をとるためには、強い意志の力でその激流をせき止め、水量を調節することが必要と考えられたのだ。

二〇世紀になると、注目は第三段階から第二段階へと移る。選択肢の優劣を判断する「理性」が重要視されるようになったのである。好ましくない行動をとる人に対しては、その行動が本人にとって長期的には損になることを教え込むべき、と考えられるようになった。たとえば、無防備な性行為をさせないためには、それが病気や望まない妊娠など、良くない結果につながることを繰り返し教え込む。喫煙は癌《がん》につながるし、不倫は家庭の崩壊につながる。嘘をつけば人からの信頼を失うことになる。自分のしていることが愚かだと理解すれば、行動を改めるはず、という考え方だ。

道徳的に正しい判断をし、正しい行動をする上で、強い意志や理性が重要な役割を果たすのは間違いない。意志や理性がなければ自分を律することなど不可能だろう。しかし、意志や理性だけで人間の行動が説明できないのも確かだ。フライドポテトばかり毎日食べ続けるのが良いことでないのは、おそらく誰でもわかるだろう。では、フライドポテトばかり食べている人に、「食べるな」と言ったとして、言うことを聞くだろうか。肥満につながり、健康を害する恐れがある、ということを詳しく書いたパンフレットを渡したとしたらどうなるだろうか。それで、自らを律し、フライドポテトを食べるのをやめるのか。それだけのことをすれば、おそらく誰もが、食べるのをやめる、と言うはずだ。そして、空腹でない時なら、その誓いを守ることは容易である。だが、空腹になると、そうはいかない。空腹感が増すにつれ、誓いを立てた時の「良い自分」の力は弱まっていき、結局は食べてしまう。意志や理性には、とても無意識の衝動を抑えるだけの力の強さはない。ダイエットを始めても多くの場合、失敗するのはそのためだ。

同じことは食生活だけではなく、不倫など、その他の行動にも当てはまる。それがいかに罪深いことかをどれだけ強く訴えたところで、不倫をする人を減らすことはできない。訴えた人自身、いつ不倫をするかわからないのだ。拝金主義は悪いことだと多くの人が思っているし、そういうことを書いた本も数多く出版されている。にもかかわらず、拝金主義が改まることはなく、何度も破壊的な結果を招いている。物をいくら買ってもそれで本当の喜びや満足が得られるわけではない、というのは、ほぼ誰もがわかっているはずだ。それなのに、クレジットカードで物を買いすぎて困る人は後を絶たない。人を殺すのが悪いことだと知らない人はいないだろう。なのに、大虐殺が度々起きる。罪もない人を大勢殺しておいて、自分を正当化するテロリストもいる。

薬物常用や無防備な性行為が危険であること、高校を中退すれば将来に悪影響があること、などは、すでに何十年もうるさく言われている。そうした問題に関してはすでに大量の情報が出回っているのだ。しかし、調べてみると、いくら情報を流したところで、それだけでは人の行動をほとんど変えられないということがわかる。たとえば、二〇〇一年には、三〇〇以上もの性教育プログラムに関してその効果を確かめる調査が行なわれたが、総じて、性行動を変えさせる効果はなく、避妊具の使用を促す効果もないことがわかっている。[11] 学校の教室で講義をしても、セミナーを開催して意識の向上を図っても、衝動を抑える効果はまずないのだ。親や先生が説教をしてもまず、効き目がない。

これまでの研究でわかってきたのは、理性や意志は筋肉に似ているということだ。ただし、さほど強い筋肉ではない。ほんの時々、よほど条件が整った時であれば、理性や意志によって一時の衝動を抑えることに成功するかもしれない。だが、多くの場合、あまりに力が弱すぎて、それだけでは自制の役には立たない。それどころか、自らの衝動を正当化するような理屈を生み出すことさえある。

このように、一九世紀、二〇世紀の考え方で人の行動を変えられないことは明らかだ。何より問題なのは、「意思決定の第一段階」に対する見方である。第一段階では、すでに書いたとおり、状況の把握が行なわれる。従来、これは非常に単純な作業であると考えられていた。単純に周囲から情報をそのまま取り入れるだけとされ、あまり重要視されてはいなかった。あくまで大事なのは、その後の判断の段階と、実際に行動を起こす段階であるとみなされたのだ。

ここまで読んだ人ならもうわかるだろうが、このとらえ方は正しくない。第一段階は極めて重要である。知覚というのは、単純に外界から情報を取り入れることではない。知覚の際にも思考がはたらく。情報の取り入れにも、人による能力の違いがあるということだ。人は、何かを見てから、その後で見たものを評価するわけではない。見ることと、評価することは別の作業ではなく、基本的に同時に行なわれることである。知覚の能力は磨くことができる。中には、誰にも教わらずに自らその能力を磨くことのできる人もいるようだ。過去三〇年間にわたる調査でそれがわかっている。一人では無理でも、周囲の人に助けられて能力を磨く人もいる。いわゆる「性格の良い人」というのは、何らかの方法で周囲の状況を適切に知覚する訓練ができている人のことである。状況を適切に知覚するというのは、言い換えれば、現実にうまく手を加えるということだ。情報を取り入れると同時に、そこに判断と解釈を加え、望ましい方向に偏った知覚をするのである。理性や意志は、知覚を基にはたらく。そのため、知覚がはじめから望ましい方向に偏っていれば、理性や意志が力ずくで知覚に逆らうようなことをしなくても、自ずと望ましい行動がとれることになる。理性や意志は、せいぜい、行動をうまく完遂できるよう手助けをするくらいですむのだ。

たとえば、「先生は尊敬すべき」という観念が頭に浸透していない子供は、すぐに先生に対して腹を立てるだろう。自分の思い通りにならなければ、先生を罵ったり、無視したり、嘲ったりする。中には、殴る、椅子を投げつけるなどの暴力をふるう者もいる。先生は尊敬すべき、という観念が頭に浸透している子供ならばそういうことはない。特に意識しなくても、自然に先生の言うことを聞くだろう。先生の前でどう行動すべきか、またどういうことをすべきではないかも、特に意識せずにわかるはずだ。もちろん、時には先生に対していら立ったり、腹を立てたりすることもあるだろうが、その感情を教室内で露わにすることはない。教室内で先生を大声で罵ることや、椅子を投げつけるようなことは、想像さえしない。もし、自分の目の前で誰かがそんなことをすれば、大変に驚き、恐怖すら覚えるだろう。

では、先生は尊敬すべきという観念はどこから来るのか。そういう観念を持っているというのは、つまり、先生の言動を常に自動的に偏って知覚するということだ。なぜ、そういう知覚をするようになるのか。この問いに対する明確な答えはまだ得られていない。自分の将来をどう見ているか、ということに関係があるのは間違いないが、確実なことはわからない。無意識の世界のことなのでまだ闇に包まれている部分が多いのだ。それまでの人生経験が大きく影響してはいるだろうが、どう影響しているのか細かいところまでは知ることができない。一つ言えるのは、先生を自然に尊敬する子供は、まず親を尊敬していることが多いということだ。親の権威を尊重してきたので、その態度をごく自然に、同様の権威を持つ先生にも当てはめているとは言えるかもしれない。周囲の人たちが先生を尊敬しているのをずっと見ていて、知らず知らずのうちに自分もそうなったということはあるだろう。人にはいつの間にか、習慣や規範という「首ひも」がつく。行動を制限する首ひもである。ちょっとした経験の積み重ねにより、その場でどこまでの行動が受け入れられるのかを学び取るのだ。首ひもは、行動を制限するだけでなく、その場で起きることの知覚の仕方も決める。先生は尊敬すべき、という観念が頭に植えつけられれば、その観念に沿って先生の言動を知覚するようになる。そうなれば、先生を殴るなどということは一切、考えない。よほど腹に据えかねることがあれば、頭で想像することくらいはあるかもしれないが、それはただの妄想にすぎず、実際には決してそんなことはしない。

真っ当な人であれば、他人の持ち物を盗んだりはしないが、これにも同様のことが言える。盗みたくなる衝動を理性や意志の力で抑えているわけではないのだ。他人の持ち物を見る時に、すでに盗みたい衝動が湧かないような見方をしているということである。銃を目の前にしたからといって普通はやたらに撃ったりはしないし、女性を見たからといって普通の男性ならば暴行したりはしない。これも同じことだ。嘘をつかずに真実を話す時も、嘘をつきたい衝動を抑えているというよりは、真実を知った時点で嘘をつきたい衝動が湧かなくなっているのだろう。そうなるような物の見方をしているわけだ。

このように考えると、人の性格は長い時間をかけて徐々に決まっていくものだということがわかる。何か一つの出来事が性格を決定づけてしまうなどということはまずあり得ないのだ。そこには様々な要素が複雑に絡み合うので、仕組みを細部に至るまで知ることは難しい。

ただし、そこに地域社会が大きく影響することは疑い得ない。自分一人の力では、知覚をどう解釈するのが望ましいのかはなかなかわからない。はじめは周囲の人たちのまねをするところから始めるのだと思われる（当然、周囲から良くない影響を受けることもある。たとえば、太った人たちに囲まれて育った場合、自分一人だけ痩せていることは難しいだろう）[12]。多くの人と関わり、色々な行動をして、その時の反応を見る。それを繰り返すことで、脳内のネットワークが少しずつ形成されていく。一つ一つの行動の影響は小さくても、積み重なることで大きな結果を生むことがあるのだ。同じものを見ても、見方が大きく違えば、行動も大きく変わるからだ。見方が社会から見て望ましい方向に偏っていれば、行動も社会から見て望ましいものになるだろう。また、望ましい行動をとると、望ましい見方をするための脳内ネットワークが強化されることになる。「美徳とは、実践し自分で行動することによってのみ得られるもの」というアリストテレスの言葉は正しかったと言えるだろう。アルコール依存症問題の解決を目的として設立された団体「アルコホーリクス・アノニマス」（AA）の「嘘でもいいからやってみる（Fake it until you make it）」というスローガンは、同じ考え方をわかりやすく表現したものと考えてよい。バージニア大学のティモシー・ウィルソンは、科学者らしい言葉で次のように言っている。「まず行動が変わることで、考え方、感じ方が変わることもある。社会心理学がもたらした発見の中でも、これは特に時を越えて価値を持ち続けるものだろう[13]」

変身

テニスコートでの事件の後は、何週間か、周囲の人たちがエリカに対してよそよそしい態度をとった。エリカ自身も自分を怖れるような気持ちですごした。しかし、何カ月かが経つうちに、影響も薄らいでいった。アカデミーでの生活にはこまごまとしたルールがあり、それをすべて守る必要がある。たとえば、カフェテリアでは、全員がテーブルにつくまで食事をはじめてはならない。食べる前には必ず、ペーパーナプキンを膝にのせること。先生が部屋に入ってきたら起立する。制服を着ている時は、たとえ帰宅途中であってもガムを嚙んではならない。ガムを嚙むのは、アカデミーの生徒の行動としてはふさわしくないからである。

こうした小さなルールを守ることが、いつの間にか、エリカにとって「第二の本能」のようになった。それは他の生徒にとっても同じだった。エリカは、自分の言葉遣いが以前とは変わっているのに気づいていた。特に見知らぬ人への話しかけ方が変わった。話し方だけでなく、立ち居ふるまいのすべてが変わった。軍隊で鍛えられた人と同じような変化が起きたのだ。

ルールはどれもが、自制心の向上につながった。ちょっとした我慢を強いるものばかりだったからだ。そして、どれもが、目先の小さな満足より、将来の大きな満足を優先する態度に関係していた。エリカ本人は、そういうことを考えながら生活していたわけではない。ただ、学校で生活していく中で、ルールを当たり前のものととらえ、自然にそれに従って行動していただけである。他の生徒も同じだろう。だが、ルールに従って行動するうちに、彼女の物の見方、考え方は根本的に変わっていった。その影響は、学校だけでなく、家での生活にも及ぶようになり、ついにはテニスコートでの態度にも変化をもたらした。

三年生になる頃には、以前のようにテニスに取り憑かれているようなところはなくなった。一方で、技術面だけでなく、メンタル面の向上にも力を入れるようになった。セルフコントロールのための有効な手段を一つ一つ見つけていったのである。もちろん、自分をこうしたいと思っても即、そのとおりになるわけではない。セルフコントロールのためには、一見、些細に見える行動に気を配ることが重要になる。それが下地になって、大きなことにも適切な対応ができるのだ。

たとえば、試合前、ベンチに座っている時、エリカはいつも飛行機のパイロットの声を頭に思い浮かべた。映画やテレビ番組の中で聞いたことのある、通話装置を通した声である。パイロットはいつも努めて冷静な話し方をする。その話し方が、彼女の感情を冷静に保つ「枠」のような役割を果たすのだ。そうしたことを彼女は試合の度に儀式のように毎回、繰り返した。水の入ったペットボトルは必ずネットのそばの同じ場所に置いていたし、ラケットのカバーは、いつも自分が座る椅子の下に置き、いつも同じ面を上に向けた。リストバンドもいつも同じものを着けた。左右互い違いのリストバンドだ。コートに入る時は、絶対にラインを踏まずにまたぐようにした。サーブの時は、いつも右足で線を引き、その線の上でサーブを打った。そして、いつも五本連続でサービスエースを奪うつもりでプレーをした。

実際にはサービスエースなどまったく奪える気がしない時でも、ともかくそういうつもりで動くのだ。最初はただの「つもり」であっても、十分に長く続ければ、実際のプレーがそれに近づいていく。

エリカは、コートの内と外とを明確に分けて考えるようにもしていた。そして、コートの内と外での自分の思考に厳格なルールも設定していたのだ。未来や過去について考えるのは、コートの外、と決めた。いったんコートの中に入ったら、現在のことしか考えない。サーブする時に考えるのは三つのことだけ。一つはスピンをどうするか、もう一つはどこに打つか、もう一つは速度をどうするかである。その他のことを考えているのに気づいた場合は、いったん場を離れ、ボールを地面で何度か弾ませてから、再び戻る。

敵のことは考えないようにした。考えることを禁じたのだ。ラインコール（ボールがコートの内側に落ちたか外側に落ちたかの判定）のことも考えないようにした。彼女は自分のプレーを、打ったボールのみによって評価することにした。ラケットでボールを打つということがどのくらいうまくできたかで評価しようと決めたのだ。それ以外のことは自分の力ではどうしようもないからだ。人に褒められるかどうか、自分に才能があるかどうか、というようなことは考えない。自尊心を満たすことは重要視しないのである。いかに技術を磨くか、それだけを考える。

技術のことだけに集中することで、彼女の自我は静かになった。自分自身のことには注意が向かなくなった。ゲームそのものだけに全神経が向く。勝って注目されたい、とか負けたら悔しいというようなことは考えなくなったのだ。余計なことを何も考えないことで、プレーの質は格段に上がった。彼女は職人のようでもあった。日々、何時間も練習をする。同じことを何度も何度も繰り返すのだ。同じことを繰り返せば、頭の中に一定のモデルが植えつけられる。いったんモデルが植えつけられれば、素晴らしいセルフコントロール能力を持つことができ、ほぼ何があっても大きく心が動揺することはなくなる。

競技がテニスにしろ、野球にしろ、サッカーにしろ、とにかくプレー中のスポーツ選手の脳では複雑な処理が行なわれている。まず次々に知覚情報が入ってくる。いったん入ってきた情報も、後の情報によってすぐに修正される。それが何度も繰り返されるのだ。ただし、ローマ、サピエンザ大学のクラウディオ・デル・ペルシオの調査では意外なことがわかっている。それだけ複雑な処理をしているはずのスポーツ選手の脳の活動は、スポーツ選手でない一般の人の脳よりも静かだというのだ。つまり、脳はあまり労力をかけていないということだ。日々、練習をしているうちに、少ない労力で高度な処理ができるよう鍛えあげられたということなのだろう。この点については、さらにもっと詳しい調査も行なわれている。同じくサピエンザ大学のアルヴァトーレ・アグリオティによる調査である。その中では、バスケットボール選手のグループと、他の競技のスポーツ選手のグループとが被験者になった。どちらにも、フリースローの場面を撮影した映像を見せた。ボールが手から離れた直後に映像を止め、果たしてゴールに入ったかどうかを予測してもらったのだ。正答率は、他の競技の選手より、バスケットボールの選手の方がはるかに高かった。興味深いのは、バスケットボール選手の場合、映像を見ている時に、自身がフリースローをする際と同様の活動が脳内に見られたということだ。フリースローに必要な手や筋肉の動きを制御する部位が活性化した。つまり、彼らは、自分自身がフリースローをしているような気分で映像を見ていたということになる。他の競技の選手の場合はそういうことがない。同じ映像を見ても、まるで違う経験をしているわけだ。(14)

努力の甲斐あって、エリカは以前のようにプレー中荒れた精神状態になることも減ったし、プレーも上達した。だが、平常心を失うことがまったくなくなったわけではない。時には「怒り」という名の悪魔が鎖を外して暴れ出す。

そういう時のための儀式もあった。自分の怒りを見つめ、心の中でこうつぶやくのだ。「私は怒っているんじゃない。私の中で『怒り』という現象が起きているだけなんだ」と。そして彼女は、草で覆われた野原を思い浮かべる。野原の一方には、怒った犬がいる。そして、もう一方には、目下五連勝中のテニス選手がいる。彼女は犬から離れて、テニス選手の方へと向かう自分を想像するのだ。

エリカは常に、自分自身とも、外の世界とも適度な距離をとろうとしていた。ダニエル・J・シーゲルが「マインドサイト」と呼んだような手段で自己を監視しようとしていたと言ってもいい。(15)自分の行動を支配しているのは内なる自分であり、そのふるまいをすべて意識でコントロールすることはできない。だが、何かきっかけを与えることで、ふるまいの方向を変えて、望ましい方へと向かわせることはできる。彼女はそれをしようとしていたと言えるのだ。また、エリカは何人もいる内なる自分のうち、ただ一人だけに注意を集中するようにしていた。それは容易なことではない。単に注意を集中するだけで、大変な精神力が必要になることもある。ただ、決して不可能ではない。ウィリアム・ジェームズは、早くからこの種の集中力の重要性に気づいていた一人と考えられる。次のような言葉を残しているからだ。「人生のドラマがどういうものになるか、どれだけ自分の思い通りに生きられるかは、集中力の量に大きく左右される。ほんの少し集中力が多いか少ないかで、余計な考えに惑わされるか否かが決まるのだ……集中するには努力をしなくてはならないが、それにはまず強い意志がなくてはならないだろう」[16] 自分の注意、集中力をコントロールする術を知れば、自分の人生をコントロールすることができる。

時が経つにつれ、エリカは自分の注意の方向を自在に変えられるようになった。おかげで一時の衝動に負けるようなことはなくなった。ちょっとしたきっかけを与えることで、物の見え方、感じ方を変え、自分の行動を上手にコントロールできるようになったのだ。元々、ムラの多い「ラン型」だった彼女だが、ランがきれいに花開く可能性が高まってきたということである。

インスピレーション

アカデミーに何年も通ううち、エリカは別人のようになった。困るのは、それによって、近所の古い友達や、両親との間に距離ができてしまったことだ。皆から見れば、彼女はカルト教団に入信してしまったようなものだった。もちろん、良いこともあった。将来、進むべき道が見えたのだ。

ある日、アカデミーにヒスパニックの中年女性がやってきた。その女性は、自らレストランを始め、今では、全国展開のレストランチェーンのオーナーになっている。痩せていて、地味なビジネススーツを着ていて、態度はとても穏やかだった。エリカはそんな彼女に釘付けになった。今の自分がどうすれば彼女のようになれるか、その道筋が見えたような気がしたのだ。絶えず自らを高めていく人生だ。彼女はそういう人生を歩んでいた。自分にもできるかもしれない。

エリカはその日から突然、彼女のような経営者になりたいと思うようになり、その気持ちで頭はいっぱいになった。それまでは結局、勉強熱心な普通の生徒の一人にすぎなかったのだが、大きな野心を持つようになったのだ。エリカはシステム手帳を買い、一日の予定を色分けして書き込むようになった。着る服も徐々に変えた。それまでは、いかにも真面目そうな、少し堅苦しい感じの服ばかり着ていたのだが、もっと快活な感じの、有能そうに見える服にしたのだ。オフィス用のデスクセットも手に入れ、宿題は、「未処理」、「処理済み」と書かれた箱に入れて管理するようにした。突如として、丸ごと人格を乗っ取られたようでもあった。彼女は今や、勤勉でセルフコントロールができるだけでなく、向上心も兼ね備えた人間になっていた。回り始めた野心のエンジンは、その後も止まることなく回転を続けていった。

9章 文 化——成功を決めるもの

人間の野心が脳のどこから生じるのか、ということに関しては、長年にわたり研究が続けられてきた。その種の研究でわかったのは、野心の強い人たちにはいくつか共通する性質が見られるということである。そして、エリカもやはりその一人だった。

野心の強い人たちはまず、自分の存在に関して根の深い危機感を持っている。偉大な作家、音楽家、画家、政治家などの多くが、九歳から一五歳までの間に親と死別するか、あるいは親に捨てられるかしている。歴史上の人物を調べてみると、驚くべき割合でそうなっていることがわかるのだ。ワシントン、ジェファーソン、ハミルトン、リンカーン、ヒトラー、ガンディー、スターリンなど、例はいくらでもあげることができる。エリカは両親のどちらも失ったわけではない。しかし、鬱の時の母親はそばにいてもいないのに近いし、父親は時折、物理的にいなくなってしまう。そういうことから、人生は不安定なものだという思いに取り憑かれているようなところがあった。自分の力で早く世界のどこかに確実に身を守れる安全な場所を作らなくてはいけない、そうしないとちょっとしたことで何もかもが一瞬で壊れてしまう、常にそういう思いに駆られていたのだ。

自分と何か共通点を持つ偉大な先人を見つける人も多い。同じ街の出身ということもあるし、民族的背景が同じということもある。ともかく、そういうつながりを発見することで、自分にも可能性があると感じ、成功への道筋を示してもらったような気にもなる。

人間には、他人の模倣をしようとする本能があるようだ。その本能は、信じがたいほどわずかな刺激でもはたらく。ジェフ・コーエン、グレッグ・ウォルトンの二人が近年行なった実験の結果からもそれは明らかだ(1)。この実験でまず二人は、イェール大学の学生たちに、数学者として成功したネイサン・ジャクソンという人物の経歴書を渡した。ただし、経歴書の内容はすべて同じではなく、学生によって少しずつ変えていた。約半数では、ジャクソンの誕生日を、被験者の学生と同じにしていたのである。その後、コーエンとウォルトンは、学生たちにいくつか数学の問題を出し、解くように言った。実はどれも解けるはずのない問題なのだが、もちろんそれは伝えない。すると、自分の誕生日がジャクソンと同じだと教えられた学生は、そうでない学生に比べ、長い時間諦めずに問題に取り組むということがわかった。問題に取り組んだ時間は、前者の学生の方が平均で六五パーセントも長くなった。誕生日が同じであると知った学生たちは、ジャクソンに対して急に親近感を抱くようになり、模倣の本能がはたらいたらしい。自分も同じように成功できるのでは、と感じたのだ。

幼い頃に何か他人よりうまくできることがあって、それで「自分は特別なんだ」と信じるようになる人もいる。うまくできる、といっても、実はそれほど大したことではないという場合も多い。五年生の時、学校でスピーチをさせられたら、皆よりうまかった、という程度のことかもしれない。小さな街の中で誰よりも数学ができた、というくらいのこともある。だが、自分の存在証明になるのであれば、それで十分なのだ。

強い野心を持つ人は、多くの場合、すでに成功した人たちの交流の輪に入りたいと望んでいる。野心的な人は他人を蹴落としても上に行きたいはずだから、交流など望まないはず、という先入観があるかもしれないが、実際にはそうではないのだ。どうにかして、成功した人間だけの排他的な人間関係の輪の中に入り込みたいと考えている。

エリカは、アカデミーでヒスパニック系のレストランオーナーに会ったことで、自分の可能性が大きく開けた気がした。その日以来、ニューススタンドで『ファスト・カンパニー』、『ワイアード』、『ビジネスウィーク』などの雑誌を買うようになった。彼女は小さなベンチャー企業で働く自分の姿を想像した。目的を同じくする仲間たちとともに働く自分の姿だ。マンハッタンのパーティー会場や、サンタモニカ、あるいはサントロペの自宅に集う人たちが載った広告を雑誌から切り抜き、部屋の壁のあちこちに貼ったりもした。彼らは憧れだった。輝いて見えた。エリカは自分もいつか、その仲間入りをしたいと思った。

何事にも熱心に取り組み、色々なことを手際よくこなす、細かいところにもよく気がつく、そんなエリカを先生はいつも褒めてくれた。そしていつしか彼女は、自分のことを「できる」人間なのだと思うようになった。

ゲーリー・マクファーソンは一九九七年に、無作為に選んだ一五七人の子供たちに楽器を習わせる実験を行なっている。その中には、後に上達した子もいれば、挫折してしまった子もいた。マクファーソンは上達した子とそうでない子の特質にどのような違いがあるのかを詳しく調べた。まず、IQと楽器の上達度合いにはあまり相関関係はないことがわかった。聴覚の鋭さとも、数学の能力とも、家庭の収入の多寡とも、リズム感とも相関関係は薄いようだった。上達度合いと最も相関関係が高かったのが、子供たちがまだ楽器も選んでいない段階でマクファーソンがした質問への答えだった。「今から習う楽器、どのくらい続けたいと思う？」という質問である。「そんなに長く続ける気はない」と答えた子はあまり上達しなかった。「何年かは続けたい」と答えた子は、少し上達した。しかし、中には、「自分は音楽家になりたい。今から習う楽器は一生続ける」という意味のことを答えた子も何人かいて、その子たちはみるみるうちに上達していった。「音楽家になる」と思っていて、自分は他の子と違うと信じている子は、最初のレッスンから取り組み方が違っていたのだ。その取り組み方の違いが後の上達につながっていった。[2]将来の自分をどうしたいか、という「ビジョン」を持っていた子が向上したということである。

天才

現代にも、まだロマン主義の時代に生きているような人はいる。彼らは「天才とは神に選ばれ、神に何かを与えられた人たちである」と思っている。たとえばダンテ、モーツァルト、アインシュタインなどは時代を超越した偉大な人物であり、その才能はとても常人の理解できるものではないと信じているのだ。この世のものとは思えない力を駆使して真実に触れることができる、それが天才であり、畏怖と尊敬の念を持って対するのが当然、というわけだ。

だが、現代は科学時代である。科学時代の考え方はそれとは違っている。幼くして卓越した才能を発揮した人たちに関しては、これまですでに膨大な研究がなされてきた。その成果は『ケンブリッジハンドブック――専門技術と専門能力（*Cambridge Handbook of Expertise and Expert Performance*）』などの本にまとめられている。研究の結果として総じて言えるのは、「天才とは作られるもので、生まれながらの天才はまずいない」ということだ。そう言ってしまうと、身も蓋《ふた》もない、面白味がないと感じる人もいるだろうが、ごく幼い頃から並外れていたと言われるモーツァルトの能力ですら、超自然的な存在から与えられた天賦の才などではない。そういう考え方が現在の主流だ。彼の幼少期の作品は、決して天才的と呼べるほどのものではない。早くから優れた音楽家であったのは確かだが、現代にも幼い頃から素晴らしい能力を発揮する人はいる。モーツァルトが、現代のトップクラスの子供たちをはるかにしのいでいたかというと、そうは言えないのだ。

モーツァルトが持っていたものは、おそらく、他の多くの早熟の天才たちが持っているものと同じである。まず、生まれつき色々な面で他の子よりも優れた能力を持っていたことは間違いないだろう。特に、長時間集中する能力に長けていたはずだ。そして、その能力を伸ばす意志を持った大人がそばにいた。モーツァルトは幼い時期に非常に長い時間ピアノを弾いたはずだ。少なくとも一万時間は弾いただろう。それが後の基礎になったに違いない。

最新の研究結果は、このように非常に「民主的」なものである。「ピューリタン的」と言ってもいいかもしれない。魔法のようにも見える才能の種明かしをしてしまってつまらないと言う人もいるだろう。天才は何も神に魅入られた人というわけではない。天才と凡人の違いは向上する能力である。時間をかけて少しずつ向上していける人が天才なのだ。フロリダ州立大学のK・アンダース・エリクソンの研究でも示されているとおり、重要なのは絶え間ない練習、努力だ。トップクラスの演奏家たちは、皆、とてつもなく長い時間をかけて、徹底的に自分の腕を磨いていく。エリクソンによれば、トップクラスの演奏家たちの練習時間は、「まずまず上手い」と言われる程度の演奏家たちの五倍にはなるという(3)。

カーネギーメロン大学のジョン・ヘイズはクラシック音楽の傑作と言われる五〇〇曲を対象に調査を行なっている(4)。その五〇〇曲のうち、作曲家の活動期間の最初の一〇年間に発表されたものはわずか三曲しかなかった。ほとんどは、一〇年間の活動を経た後に作られたものである。一〇年たゆまぬ努力を続けたことで、素晴らしい成果が得られたというわけだ。これは作曲に限らず、他の世界にも言えることである。アインシュタイン、ピカソ、T・S・エリオット、フロイト、マーサ・グレアム、誰をとっても同じことだ。

ただ長い時間をかけているだけではない。長い時間にどういう努力をしているかも大事だ。「まずまず」のレベル止まりの人は、努力をしているとは言っても、自分が楽しめるようなやり方をしている。しかし、天才と呼ばれる人たちは違う。彼らのやり方は非常に綿密であり、自己批判的でもある。時に、自分たちの技術、技能を細かく分解し、部分ごとの訓練を繰り返し繰り返し行なう。有名なメドウマウントミュージックキャンプでは、楽譜にするとわずか一ページの部分を練習するのに、三時間もかけることがある。普通の五分の一くらいの速度でゆっくりと演奏する練習をすることもある。そのくらい遅いと、そばで聴いていても、何の曲なのかはわからない。曲がわかるようであれば、まだ速すぎると言ってやり直しをさせられるのだ。(5)テニスクラブでもレベルの高いところでは、ボールなしでラリーをさせられることがある。(6)細かいテクニックを一つ一つ練習する時には、そういう方法が採られるのだ。

ベンジャミン・フランクリンは、独自の方法で文章修行をしていた。(7)まず、当時の雑誌の中でも最も文章の質が良いとされていた『ザ・スペクテイター』誌の随筆を一つ読む。読みながら、文一つごとの内容をメモしていく。メモは、文ごとに違う紙に取る。読み終わったら、メモの紙の順番をばらばらにしてしまう。数週間後に、再びメモの紙を見て適切な順番に並べ替え、それを元に自分で随筆を書く。これは、構成力を磨く訓練になる。また、書き終わった随筆を元のものと比較して、自分の方が語彙の点で劣っているなと感じたら、別の訓練をする。随筆を、一文ごとに詩に翻訳していくのだ。それができたら、さらに数週間後、詩を再び散文に翻訳する。

ダニエル・コイルは、自著『ザ・タレント・コード』の中で「能力はすべて、一種の『記憶』である」と書いている。記憶であるからには、相当の訓練を繰り返さない限り、脳には定着しないということだ。これではまるで、ひたすらに勤勉努力を強いる旧態依然とした労働倫理の正当性を裏づけているようだが、脳の研究の成果を見ると、そういう結論になってしまうのだ。

規律と効率

当然のことながら、アカデミー在学中は、学業がエリカの生活の基本を形作った。学業に熱心に打ち込むことで、彼女の内面に眠っていた本質が呼び起こされたようでもあった。「この人が人生を変えてくれた」と言える特別な先生に出会えたわけではなかったが、アカデミーの雰囲気の中で、知らず知らずのうちに一定の秩序、習慣が身についた。書類の整理も苦にならなくなったし、チェックリストを作って、一つ一つすべき作業を終わらせていく、ということも楽しいと感じるようになった。卒業の頃には、誰かに「あなたがどんな人間かを一言で表現してください」と言われれば、即座に「まめですね」と答えるくらいの人になっていたのだ。あらゆることがきちんとしていないと、どうしても気がすまない。そういうところからも、自分はビジネスの世界に向いていると彼女は考えるようになった。成功のためには、自分の持っている特質がどの世界なら高く評価されるかを見極めることが非常に大切である。

世間にはカリスマ的な経営者というのがいる。ビジネス界のリーダーと聞いて、誰もがまず思い浮かべるのはそういう人たちだろう。馬にまたがって颯爽と現れるヒーローのようなリーダーたちだ。しかし、実際のリーダーたちのほとんどはそういう類の人ではない。大部分はもっと穏やかで控えめな人である。そして、規律正しく、意志の強い人が多い。エリカはそういうリーダーになりたかった。

スティーブン・カプラン、マーク・クレバノフ、モーテン・ソレンソンの三人は「CEOにとって重要な特質、能力とは？」と題した調査を実施している。(8) この調査は二〇〇九年に完了した。これは、具体的には、三一六人のCEOの人物像を詳細に調べ、それと企業業績がどう関係するかを探る、というものである。これでわかったのは、「こういう人なら必ず成功する」というようなCEOの人物像の典型のようなものはない、ということだ。同じことはどんな世界でも言えるだろう。ただ、成功に結びつきやすい特質というのがあるのも確かである。大事なのは、細部への注意力、粘り強さ、作業を効率的にこなす能力、的確な分析力などだ。そして長時間働き続ける能力も必須だろう。つまり、秩序立てて物事を考え、すべきことを間違いなく実行するということが求められるわけだ。

この何十年かの間に実施された同種の調査では、多くの場合、よく似た結果が得られていると言える。二〇〇一年に刊行されたジム・コリンズのベストセラー『ビジョナリー・カンパニー2――飛躍の法則』にも同様のことが書かれている。(9) コリンズによれば、最高のCEOには、「いかにもビジョナリー」という感じの派手な人物は少ないという。多くは、あまり前に出たがらない控えめな人で、勤勉で、意志が固い。本当に良いと思ったことであれば、たとえすぐにうまくいかなかったとしても、何度も何度も繰り返し挑戦する粘り強さがある。常に熱心な姿勢で仕事に取り組んでいて、やる気が起きるまでに時間がかかるということもない。規律と効率を重んじる。

同じく二〇〇一年には、マリー・バリック、マイケル・マウント、ティモシー・ジャッジの三人が、ビジネスリーダーに関し、極めて価値の高い調査を実施している。[10] これは、もしかすると今後一世紀くらい価値を保ち続ける調査かもしれない。三人の調査でわかったのは、外向性や、他人との同調性、新しいことを受け入れる寛容性などは、CEOの成功とはあまり強く結びついていないということだ。それよりも大切なのは、感情が安定していて、誠実で、信頼できるということである。また、計画を立ててそれを完遂する力も必要になる。

こうした特質は、必ずしも教育レベルとは相関しない。ロースクールを出たCEOやMBAを取得したCEOが、学部卒のCEOよりも成功するとは限らないのだ。また、優れたCEOとなり得る特質を持っていたとしても、一般社員として高い給与を得て良い待遇を得られるとは限らない。そして、良いCEOが名声を得て、大勢の人から称賛されるとは限らないのだ。むしろその反対と言える。ウルリケ・マルメンディアとジェフリー・テイトの調査によれば、CEOの企業への貢献度は、その人が有名であるほど、多くの賞を獲得しているほど低いという。[11]

エリカは、有名になりたい、華々しく活躍したいなどとは思っていなかった。彼女はとにかく、すべてをきちんと管理したかった。彼女が大切にしたかったのは、粘り強さと折り目正しさ、そして、細部への注意力である。

家族と血縁

ただし、無意識下では同時に色々なことが起きている。実際に何が起きているのかは当人でさえ、わからないことが多い。エリカはアカデミーの最上級生になっても、思いがけないタイミングで突如、混乱した精神状態に陥ることがあった。まるで遠い過去の祖先たちが彼女の中で叫び、何かを強く求めているようでもあった。それが何なのかはエリカ本人にもまったくわからなかった。

最初に問題が起きたのは、デンバー大学の早期募集に応募して、それが受理された後である。SATのスコアは十分ではなかったが、彼女の家庭環境などが考慮され、入学が認められたのだ。

受理を知らせる手紙がデンバーから届いて、エリカは大喜びしたが、その喜びの質は、ハロルドのような社会階級に属する人間のものとは違っていた。エリカの暮らす地域は、強くなければ生き残れない、弱い者は食われる、という弱肉強食の世界であり、彼女は自然とそこで生きていけるような態度を身につけていた。そんな彼女にとって、大学への入学を許可されることは、ガールスカウトでメリットバッジ（技能認定の意味で付与されるバッジ）をもらうのとは意味が違っていたのだ。大学生の肩書きは、母親が嬉しそうに車のウィンドウに貼っているステッカーのような、単に自分を主張するための装飾ではなかった。大学へ行く、というのは、新たな戦いの前線に立つ、ということでもあったからだ。

彼女はデンバーからの手紙を、母親と父親に順に見せた。二人同時に、ではなく、一人一人別に見せたのだ。そして、その時からたくさんの問題が一気に噴出し始めた。すでに書いたとおり、彼女の背後には二つのまったく異なる文化があった。メキシコの文化と中国の文化だ。完全に異質の二つの拡大家族に属し、それぞれと時を過ごしてきたわけだ。

ただ、この二つの家族には共通点もあった。どちらも、一族に対して極めて忠実だった。ある調査の中で「自分の親であれば、たとえどういう人間であっても、人間性に大きな問題があったとしても、常に愛し、尊敬すべきだと思いますか?」という質問がなされたことがあったが、アジア人とヒスパニックの実に九五パーセントが「はい」と答えている。同じ質問に「はい」と答えた人の割合は、オランダ人ではわずか三一パーセント、デンマーク人では三六パーセントにとどまった(12)。

エリカのメキシコ人の家族と、中国人の家族は、日曜の午後には、よく揃って公園にピクニックに出かけた。大人数の、かなり長時間をかけたピクニックである。食べ物こそ違うが、二つの家族のピクニックの雰囲気は似ていた。まず、どちらの場合も、エリカの祖父母は日陰に置かれた青い折りたたみ椅子に座っていた。子供は全員がまとまって遊んだ。

もちろん、何もかもが同じだったわけではなく違いもあった。その違いを言葉にするのは難しい。エリカは、メキシコ人の家族と中国人の家族の違いについて、何度か人に説明を試みたことがあったが、あまりうまくいかず、結局は陳腐な民族のステレオタイプを言うだけに終わってしまうのだ。メキシコ人と言えば、ユニビジョン（スペイン語を話すアメリカ住民のためのテレビ局）、サッカー、メレンゲ・ダンス、米、豆、豚の足、そして九月一六日の独立記念日。一方、中国人と言えば、勤勉さ、先祖の話、長い営業時間、書道、古いことわざ、といった具合に、すぐにイメージされることを話すだけになってしまう。

両者の違いはとらえにくいが、いたるところに表れていた。台所はどちらも雑然としているが、散らかり方の質が違っている。玄関のドアを開けた時に迎えてくれる匂いも違う。ジョークはどちらも独特で互いに違っている。メキシコ人家族のジョークは、のんびりした自分たちの性格に関するものが多い。何にどのくらい遅れたか、というような話をする。中国人家族は、一族の誰かを揶揄するようなものが多い。「行儀を知らないいとこが床に唾を吐いた」という類の話だ。

エリカは、どちらの家族と過ごすかで、態度が大きく変わった。父方のメキシコ人家族といる時は、皆との距離が近い感じになった。大きな声を出し、肩の力を抜いて気軽に接した。母方の中国人家族といる時は、反対に、皆との距離が離れ、丁重な態度になった。ただし、食事の席ではそれがまったく変わる。攻撃的になるのだ。特に大皿に盛られた料理に手を伸ばす時は必死だった。メキシコ人家族といる時には、選り好みをしながら少しずつ食べていたのに、中国人家族との時には、貪欲に何でも次々に食べた。過ごす相手が変わると、成長の度合いまでが変わった。父方の家族の前では、エリカは一人前の「女」としてふるまったが、母方の家族の前では「まだ女の子」という態度になったのだ。また、学校を卒業して社会に出て何年も経ち、成功を収めた後であっても、親戚に会った時の彼女の態度は変わらなかった。会うとすぐに「元の自分」に戻るのだった。「人は、自分を知っている人の数と同じだけの『社会的自己』を持っている。その人の認識に合わせて自分を変えるのだ」とウィリアム・ジェームズは書いたが、まさにその通りだと言えるだろう。(13)

彼女のデンバー行きは両方の家族に波紋を生じた。彼女が良い学校に入れた、ということ自体は喜んだのだが、問題は彼らの強い自尊心だった。自分たちを差し置いて彼女一人だけが良い大学へと進むということに、自尊心を傷つけられたのだ。彼女が家族から離れて行くのでは、自分たちはないがしろにされるのでは、という疑い、恐れもあったし、怒りの気持ちもあった。そういう感情はそう簡単には消えそうになかった。

そもそもアカデミーに入って以降、エリカと親戚との間の亀裂は徐々に広がっていた。学校が暗黙のうちに生徒に送っているメッセージもその原因と言える。学校が送っていたのは「自分の人生は自分のもの」、「人生の目的は自分の持てる能力を最大限に発揮すること」、「自分の責任は自分がとるべき」、「自分の努力で勝ち得た成功は自分のもの」といったメッセージだったが、これは彼女の親戚の考えと必ずしも同じではなかったのだ。

父方のメキシコ人家族は、アカデミー入学後の彼女の人格に生じた変化を警戒していた。多くのメキシコ系アメリカ人がそうであるように、エリカの親戚も、すでにメインストリームのアメリカ人にかなり同化してはいた。アメリカへ移住して三〇年以上経つラテンアメリカ系住民の六八パーセントは、持ち家に暮らしているというデータもある。また、第三世代のメキシコ系住民のうち、約六〇パーセントは、家庭内で英語のみ話して生活しているとも言われている。(14)しかし、エリカの親戚にとって、高等教育を受けたエリートというのは未知の存在だった。そして、デンバーへ行ってしまったエリカは、もはや自分たちとは違う人種になってしまうのではないかと恐れていた。その恐れはかなりの程度、正しかったと言えるだろう。

彼らは文化的な壁も感じていた。自分たちには過去から受け継いできた独自の文化があると思っていたし、その文化は深く、豊かなものであると信じてもいた。しかし、壁の外に出てしまえば、先祖から受け継いだ遺産を捨てることになり、文化的にも精神的にも貧しく、薄っぺらい人間になってしまうのではないか。そんな人間に進んでなろうとする気持ちが彼らには理解できなかった。

母方の親戚もやはり恐れを抱いていた。エリカは自分たちから離れて、無規律で不道徳な世界に行ってしまうのではないかと感じたのだ。彼女の成功を望んではいたが、それはあくまで家族のそばでの成功であるべきだし、家族の一員としての成功でなくてはならない。一人離れた場所で成功するということでは困る。

親戚は皆、もっと近くの大学、デンバーほど有名でない大学に行くよう、彼女に圧力をかけ始めた。エリカは、それでは駄目だということを懸命に説明した。有名な大学に行くことが、後の人生にとってどれほど良いことかをわかってもらおうとしたのだ。それでも、誰もわかろうとはしない。「ここを離れて、自分だけの力で生きる」と思うことが彼女にとってどんなに嬉しいことか、わかる人間は誰もいなかった。エリカは悟った。彼らのことは好きだし、愛してはいるけれども、世界の見え方がまったく違う人たちなのだと。

京都大学の北山忍《きたやましのぶ》、スタンフォード大学のヘーゼル・マーカス、ミシガン大学のリチャード・ニスベットらは、アジア人と欧米人の思考、知覚の違いを何年にもわたって研究している。中でも、ニスベットが行なった実験は有名である。アメリカ人と日本人に同じ水槽の写真を見せ、何が見えるかを説明してもらうという実験だ。[15] アメリカ人はほとんどが、水槽の中でも最も大きく最も目立つ魚のことを話した。だが、日本人の中にはそれだけでなく、水槽の水や、石や泡、植物など、背景や状況についても触れた人が多かった。アメリカ人に比べ、その種の発言が約六〇パーセント多かったのだ。

ニスベットはこの結果を受け、欧米人は総じて、目立つ行動をとる個人に注目しがちなのに対し、アジア人はもっと全体の状況や人間関係にも注意を向けるのではないかと考えた。少なくとも、古代ギリシャ時代以降の西洋人には、個人の行動に重きを置く傾向があったと言えるのではないか、というのが彼の主張である。また、個々の人間には常に変わることのない特質があるという考え方、明確な論理や、物事の分類を好む傾向なども西洋人の特徴であるとした。それに対し、アジア人には、はるかな昔から（おそらく古代ギリシャ時代より昔から）西洋人とはまったく違った特質があったという。アジア人は、時々の状況、人間関係、調和、矛盾した要素の共存、相互依存などを大事にしてきた。誰か一人が行動するのではなく、皆を徐々に動かすことで物事を進めるという傾向も見られた。ニスベットは次のように書いている。「アジア人にとって、世界はすべての要素が切れ目なく連なり合った複雑な場所である。それを理解するには、部分を見るのではなく全体を見なくてはならない。一人の力で動かすことはできず、皆で力を合わせなくてはならない[16]」

これは、ごく大まかな一般論であり、例外もあるに違いない。ただ、ニスベットをはじめとする多くの研究者の実験結果を見るかぎり、非常に妥当な一般論であるように思える。英語圏では、親は子供に話をする時、名詞や物事の分類を重視するが、韓国の親が重視するのは、動詞や物事の関係だという[17]。空港内の様子を撮影したビデオを見せて、何が見えたかを尋ねると、日本人の学生の方がアメリカ人の学生よりも細かい部分まで詳しく説明できるという結果も得られている[18]。

ニワトリとウシと草が写った写真を見せて、「写っているものを分類してください」と指示すると、アメリカ人の学生の多くは、ニワトリとウシを同じグループに入れるという。どちらも動物だから、というのだ。ところが、中国人の学生は、ウシと草を同じグループに入れることが多い。ウシは草を食べるから、両者には関係がある、というのだ[19]。六歳の子供に「今日、何があったか話して」と言うと、アメリカの子供は、中国の子供に比べ、自分のことについての言及が平均で三倍多くなるという[20]。

同種の研究は他にも多数行なわれている。母と娘が言い争っている様子を聞かせて、感じたことを話してもらう、というのもその例だ。この実験では、アメリカ人の被験者は、母と娘、どちらかの側が正しい、という判定を下すことが多い。中国人の被験者は、どちらが正しい、とは言わず、両方の主張の良いところを述べる人が多い。[21]「自分自身について話してください」と言われると、アメリカ人は一般に、自分のどこが人と違っているか、あるいは他の人に比べて優れているのはどこか、ということをやや大げさに話す。[22]しかし、アジア人は、自分が周囲の人とそう変わらない普通の人間であり、色々な人と持ちつ持たれつの関係になっていることを強調したがる。一つはメモリ容量だけが大きく、もう一つは処理能力だけが高く、もう一つはメモリ容量も処理能力も普通、という三台のコンピュータを見せて、自分が買うとしたらどれを選ぶかを尋ねる、という実験も行なわれている。[23]この実験では、アメリカ人には、メモリ容量か処理能力、どちらか自分の重視する面で優れたコンピュータを選ぶ傾向が見られた。一方、中国人には、処理能力、メモリ容量のどちらも普通のコンピュータを選ぶ人が多かった。

ニスベットは、中国人とアメリカ人では、物を見る時の目の動きが違っていることも発見した。たとえば、名画『モナ・リザ』を見る時、アメリカ人は主に顔を見て他には目を移さない。それに対し、中国人は忙しく目を動かして、人物も背景に描かれた物もまんべんなく見る。[24]これで、中国人が絵を全体的にとらえようとしていることがわかる。東アジア人は西洋人に比べ、恐怖の表情と驚きの表情、あるいは嫌悪の表情と怒りの表情の区別に苦労する、とも言われている。こうした表情を区別するには、口の動きをよく見る必要がある。東アジアの人はあちらこちらをまんべんなく見ていて、口元だけをじっくり見ているということがないため、細かい動きが見極めにくいのだ(25)。

エリカのメキシコ人と中国人の親戚の言動に、それぞれの文化がどう影響しているかは明確にはわからない。せいぜい、ステレオタイプ的な解釈で曖昧なことが言える程度である。ただ、それぞれの考え方にはっきりとした特徴があることは間違いない。その考え方、価値観が言動にも表れていた。価値観に反する生き方をすることは、「精神的な死」であると言えるだろう。

親族との葛藤

父方、母方、両方の親戚が、そばにとどまるようエリカに強く求めた。ハロルドのような社会階層に属する人ならば、そんなことを言われてもまるで取り合わなかっただろう。ハロルドなら当たり前のようにそのままデンバー大学へ行ったはずだ。ハロルドの階層の人たちにとっては、個人の成長が何よりも優先するからだ。しかし、エリカの親戚は違う。彼らの文化においては、家族が何よりも優先する。エリカは、自分と彼らの結びつきが思った以上に強いことを悟った。彼女個人の選択、決意を覆しかねない強さだ。一族の考え方は、彼女自身の脳にも染みついていたのだ。

子供の頃からの友人たちの存在もあった。彼女の古くからの友人の多くは、アカデミーの価値観を否定していた。エリカがアカデミーの価値に沿って歩む間、友人たちは、それとは違う道を歩んでいた。ギャングスタ・ラップに象徴される世界、タトゥーを入れ、ごてごてとしたアクセサリーを身につけて街にたむろする、そういう生き方を選んでいたのだ。そう意識していたかどうかはわからないが、彼らは「アウトサイダー」として誇りを持って生きようとしていた。メインストリームの文化に自分を売り渡すのではなく、それに逆らって生きる。彼らは、世界を大きく二つに分けていた。「白人文化」の世界と、「黒人文化」の世界だ。彼らの中には、白人も黄色人種も「ブラウン」と呼ばれる有色白人種の若者も含まれていたのだが、それでもともかくそういうとらえ方をしていた。白人文化は退屈で、抑圧的で、「ダサい」もの。対するラップに代表される黒人文化は、色っぽく、セクシーで、何より「クール」だ。彼らにとって、誇りは将来の収入よりも大事なものだった（そもそも高収入の仕事に就くことはまず不可能なので、これは一種の「負け惜しみ」のようなものだが）。あらゆる面で、反体制的、反抗的なのが彼らの好みだ。服装も歩き方も、座り方も、大人との接し方も、反抗的であるほど仲間内では尊敬されるが、当然のことながら学業面での成功からは遠ざかることになる。手を差しのべてくれそうな大人がいたとしても、ことさらに無礼な態度をとった。そうでなければ自尊心が許さない。テニスのためにカントリークラブに出かけて行くエリカのことは嘲笑った。どうせ誰も皆、彼女を見下すに違いないのに、そんなところに行くのはバカだというわけだ。いくらプレッピー風のセーターを着て、カーキのショートパンツを穿いていても、中身は変わらないさ、と笑った。彼らも本心では金持ちになりたいと思っていたが、金持ちが嫌いだという気持ちも同時に本心だった。からかわれているのだということはエリカもわかっていたが、それでも半ば本気で腹を立ててもいた。

卒業前後の何週間か、エリカは自分の人生について真剣に考えた。勉強もしていたはずだが、活き活きと思い出すのは、友達と街のあちこちをうろうろし、遊び回っていた時のことがほとんどだった。倉庫の裏で皆でお酒を飲み、酔っ払ってしまったこともあったし、マリファナを吸ってハイになったこともあった。最初のデートのことも思い出した。彼女はどうにかここから抜け出したいと思い、そのために何年も努力をしてきたのだが、それでもここを愛していた。むしろ、ひどいところだからこそ、余計に強く愛していると言ってもよかった。

本来、高校を卒業した後の夏休みというのは、ただ、おめでたく、すぐにしなくてはならないこともないので、とても気楽なもののはずなのだが、エリカにとってはそうではなかった。エリカにとっては生涯忘れられない夏になったのだ。「真価を試される」夏だったからである。その頃、友人たちは彼女のことを「優等生」、「デンバー」などと呼んでいた。「あ、デンバーが来たぞ！　まだゴルフには行かなくていいのか？」などと言ってからかわれていたのだ。

その夏、エリカは、かつてないほどにマリファナを吸い、何人もの男と寝た。リル・ウェインのラップも散々、聴いたし、メキシコの音楽も盛んに聴いて、「エリカは洗脳されてしまった」という周囲の評判を何とか覆そうとした。ひどい生活ぶりである。母親に大変な心配をかけた。一度出かけると午前三時まで外にいて、家には何も知らせずに外泊をし、翌日の昼頃に帰宅するといった具合だ。母は娘の行動に口出しをすべきか迷った。もう一八歳にもなるのに、親があれこれ言っていいものかわからなかったのだ。だが、ともかく心配でたまらなかった。母は娘に夢を託していたが、その夢が壊れてしまうかもしれない危機に陥っていたのだ。このままでは、何かとても恐ろしいことが起きかねない。銃で撃たれるかもしれないし、薬物の所持や使用で逮捕されてしまうかもしれない。その街の文化が墓から手を伸ばし、娘を引きずり込んでしまう、そんな気もした。

ある日曜の午後、エリカが家に帰ってくると、よそ行きの服を来た母親がドアのそばに立っていた。怒っている。その日は家族でピクニックに行く予定で、エリカは「私も行くから早めに帰ってくる」と約束していたのだ。すっかり忘れてしまっていた。母親に言われてエリカは急いで自分の部屋に入り、着替え始めたが、着替えながらもぶつぶつ文句を言っていた。「私、すごく忙しいのよ。ピクニックなんて行ってられない」その言葉を聞いた母親は叫んだ。「ピクニックに行く暇はなくても、悪い友達と遊ぶ暇はあるのね！」エリカは何も言い返せなかった。

ピクニックに行ったのは、おば、おじ、いとこなど、合わせて二〇人ほど。皆、エリカと母親に会えて喜んでいた。何人もの人と続けて抱き合った。エリカにはビールが渡された。これまでにはなかったことだ。その時のピクニックは楽しかった。賑やかな会話が絶えることなく続く。一人一人が色々な話をする。いつもの通り、エリカの母親はおとなしかった。

自分からはあまり話もせず、静かにしていた。自分が一族の厄介者だということはよくわかっていたので、できる限り目立たぬよう、隅にいるようにしていたのだ。ただ、皆の話はよく聞いていたし、話の内容もよく理解していた。

それは午後三時頃、大人たちだけでテーブルを囲んで座っていた時のことだった。子供たちは、そばで走り回って遊んでいた。エリカのおじやおばたちが彼女のデンバー行きについて話し始めた。エリカと同い年くらいで、地元の大学に進んだ子たちの話もする。中国人の事業の仕方についても話した。中国人は一族の中で資金を融通し合い、互いの事業を助け合う。やがて、それぞれが自分の業績、自分の人生について話し出した。そうして徐々に、エリカに圧力をかけ始めた。「デンバーには行くな」、「ここにとどまれ」という圧力である。ここにいれば未来は明るいぞ、と言っているのだ。暗にほのめかすという感じではない。はっきりと、しかもくどくどと言われた。おじは「そろそろ家族の元に戻るべき時だぞ」と言う。エリカは、空になった皿を見つめていた。家族は時に、他の誰よりも人をいら立たせるものだ。エリカの目には涙が込み上げてきた。

その時、遠くから静かな声が聞こえた。「この子の好きにさせてあげてください」エリカの母親だった。声を聞いて、皆、黙ってしまった。しばらく後に話し始めた母親の言葉は、途切れ途切れのぎこちないものだった。気持ちの昂り、怒りが強すぎて、まともに話ができなかったのだ。「この子は本当によく勉強したんです……夢だったんです……自分の力で勝ち取ったんですよ……私は毎日、毎晩、見ていたからわかります……ここまで来るのがどれだけ大変だったか……いつも見ていない人にはわからないでしょう」やっとのことでそれだけ言うと、彼女は皆を見回して言った。「私は今まで生きてきて、何かをこれほど強く願ったことはありません。どうしても、この子にはデンバー大学に行って、勉強してもらいたいんです」

この言葉で、話の流れが完全に変わるということはなかった。おじたちは自分たちの考えを曲げなかったし、それを長々と言い続けた。ただし、エリカの頭の中では変化が起きた。母親が、自分と家族の間に割って入ってくれたのだ。彼女は、自信が蘇るのを感じ、心が決まった。もう何物にも動かされることはない。

経済力と勉学

旅立ちは容易ではなかった。誰にとっても故郷は離れがたいものである。たとえば作家のエヴァ・ホフマンは、一九五九年、一三歳の時、家族とともにポーランドからカナダへと移住したが、その後もずっとポーランドは彼女の心の奥のどこかにあった。ホフマンはポーランドについてこんなふうに書いている。「幼い頃を過ごした国は、私の心の中で常に最も重要な位置を占めていた。それは祖国に対する一種の愛情だったのだろう。祖国は私に言葉を与えてくれた。視覚や聴覚、あらゆる感覚を与えてくれた。そして、人間とは何かを教えてくれた。現実世界の持つ彩りや形を教えてくれたのだ。愛情というものの存在も祖国ではじめて知った。それは、もう二度と再び手にできないような絶対的な愛だった。生まれてはじめて目にした風景、生まれて初めて触れた空気は、他のどれよりも強く心の中で生き続けている。そのためならば、無条件で自分を捧げることができる[26]」

だが、それでもエリカは旅立った。九月のはじめにはデンバー大学の寮にいた。

名門大学というのは、極めて不平等なものである。建前上は、収入を問わず、あらゆる人に門戸を開いていることになっている。学費の支払いが困難な人たちを援助する制度も整っているように見える。しかし、現実には、アッパーミドルクラスより下の階級の人たちはほとんど、競争に敗れて排除されてしまうのだ。周囲に進学を促すような雰囲気がある子は、そうでない子よりも明らかに有利になる。親や兄弟が皆、本をよく読む家庭、ただ学校に通わせるだけでなく、家庭教師をつけるなどしてさらに勉強させようとする家庭に育てば、名門大学への道のりは近くなるだろう。

デンバー大学に入ったことで、エリカは、裕福な人たちと関わりを持つことができた。また、裕福な人どうしがどう関わり合うかを知ることができた。彼らの友人、知人関係、また恋愛がどういうものなのかも直に見ることができた。男の子は女の子をどう口説くのか、拒絶したい時、女の子はどう言うのか。エリカにとっては、大学が文化を交換する場になったと言えるかもしれない。もちろん、その頃のエリカはそんな言葉を知らなかったわけだが、デンバー大学は彼女に、フランスの有名な社会学者、ピエール・ブルデューの言う「文化資本」を与えてくれたのだ。文化資本は、文化的素養と言い換えることもできる。具体的には、趣味嗜好、芸術、文学等に関する知識、良し悪しを見分ける目、会話の作法などを指す。文化資本の十分な蓄積があれば、より洗練された人たちの社会に入っていくことができる。

　他の学生たちの姿にエリカはショックを受け、自信が揺らぐのを感じたが、それは、彼らが裕福だったからではない。乗り回していたBMWをぶつけて壊しても、その翌日に親がジャガーを買ってくれる、というような学生は軽蔑していた。軽蔑すべき存在であることがすぐにわかったのだ。彼女がショックを受けたのは、彼らの知識である。彼女もアカデミーで懸命に勉強し、デンバー入学に備えたつもりだったが、他の学生は、高校時代だけでなく、生まれてからの長い期間をかけて知識を蓄えてきている。たとえば、百年戦争のアジャンクールの戦いの現場に実際に行ったという学生も大勢いるし、中国に行った経験を持つ者もいれば、ハイチで小さい子供たちに勉強を教えたことがあるという者もいる。いきなり「ローレン・バコール」という昔の女優の名前が出てきても、すぐに誰なのかわかるし、F・スコット・フィッツジェラルドがどこで学生時代を過ごしたか、ということも知っている。教授が講義中、さりげなく話題に出す本や映画なども、ことごとく知っているようだった。スタンダップコメディアンのモート・サール、シンガーソングライターのトム・レーラー（風刺ソングで知られる）などの名前が出てくれば、全員が心得顔でクスクス笑い出す。論文の書き方なども改めて教わらなくてもわかっている。エリカはそんなことを一度も教わっていないのに、他の学生たちは当たり前のようにわかっているのだ。思わず、彼らと故郷の友人たちを比べてしまった。街にたむろし、せいぜい時々、モールでアルバイトをするくらいの友人たち。彼らとデンバーの学生たちの間には、大学に通う四年間以上の差がある。おそらく永遠に埋められない差だ。

エリカは、経済学と、政治学、会計学の講義を取っていた。また、よくビジネススクールをうろうろしていた。外部から講師が来た時などには、講義に潜り込んだりもした。彼女が関心を持つ学科は実際的、実利的なものばかりだったが、ずっと講義を聴いているうちに、一つ大きな疑問が湧いてきた。それは、経済学者や政治学者たちが、常に「人間は誰もほとんど同じようなもの」という前提で話をしていることだ。何かご褒美が目の前にあれば、人は必ずそれを得るべく行動する、という具合に。文化がどれほど違ってもそれは変わらないと考えるのだ。人はほぼ間違いなく、合理的に、一定の法則に従って行動をする。だから、かなりの程度、行動を予測することができると考える。

確かに、この前提があるからこそ、社会科学が科学たり得ているという言い方もできる。人の行動に一定の法則がなく、予測がまったく不可能なのだとしたら、定量的な検証など、ほとんどできなくなってしまう。社会科学は客観性を失い、研究成果はすべて曖昧で主観的なものになる。何もかもが状況次第なので、たとえ調査をして何らかの結果が得られても、その結果を他に応用することはできない。

エリカは、目の前にご褒美があっても、それを得るべく行動しない人たちに囲まれて育った。社会学者の予測どおりに行動しない人たちばかりが周囲にいたのだ。高校は卒業した方が、中退するより自分にとって利益になるのは、誰の目にも明らかである。それなのに、エリカの友人たちの多くは高校を中退してしまっていた。彼らは説明のつかない決断をする。あるいは、決断などまったくしないこともある。依存症や精神疾患などの要因で、行動が自分の意思とは関係なく決まってしまうことがあるからだ。文化の違いによって行動が驚くほど大きく変わり得るということもエリカはよく知っていた。人がどのような行動をするかは、自分をどう認識しているかによって変わるようだった。エリカにはそう思えた。同じ状況に出会ったとしても、それにどう反応し、どう行動するかは、自分をどういう人間ととらえるかによって違ってくるということだ。だが、大学でエリカが取るどの講義でも、それに触れることはなかった。

元々、エリカは大学での勉強に関して非常に周到な計画を立てていたのだが、こういうこともあり、計画は変更することにした。進むべき方向性を変えたのだ。MBA取得を目指す、という方針を完全に捨てたわけではなかったが、それとは種類の違った講義も取ることにした。数ある学問の中から彼女が選んだのは人類学だった。文化について学びたいと思ったのだ。世界にはどういう文化があるのか、また文化が衝突する時、何が起きるかを知りたかった。

人類学は一見、とても実用性の低い学問のようにも思える。特に、彼女のように大学を出てある程度、出世をしたいと考えていた学生が学ぶにしては浮世離れしすぎているようでもある。しかし、エリカにとってはそうではなかったのだ。彼女は人類学を、自らの戦略的なビジネスプランに組み込んだ。彼女の人生では、常に何らかの文化衝突が起きていたと言ってもいいだろう。メキシコと中国の文化衝突がそうだし、近所の友人たちの文化と、アカデミーの文化、または大学の文化も衝突していた。そのため、異なる文化を融合するのがどういうことなのかはすでによくわかっていたのだ。グローバル化の進む現代の世界でビジネスをする以上、異文化の衝突、融合について深く理解しているというのは間違いなく有利なはずだ。そして、大学では、良い企業文化を作り上げるのに成功した会社とそうでない会社の違いや、グローバル企業の多様な文化への対応などについても学べるはずだった。ビジネスの世界には、技術面に強い人間も、財務面に強い人間も必要だが、それに加えて、文化の専門家も必要である。彼女が目指すのはまさにそれだった。文化に強いということを自分の売りにしていこうと考えた。そういうスキルを求める市場もあるに違いない。第一、中国人とメキシコ人のハーフで、貧しい地区の出身で、しかもワーカホリック、という女性はまず他にはいないだろうから、それが希少価値になることもあるだろう。

思考の土台

世界中に分布域を広げた生物は、人類誕生のはるか以前からいた。マイケル・トマセロなども言っているとおり、類人猿などの利口な動物の中には、自ら創意工夫をして、日常的に遭遇する問題を解決する能力を持ったものも少なくない[27]。ただ、そうした動物にもできないことが一つある。それは、新たに発見した解決法を、未来の世代に伝えていくことだ。人間には、自分の知ったことを他人に知らせたいという強い欲求があるが、どうやら他の動物にはそれはないようである。チンパンジーに手話を教えれば、かなりの程度、習得するが、手話を覚えたチンパンジーが仲間や自分の子供に手話を教えるということはない。[28] 手話を教えて、互いに話し合えるようにしようという発想はないのだ。

人間はそれとは違う。人間は、生まれたばかりの状態では、他の動物に比べてはるかに無力だ。遺伝子の与えてくれる情報だけでは、完全に人間になることができず、誕生から何年もの間、独力ではただ生き続けることさえできない。そのため偉大な人類学者、クリフォード・ギアツのように、人間を「未完成の動物」と呼ぶ人もいる。ギアツは次のように言う。「学習能力も確かに人間の持つ特徴ではあるが、他の動物との大きな違いは、学習能力そのものより（学習能力が非常に優れていることも疑い得ないが）、人間として生きられるようになるまでの間に学習しなくてはならない事項の多さにあると言えるだろう。また、学習すべき事項の種類も他の動物とは大きく違っている[29]」

人間が生物として成功し得たのは、高度な文化を作り上げる能力を有していたおかげである。文化とは、習慣、慣例、信条、人と人の間に起きる議論、あるいは人と人との緊張関係などを指す。何らかのかたちで人間の行動を制御、制限するものと言ってもよい。文化には、日々直面する問題への有効な対処法を世代から世代へと伝えるという役割もある。たとえば、毒のある植物をどう見分けるか、家族の構成はどのようにすればよいか、といったことを文化のかたちで伝えていくことができるのだ。その他、ロジャー・スクルートンも言っているとおり、文化には感情について教育するという役割もある。古くから受け継がれる物語、祝日、記号、芸術作品などには暗黙のメッセージが込められている。様々な状況において何を感じるべきか、どう反応すべきか、また状況をどう解釈すべきか、といったことが、そういう媒体を通じて知らず知らずのうちに伝えられているのだ。

人間は周囲の環境から多種多様な感覚刺激を受ける。どの刺激も本来は、一瞬だけのものですぐに消え去ってしまう。仮に人間が他人と関わることなしに、一人一人別れて存在していたとしたら、そうした刺激にまったく対応することができないだろう。刺激に対応できるのは、私たちがいずれかの文化に属しているからだ。文化が、刺激への対応に必要な前提条件を与えてくれるのである。その前提条件があってはじめて私たちは人間になれると言ってもいい。私たちの中には、自分の属する民族や組織の文化、信仰する宗教の文化が入り込んでいる。何かを考える時は、常に文化が土台になる。人間は自分の頭で考えていると思い込んでいるが、実際には「文化が考えている」と言った方がいいのかもしれない。

人間の中には時折、「天才」と呼ばれる人が現れ、目覚ましい業績を残していく。それも素晴らしいことには違いない。だが、そういう業績は天才一人の力でなし得るものではないのだ。人間は誰も、過去の人間たちが築き上げた足場の上に立って物を考える。そのように、未来のために足場を築き上げられるというのが、人間という動物の何よりも素晴らしい特徴かもしれない。過去の誰の考えも参考にせず、自分一人の力だけで飛行機を発明できる人は絶対に存在しないだろう。現代の航空機会社の技術者たちが飛行機を設計し、製造できるのは、先人たちの考えたことが整理され、体系的な知識になっているからである。哲学者、アンディ・クラークは次のように書いている。「人間は、自らが生まれつき持っている脳の能力をはるかに上回る思考ができる。理性のなせる業である。人間は、それができる環境を自ら作り上げたのだ(30)」他の動物とは違い、人間は、他者の思考を引き継ぎ、発展させることができる。同じ問題について大勢で考えることによって、壮大な知識の体系を築き上げることができるのだ。

クラークはさらに次のようにも言う。「人間の脳は、それ自体、他の動物の脳とさほど変わらない。役割の異なる部位に分かれているところや、行動の結果を基に思考を修正するところなどは共通している。ロボットでも、『自律型』と呼ばれるものであれば、人間の脳と似たようなことはできる。ただ、人間の脳には、ただ一つ、他にはない非常に優れた能力がある。それは、何人もで力を合わせて共通の世界観を作り上げるという能力である。共通の世界観を持てば、行動もほぼ同じになる。めいめいがばらばら、でたらめに行動することはなくなるのだ。多くの人の世界観が同じになれば、一人の知性だけではとても得られない大きな成果が得られるようになる。これは、世界が全体として一つの極めて優れた知性を持つということである。世界が優れた知性を持てば、個人は多少愚かでも問題なく暮らしていける可能性がある。また、角度を変えて見れば、人間の脳はそれ単独では知性を持っていない、とも言える。多くの人が力を合わせ、脳の外に思考の土台を築き上げることではじめて、私たちが知性と呼んでいるものが生まれると言った方が適切かもしれないのだ。そういう見方をすれば、人間は非常に賢い動物だと言うこともできる。ただし、そう言うためには、普段、私たちがしているように、個人と個人の間に境界を設けてはいけない。世界中の人類を一体のものと考えなくてはいけないのだ[31]」

文化は不平等

エリカは社会学や心理学、歴史学、文学などの講義を取ることにした。その他にマーケティング、行動経済学などの講義も取った。ともかく、人類共有の「思考の土台」について知る助けになりそうなものであれば、何でも学ぼうと思ったのだ。

文化にはそれぞれに個性があるが、文化が違っても人間ならば共通していることというのもある。それはおそらく、遺伝子に記憶され、代々受け継がれていることとなのだろう。たとえば、どの文化にも「色」というものはある。色の区別をしない文化はない。それは人類学の研究によっても確かめられていることだ。どの文化でもまず区別するのは「白と黒」だ。必ず、白と黒を意味する言葉が存在する。そして、白と黒の次の第三の色は文化を問わず「赤」である[32]。顔の表情にも共通のものが多い。たとえば、恐怖、嫌悪、喜び、軽蔑、怒り、悲しみ、誇り、恥などを表す表情は、どの文化でもほぼ同じだ。生まれつき視力のない子供でも、視力のある子供と同じ表情で感情を表すことから、他人の表情を見て覚えたのではないとわかる[33]。時間を過去、現在、未来に分けるのも、すべての文化で共通だ。どの国で生まれたとしても、少なくとも幼いうちは、ほとんどの人がクモやヘビを怖がる。そうした生き物たちは、石器時代の私たちの祖先の生存を脅かす存在だったのだろうと思われる。芸術も、すべての文化にある。強姦と殺人は、あらゆる文化で、少なくとも建前上、いけないこととされている。調和を好み、神を信仰するということも、あらゆる文化で同じである。

ドナルド・E・ブラウンは、著書『ヒューマン・ユニヴァーサルズ──文化相対主義から普遍性の認識へ』の中で、すべての人間が文化の違いを超え、共通して持っている特質を列挙している。[34] 列挙されている特質は多数にのぼる。子供が見知らぬ人を怖がることもそうだし、生まれた直後から、ただの水よりも砂糖水を好むということもそうである。神話などの物語や、格言、ことわざなどを持っているというのも人類共通の特質だ。集団で暴力を振るうのは、どの文化でも主として男性で女性はあまりそんなことはしない。また、男性の方が女性よりも住居から遠いところまで移動する傾向があるというのも、すべての人類に共通している。夫婦では、平均すれば夫の方が妻より年が上、というのも文化を問わず同じだ。人に身分の上下があるのも、仲間とよそ者を区別するのも皆、同じである。こうした特質はどれも生来のものと考えられる。普段は意識することがない。

とはいえ、普遍の特質だけを持って生きている人というのは世界中、どこにもいない。誰もが必ず、いずれかの文化の下で生きており、その文化は一つ一つ違っている。ドイツで書かれた演劇と、アメリカで書かれた演劇とを比べると、ドイツで書かれたものの方が、不幸で悲劇的な終わり方をするものが三倍ほど多い。[35] 「愛情がなくても結婚はできる」と言う人は、インドやパキスタンでは約半数にもなるが、日本ではたった二パーセントしかいない。[36]
「人前で話をする時は、何か間違ったことを言ってしまうのではと心配になることが多い」と言う人は、アメリカでは全体の四分の一にもならないが、日本では、六五パーセントにもなる。[37] クレイグ・マクアンドリューとロバート・B・エジャートンは、著書『酔っぱらいの行動（*Drunken Comportment*）』に、男性が酒に酔った時よく喧嘩をする文化と、まったく喧嘩をしない文化があると書いている。[38] また、男性が酒に酔った時、普段よりも好色になる文化と、そうではない文化があるという。

フロリダ大学の研究チームは、世界の様々な都市で、コーヒーを飲んでいる時のカップルの行動を調査した。[39] ロンドンのカップルは、お互いに触れ合うことはめったになかった。パリでは、一杯のコーヒーを飲む間に、一一〇回もの「触れ合い」が見られた。プエルト・リコのサンファンでは、この回数が一八〇回にもなった。

ニコラス・A・クリスタキス、ジェームズ・H・ファウラーの著書『つながり――社会的ネットワークの驚くべき力』によれば、労働年齢のアメリカ人のうち、背中の痛みに苦しむ人は全体のわずか一〇パーセントにすぎないが、それがデンマークでは四五パーセント、ドイツでは六二パーセントにもなるという。アジアには、背中の痛みに苦しむ人は非常に少ないけれど、その代わりに「コロ」という精神障害に苦しむ人が多い、という文化もある。これは男性特有の障害で、患者は「ペニスが縮み上がり、消えてなくなってしまうのではないか」という妄想に取り憑かれる。この障害の治療にあたっては、妄想が消え去るまで、信頼できる家族に一日中、ペニスをつかんでいてもらうということが行なわれる。

男性が道で人にぶつかったとしても、アメリカの北部であれば、血中のテストステロン濃度がはっきりそれとわかるほど上昇することは少ないだろう。しかし、名誉や誇りを重んじる傾向が強いアメリカ南部では事情が違ってくる。人にぶつかった途端、コルチゾールやテストステロンの濃度が急激に上昇するのだ(40)。地名に「ガン（gun＝銃）」のような言葉が使われる頻度も、南部では北部の二倍ほどにもなる(41)（フロリダ州のガンポイントなどはその例）。それに対し、北部では、地名に「ジョイ（joy＝喜び）」のような言葉が使われる頻度が南部の二倍以上になる。

言語など、文化の構成要素は、その文化に属する人々の世界観に影響を与える(42)。オーストラリアのアボリジニの言語の一つ、グーグ・イミディル語は、世界中の言語の中でも、特に「地理学的」な言語と言えるだろう。グーグ・イミディル語では、「右手を上げる」、「一歩後ろへ」などという言い方はしない。同じことを「北側の手を上げる」、「一歩東側へ」というふうに言うのだ。常日頃、こういう言語を話している人たちは、驚くべき方向感覚を持っている。彼らは、たとえ洞窟の中にいても、どっちが北なのかを絶えず認識している。メキシコのツェルタル語も似たような言語だが、ツェルタル語を話す人たちは、目隠しをされてその場で二〇回、回されても、東西南北を難なく指し示すことができる。

このように、文化は脳に、ある一定のパターンを刻み込む。また、そのせいで、それとは違ったパターンの思考は困難になる。たとえば、エリカはアメリカで育ったので、アメリカ文化のパターンが脳に刻み込まれている。そのパターンでの思考は容易にできるが、それが果たしてどういうパターンなのかは本人にもはっきりとはわからない。ダグラス・ホフスタッターの言う「簡単に利用できるのだが、抽象的すぎて自分自身にもどういうものなのか明確な説明はできない」というパターンである。[43] エリカの頭の中は、そんなパターンがぎっしりと詰め込まれた状態になっていた。どれもアメリカ文化の中で生きていく上で基本的なパターンである。おかげで、特に何も意識しなくても、他の多くのアメリカ人と価値観を共有できた。どういう人間を嫌悪すべきか、公正とは何か、夢とは何か、変人とはどういう人間を指すか、といったことは考えなくてもすぐにわかった。狂気と正気の境目、人生の究極の目標、他人との距離といった類のことについても、アメリカ人としてごく普通の感覚を持っていた。また「酸《す》っぱい葡萄《ぶどう》」という言葉を聞いてすぐに「負け惜しみ」を連想するようなところも平均的アメリカ人であると言えた。

ただ、エリカが大学で学んだのは、文化は単に人間を均一化するだけのものではないということだ。どの文化も、必ず葛藤、緊張を内包している。アラスデア・マッキンタイアも指摘しているとおり、世界の主要な文化はどれも、常に内部に対立を抱えている。そのため、同じ文化に属する人どうしが相矛盾する行動をとることも珍しくはない。さらに、注意すべきなのは、現代のようなグローバル化の時代であっても、文化と文化の融合は必ずしも進んでいないということだ。むしろ、文化間の隔たりは大きくなっているようである。[44]

エリカは、文化はすべて平等というわけではないと学んだ。彼女はまさか自分がそんなふうに考えるようになるとは思わなかった。デンバーでしばらく過ごす間に、どの文化にもそれぞれに素晴らしいところがあると感じてもいた。個々の文化の素晴らしさは、いずれもその文化に特有なものだと強く感じるようにもなった。しかし、エリカは、裕福な家庭に育ち、郊外の高校に通った学生とは違っていた。どの文化も同様に価値がある、などという建前を素直に受け入れることはできなかったのだ。彼女は何としてでも成功したかった。だから、何が成功につながるのか、あるいは何が失敗を呼ぶのかということを知る必要があった。世界中を見て、また世界の歴史をくまなく調べて、役に立つヒントがないか探すつもりだったのだ。

そんな時、エリカは、トマス・ソーウェルという人物を知った。スタンフォード大学の教授で、『人種と文化（*Race and Culture*）』、『移住と文化（*Migrations and Cultures*）』、『征服と文化の世界史——民族と文化変容』などの本の著者だ。彼の本を読んだおかげで彼女は、自分の知りたかったことが少しわかった気がした。本に書かれていたのは、彼女が元々、ことごとく反対しそうなことだった。彼女を指導した教師も皆、同様に反対しただろう。だが、彼女が現実に日々、目にしている世界を考えると、ソーウェルの言うとおり、と考えざるを得なかった。ソーウェルはこんなふうに書いていた。「文化は、決して固定的で動かないものではない。文化間に確かに相違はあるが、文化は変わりゆくものだし、単純にありのままを尊重すべきものとも言えない。人が文化を生むのは達すべき目的があるからだ。併存する文化と文化の間には、目的に達するのにどのくらい役立つか、その有用性をめぐる競争が起きることになる。有用性のあるなしを決めるのは、外から見ている第三者ではない。その文化に属する当事者が決めるのだ。毎日、様々なことを願い、厳しい現実に直面する中で、役に立った文化は残り、そうでない文化はいずれ消えていくことになる」[45]

エリカは、自分の育った地域でも、一部のグループが勢力を伸ばし、他の人たちを圧迫するのを見ていた。ハイチとドミニカは一つの島を分け合う国だが、たとえば一人あたりのGDPはドミニカがハイチの四倍近くと、圧倒的な差がついている。[46]平均寿命もドミニカの方が一八年長く、識字率もドミニカが三三パーセント高い。ユダヤ人とイタリア人は、ニューヨーク、マンハッタンのロワーイーストサイドに同じく二〇世紀前半頃から住み始めたが、ユダヤ人の方がはるかに早く発展を遂げた。

世界の民族の中には、どの地域に移住しても成功を収める人たちがいる。レバノン人やグジャラート人は、世界中、どの地域にいても、どういう条件の下でも商人として成功しているようだ。一九六九年、当時のセイロン（現スリランカ）で行なわれた調査によれば、同国の理科系の大学生の約四〇パーセントが少数派のタミル人だったという。この比率は、工学系の大学生では四八パーセント、医学系の大学生では四九パーセントにもなった。[47]アルゼンチンでは、紳士録に載っているビジネスマンの四六パーセントはアルゼンチン以外の国の出身である。チリでは、大規模メーカーの経営者の四分の三は、移民か移民の子孫だ。[48]

アメリカでは、中国系のアメリカ人の優秀さが際立っている。中国系アメリカ人はすでに幼稚園の時点で、文字認知など識字関連の能力において、ラテンアメリカ系アメリカ人の四カ月先を行っているという[49]。彼らは高校でも、平均的なアメリカ人の高校生に比べ、難しく、勉強が多く必要な科目を選択する傾向にある。自宅での勉強時間も、平均的なアメリカ人の高校生よりも長い。一科目でもAマイナスに満たない成績を取ったら、家で罰を与えられるという生徒も多いという。二五歳から二九歳のアジア系アメリカ人の約五四パーセントは大学卒だが、アメリカ生まれの白人について調べると、この比率は三四パーセントにとどまる[50]。

文化の違いは驚くべき不平等を生んでいる。アジア系アメリカ人の平均寿命が八七歳なのに対し、白人のアメリカ人は七九歳、アフリカ系アメリカ人は七三歳というデータもある。ミシガン州は経済的に厳しい状況にある州だが、それでも、アジア系アメリカ人の平均寿命は九〇歳にもなっている。同州の白人のアメリカ人の平均寿命は七九歳、アフリカ系アメリカ人の平均寿命は七三歳にとどまっている。収入や教育程度も、アジア系アメリカ人は他と比べてはるかに高い。ニュージャージー州のアジア系アメリカ人は、サウスダコタ州のネイティブアメリカンに比べて、平均寿命が二六年も長く、大卒者の比率は一一倍という驚異的な数字もある[51]。

行動の道徳性も、その人の属する文化によって違ってくる。それに関しては、レイモンド・フィスマンとエドワード・ミゲルが「文化と腐敗」と銘打った調査をしている[52]。この調査では改めて実験等を行なうのではなく、すでに過去に得られているデータを比較するという方法が採られた。二〇〇二年まで、ニューヨーク市では、「外交官は駐車違反で罰せられない」という特権が認められていた。フィスマンとミゲルは、外交官とその家族、合わせて一七〇〇人について、どのくらいの人がこの特権を利用していたかを調べたのだ。それでわかったのは、大量の駐車違反切符を切られていた（特権のおかげで罰金は免除された）のは、総じて「トランスペアレンシー・インターナショナル（汚職・腐敗防止のために活動する国際的な非政府組織）」の腐敗度ランキングで上位にあげられた国の外交官やその家族だったということである。逆に、同ランキングで下位になった国の外交官とその家族は、違反切符をまったくと言っていいほど切られていなかった。一九九七年から二〇〇二年までの間に、クウェートの外交官は一人あたり二四六回の駐車違反をしていた。エジプト、チャド、ナイジェリア、スーダン、モザンビーク、パキスタン、エチオピア、シリアなどの外交官が切られた切符の数も相当な数にのぼる。それに対し、スウェーデン、デンマーク、日本、イスラエル、ノルウェー、カナダの外交官は、同じ期間に一度の駐車違反もしていない。祖国を遠く離れていても、文化的な規範は常に頭を離れないということだろう。この結果が、外交官の給与、年齢など、国籍以外の要因に左右されないことも確認されている。

現代の世界で発展をするのに適した文化と、そうでない文化があるのは明らかなようだ。エリカはそのことを悟った。ある講義で彼女は、ローレンス・E・ハリソンの『リベラルの重要な真実（*The Central Liberal Truth*）』という本を読んだ。この本に書かれていたのは、まず、文化には進歩や発展を促す文化と、逆に進歩や発展に抵抗する文化があるということである。前者の文化に属する人には、自分の運命は自分の力で切り拓けると考える人が多い(53)。反対に、後者の文化に属する人には、運命ははじめから決まっていて自分の力ではどうすることもできないと考える人が多い。また、前者の文化では、富は人間の創造力の産物であり、努力次第で増やせると考える傾向にある。それに対し、後者の文化では、いわゆる「ゼロサムゲーム」的な考え方をする人が多くなる。富の総量は常に一定で、誰かが得をすれば必ずその分、誰かが損をすると考えるのである。

進歩、発展を促す文化では、人間は仕事をするために生きていると考える。ところが、進歩、発展を拒否する文化では、生きるために仕方なく働くと考える。前者の文化の人々は、他にも多くの価値観を共有している。まず、必要であれば競争を厭わない。総じて楽観的であり、几帳面で時間に正確であることを皆が美徳と考えている。そして、非常に教育熱心である。家族に過度に頼ることをよしとしない。現代の社会は敵意に満ちた場所であると考え、家族であっても完全に安心できる存在とはみなさないのだ。家族は頼るものというより、後により広い世界へと出ていくための門のようなものと考える。誰もが心の中に罪の意識を抱えており、自分の身に起きたことの責任は自分にあるととらえる。自分以外の何か、あるいは他人に罪や責任をなすりつけたりはしない。

エリカは、人間の意思決定や行動に、こうした文化の違いが大きく影響していることを知った。そして、経済学者や経営者たちがそのことをあまり認識していないことにも気づいた。これは非常に大きな問題である。

自分のためのメモ

大学生活も終わりに近づいた頃、エリカは自分のためのメモを書いた。大学で学んだことを総括するメモである。多様な文化について、また文化の人間への影響について学ぶ中で発見したことをまとめてみようと思ったのだ。メモの中でまず重要なのは、「ネットワークで考える」という言葉だろう。

社会は、マルクス主義者たちの言うように、階級によって規定されるわけではない。また、人種によって規定されるわけでもない。「リバタリアン」と呼ばれる人たちの主張するように、単に個人が寄り集まったものが社会である、とも言えない。社会はネットワークがいくつも層を成したもの、とエリカは考えた。

暇な時などに、エリカはよくネットワークの図を描いた。自分だけのために描くこともあったし、それを友人に見せることもあった。時には、友人の名前を中心に置き、その友人と他の人たちとの関係を示す図を描いたりもした。関係のある人との間を線でつないだ図である。関係が強いほど線を太くするなどしてわかりやすくしたりもした。何人かの友人と一緒に出かけた時などは、翌日に、その友人たちの人間関係を図にまとめたこともあった。

そうして、人を他人との関係、全体の中での位置でとらえるようにすると、よりその人に対する理解が深まったように感じた。人間は、人間関係の中に「埋め込まれた」ような存在である。色々な状況でどういう判断をし、どういう行動をとるかは、他人との関係で決まっていく。エリカは意識しなくてもそういう見方ができるよう、自分を訓練していった。

エリカはメモに「接着剤になる」とも書いた。彼女は自身で描いたネットワークの図を見て、自分に問いかけた。「人と人とをつなぐ線は一体何でできているのだろう?」と。時には「愛でできている」ということもあるだろう。だが、そういうことは決して多くはない。どの社会集団でも、人と人との結びつきはさほど情熱的なものではないのだ。たとえば、職場での人間関係などは、「愛で結びついている」とは言えないだろう。そうした人間関係のほとんどは、信頼で結びついているはずである。

では信頼とは何か。特に何も考えなくても互いに依存し合えることである。そうなるためには感情が重要な役割を果たす。二人の人の間に信頼が芽生え、育つには、まず、二人の間にある程度以上のコミュニケーションが必要になる。そして、協力して何かをする必要がある。それをしばらく続ける中で、相手が頼りにできるかどうかをゆっくりと見極めていくのだ。二人の間に信頼が生まれれば、ただ協力し合うだけでなく、時には相手のために自分を犠牲にするようにもなる。

信頼は摩擦を減らし、互いのやり取りにかかる時間や手間も減らす。たとえば、同じ企業に属する人たちが皆、互いに信頼していれば、団結して動くことができ、また状況に応じた柔軟な動きもできるだろう。「互いに信頼し合うのが当然」という文化に生きる人は、共同体的な組織を作ろうとする傾向が強い。そういう文化では、株式市場に参加する人の割合も高くなる。大企業を組織し、運営することも容易である。[54] つまり、信頼があれば富が生まれやすいということだ。

ただし、一口に信頼と言っても、そのレベルや種類は様々である。地域や企業、学校などによっても個々に異なるだろう。その他、寮や寄宿舎なども、中にいる人どうしの信頼のレベルや種類は個々に違うはずだ。エドワード・バンフィールドは、有名な著書『後進社会の道徳的基礎（*The Moral Basis of a Backward Society*）』の中で、南イタリアの農民たちについて言及している。彼らは、自分の家族や親類とは互いに信頼し合う。しかし、その外にいる人間に対しては非常に猜疑心《さいぎしん》が強い。そういうことだと、共同体的な組織は作りにくいし、家族経営以上の大規模な企業を作ることも難しくなる。ドイツ人や日本人は、互いに対する信頼感が非常に強く、そのおかげで強固な企業組織を作ることができる(55)。アメリカは、個人主義的な傾向が非常に強い社会である。「個人の寄り集まり」と言ってもいいかもしれない。あなたの価値観について話してほしいと言えば、アメリカ人たちはきっと、一人一人が世界中で最も個性的な説明をしてくれるはずだ。だが、彼らの実際の行動を観察してみると、無意識に互いを信頼していることがわかる。共同体的な組織も積極的に作ろうとする。

そこで働く人たちが互いを信頼し合っていないような企業には決して入らないようにしよう、とエリカは決意した。そして、就職をしたら、人と人との接着剤のような役割を果たそうと思っていた。自分からはたらきかけて、人の結びつきが強くなるような機会を積極的に作り、信頼関係を育てていく。人と人の間の情報の伝達も助ける。周囲の人たちがもし人間関係のネットワークを図にしたとしたら、自分の名前が必ずその中に含まれている、という状態にしたいと思ったのだ。

エリカはメモにもう一つ、「異質なアイデアの融合」と書いた。これは、リチャード・オグルが著書『スマート・ワールド』に書いたことに近い。人間は、二つ以上のまったく異質なアイデアを融合させることで、それまでにない新しいものを生み出せる。たとえばピカソは、従来の西洋芸術の伝統を引き継いではいるが、アフリカの芸術、独特のマスクなどにも強い関心を寄せていた。二つの芸術の結びつきによって生まれたのが『アビニョンの娘たち』という作品である。ピカソの創造性が一気にほとばしり出たような傑作だ(56)。

自分は常に、二つの異質なアイデアが出会う場所に立つべき人間だとエリカは考えた。企業であれば、二つの異質な部署の間に立ち、両者の隔たりを埋める役割を果たすべきということだ。シカゴ大学のロナルド・バートは、この隔たり、隙間のことを「構造的空隙」と呼んでいる(57)。どのような社会、組織にも、この構造的空隙を埋める「かすがい」のような役割をする人間がいる。問題は、空隙を埋めるべき人の間にもやはり空隙が生じることがあるということだ。誰も埋める人のいない隙間だ。何の構造も存在しない空間。アイデアの流れはそこで止まってしまう。組織がそこで完全に分断されてしまうのだ。エリカは、自分がその空間を埋める人間になれればと思っていた。まず、隙間を見つけ、それがどのくらいの大きさのものかを把握する。そして、手を伸ばして分断された人と人の間をつなぎ、アイデアの融合を図る。自身が異質な文化の狭間で育ってきた彼女にとって、その隙間を埋める役割を果たすことは、運命と言ってもいいだろう。

10章 知 性——IQの限界

ビジネスの世界に入りたかったエリカだが、そのために自ら動く必要はなかった。ビジネスの世界の方が、彼女を見つけてくれたからである。すでに大学三年の時点からリクルーターたちに注目されていたし、皆、卒業するまでの間、関心を失わないでいてくれた。エリカは、男たちから次々に求婚されたビクトリア朝文学のヒロインのように、リクルーターたちの誘いを巧みにかわしていた。自分の希望にかなう「求婚者」が現れるのを慎重に待っていたのだ。

金融系に少し心惹かれたこともあるし、ハイテク分野に行こうかと真剣に考えたこともあったが、結局はコンサルティング企業に就職することにした。一流の企業に入ることができた。配属にあたっては、二つの部署を提示され、どちらかを選ぶよう言われた。一方は「業務開発部」で、もう一方は「顧客業務部」である。ただし、彼女にとってはどちらでも同じことであった。いずれにしても何をする部署なのかわからないのだから、違いはない。

エリカは前者の部署を選んだ。さほど深く考えたわけではない。何となくそちらの方が良さそうと思ったからだ。上司になったのはハリソンという男である。ハリソンは週に三回、チームのメンバーを集め、進行中の調査プロジェクトについて話し合うミーティングを開いた。ミーティングというと、最近では、中央に祭壇のようなスピーカーフォンが置かれたテーブルを囲んで、というのが普通だが、ハリソンのミーティングはそれとは違っていた。独自の考えにより、インテリアデザイナーを雇って一風変わった対話用スペースを作らせたのだ。開放的な空間で、広いリビングルームにも見える。皆、低いソファに座って話をする。対話スペースは柔軟に色々な用途に使える。少人数が気軽に集まるのに便利だ。だが、大人数が一堂に会するのには不向きである。朝の一〇時にコーヒーを片手に、書類を床に置いて、ソファに深々と座って話をする。ソファの並べ方も独特だった。ほぼ円を描くように並べられてはいるのだが、どれも中央を向いておらず、めいめいの向きがばらばらなのだ。窓の方を向く人がいるかと思えば、壁にかけられた絵の方を向く人もいるし、ドアの方を向く人もいる。そのため、集まった人たちが、一度も目を合わせることなく話をすることもあり得る。楽しげに、実りのある会話をしていても、目は合わせていないのだ。

ハリソンは、三十代半ば、体は大きいが顔は青白く、スポーツマンタイプではない。そして、ともかく非常に優秀な人である。エリカは彼に「君のお気に入りのべき乗則はどれかな？」と尋ねられたことがある。入社して間もない頃のチームミーティングでそう訊かれたのだ。エリカは答えられなかった。答えようにも、「べき乗則」が何かすらわからなかったのだ。

「スケール不変性を持つ多項式だよ。ジップの法則みたいな」エリカは後で知ったのだが、ジップの法則とは、「出現頻度がk番目の大きい要素が全体に占める割合が$1/k$に比例する」という法則のことである。たとえば、ある言語の中で最も出現頻度の高い単語は、次に出現頻度の高い単語の約二倍出現することになる。または、ある国で最大の都市の人口は、次に大きな都市の約二倍である、というようなことも言われる。

「クライバーの法則なんかもありますね」他のチームメンバーが話に割り込んだ。クライバーの法則とは「生物の代謝エネルギーは、体重の四分の三乗に比例する」という法則である。小さい動物は代謝が速く、大きい生物は代謝が遅いということになる。体重と代謝エネルギーの関係をグラフに描くと、ほぼ直線になるのだ。この法則は、非常に小さい細菌から、非常に大きいカバなどにいたるまであらゆる生物によく当てはまることが知られている。

その後、ミーティングの場は、べき乗則の話題で持ちきりとなった。エリカ以外の全員に、お気に入りのべき乗則があるのだ。彼らといると、自分がとても頭の悪い人間のように感じられたが、そんな人たちとともに働けることがとても嬉しかった。

メンバーの知性の高さを思い知らされたのはその時だけではない。ほとんど毎日のようにそういうことがあった。彼らは、仕事の打ち合わせ以外の時にもよく、対話スペースのソファに座って話をしていた。本当にリラックスしていて、話が長く続いた時には、ほぼ寝ているような姿勢になることもあった。腹を天井に向けて、前で足を組む。その姿勢で極めて知的な会話を交わす。その会話は、必ず一度は「白熱」と表現するにふさわしい状況になるのだ。ある時は、誰かが「あらゆる英単語の中で、ハングマンゲームに出題して最も正解されにくいのは"jazz"である」と言い出し、その説が正しいかどうかで一時間くらい大変な議論になった。

またある時は、メンバーの一人が「シェイクスピアの演劇に、ロバート・ラドラムのスリラーみたいなタイトルをつけるとしたら」などと言い出したことがあった。「『リアルト・サンクション（sanction＝制裁措置）』かな」すぐに答えが返ってきた。「『ハムレット』は『エルシノア城の逡巡』になるかな」という声もあがった。「じゃあ、『マクベス』は『ダンシネインの森林再生』かな」そういう具合に、多くのメンバーが実に見事な答えをしていた。(1)

チームの全員が、学生時代から極めて優秀で、討論にも圧倒的に強かったのだろうと感じさせる。ハリソン自身が「メディカルスクール（医科大学院）に入ったけれど、簡単過ぎたので中退した」と言っていたほどの人なのだ。誰かが他社の人間を指して「あの人は頭が切れる」というようなことを言うと、ハリソンはまず間違いなく「そうだね。でも、僕たちほどじゃないな」と答える。また、彼は誰かの名前が話題にのぼると、ほぼ必ず「あの人はハーバードだね」、「イェールだな」、「MITだ」というふうに出身大学の名前を言う。エリカはよく一人で賭けをしていた。名前が出てから、ハリソンが大学名を言うまでの間、一秒経過するごとにM&M'sチョコレートを一粒食べてよい、ということにしていたのだ。

チームのメンバーどうしの会話では、完全な沈黙が訪れることもあった。仕事の進め方を巡って議論を戦わせている時や、豊富な知識を披露し合っている時以外には、ただ黙って座っているだけで満足していることがよくあった。沈黙が何秒、時には何分も続く。街育ちのエリカにとって、これは一種の拷問だった。そういう時、ソファに浅く腰掛け、うつむいたまま、彼女はずっと頭の中で「ここでしゃべっちゃダメだ」と自分に言い聞かせていた。これほどの天才たちがどうして、こんなふうにただ黙って座っていられるのか、エリカには不思議だった。それは単に、男性がほとんどで女性が少ない部署だから、ということかもしれなかった。男性が多い状態が何年も続くことで、自然に男性文化に適応したのかもしれない。一般に、女性の方が話好きで共感的であるという認識があるが、エリカも当然、それは承知していた。このことに関しては科学的な実験も多く行なわれている。その結果、たとえば、男の赤ちゃんは女の赤ちゃんに比べて、母親と目を合わせる頻度が低いということがわかっている(2)。また、妊娠期間の最初の三カ月間に、子宮の中で浴びたテストステロンの量が多いほど、目を合わせる頻度が下がるということもわかった。ケンブリッジ大学のサイモン・バロン＝コーエンは、男性のコミュニケーションと感情に関する過去の研究文献を多く調べている。その調査によれば、男性には感情よりもシステムに強い関心を示す傾向があるという(3)。いくつもの要素（多くは無生物）をどう組み合わせればうまく目的が達せられるか、組み合わせと有効性の間にどのような法則があるかといったテーマに興味を惹かれる人が多いようだ。それに対し、女性には、他人との共感を求める傾向がある。たとえば、「わずかな手がかりだけを与えられて、それを基に他人がどういう感情を持っているかを当てる」という類の実験をすると、女性の方が正答率が高くなる。(4) また、言語の流暢性なども平均すると男性より高い。必ずしも、女性の方が男性よりも多く話すわけではないが、女性どうしの会話では、男性どうしの場合より、話し手が頻繁に入れ替わるということが特徴である。さらに、男性は自分自身のことを多く話すのに対し、女性は自分以外の他人のことを多く話す。(5) 困った状況に陥った時に、女性は男性よりも誰かの助けを求めることが多い。

とはいえ、これはあくまでそういう傾向があるというだけで、絶対にこうだというわけではない。エリカがこれまでに知り合った人の中にも、当てはまらない人は少なからずいた。特に、エリカが働いていた職場の文化は独特のもので、一般論が通用しない。ボスの人間性が全体の文化に強い影響を与えていたとも言える。ハリソンは、決して人と関わることが上手な人ではなかったが、その弱点を逆に強みに変えているところもあった。何を言っているかがわかりにくいからこそ、皆が注意して話を聞くという面もあったのだ。

ハリソンは昼食に毎日同じものを食べていた。クリームチーズとオリーブのサンドイッチだ。彼は、子供の頃に、ドッグレースの勝者を予測する公式を自ら考え出したという人である。そして今、会社では、物事の隠されたパターンを見つけることを仕事にしている。両者の間にはきっと関連性があるのだろう。エリカは彼に「その会社の業務報告書、脚注のところを読んだかい？」と尋ねられたことがある。意味ありげな質問である。ちょうど、部署が新しい顧客を獲得したばかりの時だった。「その会社」というのが新しい顧客だ。「どうやら、その会社は、これから重要な岐路に立つことになるみたいだ」彼はそう言った。エリカは、脚注をよく読んでみたが、やはり彼が何を言っているのかさっぱりわからない。

何を言っているか理解するには、ハリソンと同じレベルの知識が必要なのだろう。彼は日頃から長い時間をかけて大量の情報を集めていた。株価や、天候の変化に加え、様々な資源や農産物、商品などの生産量の変化を詳しく調べ、そこにどのような相関関係が見られるかを研究したりしていた。その彼が言うことをすぐにわかろうとしても無理というものである。

ハリソンは、他人に強い印象を与える人だ。顧客は皆、たとえ彼が好きではなかったとしても、敬意をもって接した。上司であるはずのCEOでさえ、彼に対しては低姿勢だった。たとえ数字が羅列してあるだけの難解な文書でも、彼ならば理解できるし、その文書を基に、ある会社が五年後に急成長しているか、それとも倒産しているかを簡単に予測できると誰もが信じていた。彼の知性には、ハリソン自身でさえ、多少畏れを抱いているようでもあった。彼は色々なこと(何もかもすべて、かもしれない)について確固たる意見を持っていた。だが、中でも強い確信を持っていたのは、自分は本当に頭の良い人間であるということ、そして、他のほとんどの人間はさほど賢くないということである。

妙なことも多かったが、最初の数年間、エリカは、このハリソンという人と仕事をすることを楽しいと感じていた。よく聞かされる現代哲学についての話も面白かった。彼はブリッジに夢中だった。決まったルールを持った知的なゲームが好きなのだ。彼の考えることは驚くほど複雑で、難解だったが、エリカは時に、その複雑な思考を、日常的な言葉に翻訳する手助けをすることができた。だが、仕事を続けるうちに気づいたことがある。部署の業績はどうもあまり良くないらしいのだ。報告書は見事なものができるのだが、商売は成功していない。新しい顧客は次々につくのだが、ほとんどの場合、取引が長続きしない。特定のプロジェクトのために一時的にサービスを利用してくれたとしても、エリカたちのチームを信頼できるアドバイザーとして扱い、長期間にわたり、ともに仕事をしようとしてくれる顧客がめったにいないのだ。

そのことに気づくまでにはとても長い時間がかかったが、気づいてからは、ハリソンやチームに対する見方が以前とはまったく変わった。批判的な目で見るようになったのだ。まず感じたのは、「ミーティングが長すぎる」ということだった。長いが、その割に実《み》のある議論はあまりなされていない。ハリソンが何年も前に作り上げた理論の正しさを裏づけるような情報を、皆が競って提供しているということも多かった。まるで王に次々と捧げ物を差し出す重臣たちを見ているようでもある。王は、皆の見ている前で捧げ物を一つ一つ吟味していくのだ。

ハリソンの口癖は「要するにそういうことだ！」だった。彼は複雑な状況の本質を鋭く見抜き、簡潔にまとめてみせる。そして、「要するにそういうことだ！」と言い放つのだ。エリカには、大事なことが抜けているように感じられることもあったが、そのセリフが出ると、もう会話が終わってしまい、さらに続けて同じ問題について話すことができなくなる。

もう一つ問題だったのは、過去の前例である。何年も前の話だが、ハリソンは一度、銀行のリストラで大成功を収めた実績があった。そのため、銀行業界では「伝説の人」になっていたのだ。今では銀行が顧客になる度に、過去の体験を当てはめようとする。顧客には大銀行もあれば、小規模な銀行もあった。大都市を拠点とする銀行もあれば、地方の銀行もあったが、どれにも同じ体験を応用しようとしたのだ。アメリカ以外の外国の銀行も多かったが、その場合には、エリカは自分の文化についての専門知識をできるだけ活かそうと努力した。エリカは、あるミーティングで、ピーター・ホール、デヴィッド・ソスキスらが提唱し始めた「資本主義の多様性」(6)についての説明を試みたことがある。その時彼女が言ったのは、文化によって動機づけのシステムが違うということだ。また、権力や資本主義との関係の持ち方も文化によって違うということを話した。たとえば、ドイツの場合は、労働者会議のように、構成員どうしが強く結びついた組織が存在する。確固とした労働市場が存在するが、人を雇用したり、解雇したりすることはそう容易ではない。ドイツでは、改革、革新は少しずつ進む。ゆっくり、しかし着実に改善、向上していくのだ。金属工業でも、製造業でも、それは同じである。アメリカでは、労働者間の結びつきはドイツよりはるかに弱い。雇用や解雇は容易だし、起業も比較的、簡単にできる。改革、革新はアメリカにおいては急激に進む。テクノロジーにも、人の意識にも「パラダイムシフト」と呼べるほどの大きな変化がごく短い時間に起きるのだ。

ハリソンはエリカの説明をろくに聞こうとしなかった。国によって傾向が違うことは認めたが、彼の考えでは、その違いは政府の設けた規制によるものだった。規制を変えれば文化も変わるはず、というのだ。エリカはそれに反論しようとした。規制は文化によって生まれるもので、だからこそ根が深く、なかなか変えることができないと主張したのだ。ハリソンは取り合わなかった。エリカは確かに有用な人材だが、自分と議論を交わせるほどの知性はないと思い込んでしまった。

ハリソンからそういう扱いを受けたのはエリカだけではない。彼は顧客にも似たような態度だった。自分の思考の枠組みに合わない意見は無視してしまう。彼はチームのメンバーに、顧客企業の属する業界についてのプレゼンテーションを求めることがあった。担当者は、長時間をかけ、これまでの人生でその業界について得た知識をすべて提示するくらいのつもりでプレゼンテーションをする。ただ、多くの場合、その内容は決してわかりやすいものではない。自分の専門性の高さを誇示するため、あえて難解にするからだ。問題は彼らの知識があくまで全般的なもので、個別の企業、特定の人物についての知識はあまりないということだ。同じ業界であっても、企業が違えば、それぞれに特徴があるはずだ。たとえば、リスク許容度などは企業ごとに大きく違うだろう。CFOとCEOが権力闘争を繰り広げている企業があるかもしれない。もし、そうだとすれば、気づかないうちに一方に加担しているということがないようにすべきだろう。そうした「社内政治」に属することは、通常、あまりあからさまに表には出てこない。ぼんやりと見ているだけでは気づかないのが普通だ。だが、接する人の立場を考えながらよく見ていれば、気づくことはさほど難しくはない。その意味で、ハリソンをはじめとするチームのメンバーの、人との接し方には問題があると言えた。彼らは毎日、必ず何か信じがたいミスをしていたのだ。エリカにはそれがよくわかった。退職する前の五ヵ月ほどの間は、ずっと同じ疑問が頭の中にあり、離れなくなってしまった。それは、「これほど賢い人たちがなぜ、こんなにバカな行動をとれるのか」という疑問である。

IQテストで測れない能力

この疑問への答えは、わかってみれば簡単だった。ハリソンの人生は、いわばIQを基盤としたものである。IQの高さを根拠にキャリアを積み重ねてきた。人を雇うか否かを決める時の判断基準も、その人の知性が高いかどうかだったし、人と付き合うか否かも知性の高さで決めている。顧客に自分の部下を売り込む時にも、「アイビーリーグなどの一流大学を出た人間ばかり」という言い方をする。

知性を最高の価値とみなすような彼の考え方が正しいように見えることも確かにある。実際、IQが一定の目安になり得ることは長年の研究によって確認されている。IQに関しては様々な研究が行なわれ、その結果、様々なことが明らかになった。たとえば、子供時代のIQスコアを基に、将来、大人になった時のスコアを予測するとかなりの程度、その予測は当たる。ある種の知的技能が高い人は、他の多くの知的技能も高い傾向にある。比喩の能力が非常に高い人は、計算問題を解く能力や文章の読解力も高いことが多い(7)。ただし、そういう人であっても、あらゆる知的能力がすべて優れているとは限らない。他の能力は優れているのに、なぜか記憶力だけが低いというような人もいる。

IQのスコアには、親からの遺伝が大きく影響する。ある人のIQを予測する際には、その人の母親のIQを手がかりにすると、おそらく最も正確に予測できるだろう(8)。IQの高い人は、総じて、学校やそれに似た環境で行なう活動をうまくこなすことができる。ディーン・ヘイマーとピーター・コープランドはこの点について「IQが高い人は、ほぼ間違いなく学校の成績が良い。それは、数多くの調査によって裏づけられている」と言っている(9)。

自ら会社を経営したいと思っている人は、IQが一〇〇を超えていればひとまず問題ないだろう。しかし、原子物理学の研究がしたい、などと思っている人は、一二〇を超えていることが望ましい。

IQを重視することには一定の正当性があるのだが、行き過ぎるといくつか問題が出てくる。一つは、IQが驚くほど変わりやすいということだ。環境により、IQが大きく変化するのは珍しいことではない。アメリカ、バージニア州プリンスエドワード郡の黒人の子供たちを対象とした調査では、学校へ一年行けないと、平均でIQが六ポイント低下することがわかっている(10)。親がどの程度、注意を向けるかによっても子供のIQはかなり変わる。そのため、第一子は第二子より、第二子は第三子よりIQが高くなる傾向が見られる。ただし、兄弟姉妹の年齢差が三歳を超えている時には、この差は生じない。差が生じるのは、主として、母親が第一子の方に多く話しかけ、しかも複雑な文で話しかけるからだとされている。子供の年齢が近いと、注意が分散して、下の子に話しかける頻度が下がってしまう。[11]

IQが変化し得ることを示す証拠として、特に知られているのは、「フリン効果」と呼ばれる現象だろう。これは、世代が後になるほどIQのスコアが向上する、という現象である。実際、一九四七年から二〇〇二年の間に、先進国の国民のIQスコアは一貫して向上している。一〇年間に約三パーセントという向上率だ。[12]同じ現象が見られる国は、先進国以外にも数多くある。また、幅広い年齢層、社会階層に同じ現象が見られる。環境が確かにIQに影響する証拠と考えていいだろう。

興味深いのは、フリン効果がIQテストのすべての分野で見られるわけではないということだ。たとえば、語彙や読解力の分野のスコアは、一九五〇年でも二〇〇〇年でもほとんど変わりがない。だが、抽象的推論の能力を調べる問題の成績は、その間、大幅に向上しているのだ。フリン効果の存在を指摘したジェームズ・R・フリンは次のように言っている。「現代の子供たちは、未知の問題にその場の判断で対応するのが得意です。事前に方法を教えてもらっていなくても、かなりうまくできます[13]」

IQスコアが世代とともに変わるのは、時代によって要求される能力が異なるから、とフリンは説明している。一九世紀には、具体的思考の能力が要求された。具体的思考に強い人が高く評価され、高い報酬が得られたのだ。だが、現代の社会では、抽象的思考の能力が強く求められ、その能力が高い方が報酬も高くなる。先天的に抽象的思考の能力が高い人は、現代社会においてはその能力を頻繁に使うことになるため、ますます能力が向上していく。先天的な能力が後天的な経験によって高められる結果、IQスコアも改善されるのだ。

すでに述べたとおり、IQが高ければ学校の成績は良くなる傾向にある。しかし、学校卒業後、IQの高い人が順調な人生を送るかどうかは定かではない。IQが高いからといって、人とうまく関われるとは限らないし、結婚生活がうまくいくとは限らない。IQが高くても、それが子育てに役立つかどうかはわからない[14]。『知性ハンドブック(*Handbook of Intelligence*)』という本の中で、フロリダ州立大学のリチャード・K・ワグナーはIQと仕事の関係について触れている。過去にそのテーマで行なわれた研究の結果を調査したのだ。ワグナーによれば「仕事の業績の大きさは人によって違うが、その違いのうち、IQの高さとの相関が確認できるのは全体の四パーセント程度である」という[15]。同じ本では、ジョン・D・メイヤー、ピーター・サロヴェイ、デイヴィッド・カルーソが「IQの高さは、人生の成功のせいぜい二〇パーセントにしか貢献しない」ということを書いている。この種の数字は、非常に不確定性が高い[16]。リチャード・ニスベットはそれについて「色々な要素が複雑に絡み合っているため、解きほぐすのは難しい」と言っている[17]。ただ、ともかく、学校時代の成績とIQの間には明確な相関関係が見られる(IQテストのスコアが良い生徒ほど成績が良い)のに対し、IQと人生の成功との間には、ごく弱い相関関係しか見られないことは間違いない。

IQと人生の成功の関係については、「ターマンの研究」と呼ばれる長期間にわたる研究がよく知られている。これは、IQスコアが著しく高かった（一三五以上）子供のグループについて、その後の人生を追跡調査したものである。研究者たちの予測では、彼らは社会に出てからも素晴らしい仕事をするはずだった。確かに皆、総じてうまくやっていた。弁護士になった人もいれば、企業の重役になった人もいたのだ。だが、「圧倒的にすごい」と言えるほどの仕事をした人が誰もいなかったというのも事実だ。ピュリッツァー賞やマッカーサー賞を取った、などという人は一人もいなかった。一九六八年にメリタ・オーデンが実施した調査によれば、特に高い業績をあげたと思われる人たちのIQは、他の人に比べてわずかに高いだけだった。違っていたのは、まず彼らの労働倫理の高さである。また、子供の頃から他の子たちに比べて野心的だったということもわかっている。(18)

IQが一二〇を超えると、知性と業績の間の相関関係はほとんど見られなくなる。IQが一五〇の人は、理屈の上では、一二〇の人よりもずっと賢いはずである。しかし、この三〇ポイントの差は、人生における成功にほとんど寄与しないようだ。少なくとも、目に見えてわかるほどの違いは生まない。マルコム・グラッドウェルも著書『天才！――成功する人々の法則』の中で書いているとおり、ノーベル化学賞、ノーベル生理学・医学賞を獲得したアメリカ人の多くは、ハーバード大学やMITなど、知性のはしごの最上段に位置するような大学の出身ではない。(19)ロリンズ大学、ワシントン州立大学、グリネル大学など、世間で「良い大学」とされているところに入れれば、十分なのだ。そういう大学に入れる程度に賢ければ、十分、圧倒的な成果をあげられる可能性があると言える。化学や医学といった学術の分野ですらそうなのだ。トップ〇・五パーセントに入れる知性を持っているかどうかは重要ではない。「アメリカ青年全国縦断調査（ＮＬＳＹ）」に参加した七四〇三人のアメリカ人についてオハイオ州立大学のジェイ・ザゴルスキーが調べたところ、ＩＱが極端に高い人が多くの財産を蓄えているというような相関関係はまったく見られなかった。[20]

ハリソンの間違いは、ＩＱを知力そのものと同一視したことにある。実際には、ＩＱで測れるのは、知力の一部でしかないし、その一部も最も重要な部分というわけではない。ＩＱスコアの高い人は、論理性の高い仕事が得意である。原因と結果が比例の関係にあり、先の予測がある程度可能な仕事ならうまくこなすことができるのだ。しかし、現実の世界で抜きん出た存在になるためには、それだけでは十分ではない。ある一定の性格、心的傾向を持っていないと、目覚ましい成功は望めないのだ。これは、体格が良く、体力も非常に優れているのに、大きな手柄をあげられない兵士に似ているかもしれない。腕立て伏せや懸垂がどれだけできても、勇気や自制心、武器を使いこなす技量、想像力、鋭い知覚などがなければ、無秩序な戦場では生き延びることすら難しいだろう。それと同様に、いくら頭の良い人でも、誠実さや規律正しさ、公正さを重んじる気持ちなどがなければ、成功は難しいのだ。

キース・Ｅ・スタノヴィッチは、著書『知能テストに欠けているもの（*What Intelligence Tests Miss*）』の中で、現実世界での成功のために知能の高さ以外にどういう要素が必要かを列挙している。「まず大切なのが情報収集力である。何か決断を下す前には十分な情報を集めなくてはならない。また、一つのことをいくつもの視点から見られる力も必要だ。何か事が起きた時、とっさに反応するのではなく、反応の前に熟慮することも重要になる。他人の意見がどの程度正しいか、得られる証拠を基に評価する力、行動を起こす前にその結果を考えられる力、自分が置かれた状況のプラス面、マイナス面を把握する力、そして、物事の微妙な差異を見極める力や、自分の価値観を相対化する力なども不可欠だろう[21]」ここにあげられている力は、いわゆる頭の良さではなく、一般に「性格」と呼ばれるものに近いだろう。性格、あるいは人格と言ってもいい。人格は経験や努力によって育まれ、心の奥に刻み込まれるものだ。

時計と雲

サイエンスライター、ジョナ・レーラーの本には、哲学者カール・ポパーの「時計と雲」という理論を思い起こさせる記述が何度か出てくる[22]。この理論において、時計は秩序の象徴であり、雲は無秩序の象徴である。秩序を持ったシステムである時計は、還元主義的な方法によって、その構造や仕組みを知ることができる。ばらばらに分解して個々の部品について調べ、部品どうしがどういう関係にあるかを見れば、かなりの程度、理解できるのだ。だが、無秩序な雲はそうはいかない。一つ一つが違っている上に、刻一刻と姿を変えていくために分析的に調べることは難しい。雲に関しては数字を使って記述するより、言葉を使って物語のように記述する方が、その本質がよく伝わるだろう。

レーラーも書いているとおり、現代科学では長らく、この世界のあらゆる事象を「時計」と同じように扱おうとしてきた。つまり、還元主義的、論理的な方法によって、すべての事象を理解することができると考えていたわけだ。人間の知性に関する研究は、まさにそういう発想で行なわれてきたと言える。ＩＱテストが、知性の中でも比較的、安定していて、定量的に評価しやすい側面にばかり注目していることからもそれがわかる。性格など、雲のようにつかみどころのないことに注目する研究者はあまりいなかった。

ＩＱテストで測れる知性は、決まった正解があるような問題を解くのに適している。だが、自分の目の前にあるのがどういう問題で、その問題への対処のためにどういう方法を用いればいいか、といったことがわかるためには、ＩＱテストでは測れない類の知性が必要になる。前述のキース・Ｅ・スタノヴィッチも言っているとおり、あらかじめ定められた手順に従って進めるような仕事に関しては、ＩＱの高い人の方が低い人よりもうまくこなす。しかし、何も決まった手順がないような仕事の場合には、ＩＱが高くてもうまくこなせるということはない。どういう手順で進めるべきかを考える能力は、ＩＱテストで測れる知能とは別だからだ。ＩＱが高くても、仕事の手順がわからない限り、その賢さを発揮する機会は訪れない。

ＩＱが高い人が、その他の能力も高いとは限らない。両者の間には弱い相関関係しかない。スタノヴィッチは次のように言う。「これまでに何度も調査が行なわれ、合計で何千人という単位の人について調べられたが、ＩＱの高さと、いくつかの好ましい思考態度（進取の気性、知識欲の強さ、など）の間には、弱い相関関係（相関係数〇・三未満）しか認められていない。また、いくつかの好ましい心的態度（誠実さ、好奇心の強さ、勤勉さ、など）との間の相関関係はほぼゼロだった[23]」

投資家と呼ばれる人たちは、その多くが非常に知能の高い人たちである。だが、彼らは時折、自滅的な行動をとることがある。多くの場合、それは自らの知能に対する過信からの行動である。たとえば、一九九八年から二〇〇一年にかけて、投資信託「ファーストハンド・テクノロジー・バリュー」の年間総利回りは一六パーセントにも達していた[24]。しかし、この投資信託の個人投資家はその間、平均で三一・六パーセントもの損失を出してしまった。一体なぜだろうか。それは、「自分は頭が良いので適切なタイミングで売買ができる」という自信が強すぎたせいだ。おかげで、せっかく高く売れたはずの日に売り逃し、みすみす安値で売る羽目になった。彼らよりずっと愚かなはずの人たちが、何もせず、ただ投資信託を持ち続けるだけで大儲けをしたのに、賢い彼らは大損をしたわけだ。

中には、IQは高いのに、定職に就くことすらできないという人もいる。シカゴ大学のジェームズ・J・ヘックマンらは、高校卒業者と、高校中退後にGED（日本の高等学校卒業程度認定試験＝旧大検にあたる試験）を受けた人（いずれも大学へは進学していない）とで、後の就労状況を比較する調査を行なった。GEDを受験し、合格した人であれば、おそらく高校卒業者と知能という面ではほぼ同じのはずである。しかし、給与水準を比較すると、GED受験者は総じて高卒者よりも低いという結果になった。しかも、彼らの平均給与は、時間給にすると、高校中退者よりも低くなったのである。そうなった理由は、彼らに自発性や自制心といった、テストでは測れない資質が欠けていたからだ。GED受験者には職を転々とする人が多かった。[25] 就労率も、高卒者より低かった。

人類最高レベルの天才と、普通の人との違いを知るのに、IQテストはほとんど役に立たない。天才の能力は、IQテストの狭い枠をはるかに超えたものだからだ。まさに雲のようにとらえどころがない。たとえば、アルバート・アインシュタインは、科学的、数学的知能が高い人の典型のようにも見えるが、そういう見方は正しくない。彼はそれ以外にも、想像力や、視覚や身体的感覚を自在に駆使して問題に取り組んでいたからだ。彼自身は、ジャック・アダマールに対して「書き言葉にしろ、話し言葉にしろ、言語は、私の思考システムの中では何の役割も果たしていないようです」と話している。[26] 言語よりも大事だったのは直感である。はじめは、かすかな予兆のようなものが感じられる。それがやがてぼんやりとした像になり、次第に明瞭になっていく。その像をあれこれと操作したり、組み合わせたりするのだ。アインシュタインはさらに「私の場合、直感は視覚的なものになることが多いようです。それは時に非常に力強くなります」とも言っている。

物理学者、化学者のピーター・デバイも「私は絵でしか考えられない。何もかもを目に見えるかたちにするのだ」と言っていた。何かの問題に取り組んでいる時、彼には不明瞭な像が見えるのだという。問題が解決に向かうにつれ、像は次第に明瞭なものになっていき、問題がほぼ解決する頃には、数式に書くことができるようになる。聴覚を使う人もいる。視覚的な像が見えるのではなく、音が聞こえる。直感が音のかたちでやってくるのだ。[27] 感情を使う人もいる。デバイは「物を考えるのに、感情を駆使することもある。たとえば『こういう時、炭素原子は何をしたいと思うだろうか』というふうに炭素原子の気持ちを想像したりする」と言う(28)。

知恵というのは、単なる知識の集積ではない。数多くの事実を記憶しているというだけでは十分ではないのだ。ある分野についての知識を多く持っているからといって、知恵があるということにはならない。知識を持った上で、その知識をどう扱えばいいかを知る必要がある。自信を持つことは大事だが、自分を過信してはいけない。時には冒険をしないと大きな成果は得られないが、単なる向こう見ずになってはいけない。それまで正しいとされてきたことでも、その正しさを疑わせるようなことがあれば、きちんと向き合う必要がある。常識が覆される可能性があることを絶えず意識しているべきだ。ハリソンは、そうしたことをまったく重要視していなかった。それが失敗の大きな原因だったのだろう。

旅立ちの時

エリカがともに働いていたのは、素晴らしい頭脳を持っているにもかかわらず、目の前の問題にうまく対処できない人たちばかりだった。彼女は時間が経つにつれて、彼らのそうした欠点に我慢ができなくなってきた。絶好のチャンスを活かすことができず、何度も同じミスを繰り返すのを見ると唖然としてしまう。エリカは自分が彼らとは異質であると感じた。

それはこれまでにも何度か味わったことのある感覚である。異質だと感じるのは、もちろん、彼女の生い立ちが彼らとは大きく違うからだろう。肌の色が違うからでもある。そして、エリカが彼らと何より違うのは、人生の不条理な面に対する意識だ。彼女はチームの他のメンバーのように理詰めで物を考えない。理屈で割り切ることのできないこと、特に感情が人間にとって重要であることを認識しているからだ。エリカはある日、激しく怒りながら、ふと「自分は、このハリソンという人を救うため、神からこの地上に遣わされたのかもしれない」などと考えたりもした。もちろん、本気でそう思ったわけではないが、そう思えなくもなかった。

もし、そうだとすれば、神は彼女に大変な難題を押しつけたことになる。ハリソンは郊外に住むアッパーミドルクラスの家庭に生まれ、同じ階級の白人ばかりが集まる高校に通い、あとは一流の大学、ビジネススクールを出て、すぐに一流の企業に入ったという人である。いわば、ずっと温室の中にいたようなもので、外の世界の現実にはほとんど触れたことがない。自分と違った種類の人たちと接するのは、せいぜい高速道路のサービスエリアに寄った時くらいだ。こういう人たちの世界観は、人間は平等であり、同じ状況に置かれれば誰もが同じ行動をとるというような、単純で無邪気な前提に立つものである。確かに、誰もが彼らのように何不自由なく育ち、恵まれた暮らしをしているのであれば、その考え方の通りでいいだろう。世界が完全な秩序に従って動き、その秩序を外れることが何も起きないのなら、部屋の中に引きこもり、現実の世界に触れることなく学校で習った理論と数式だけを基に物を考えていても問題はない。

だが、世界は実際には秩序正しい場所などではないのだ。一体、何が起きるのか、予測がつかない。バーナード・マドフによる巨額詐欺事件、サブプライムローン危機、デリバティブ危機。どれも学校で習う理論を基に考えても予測のできないことだろう。「バブル」と呼ばれるような現象はどれも、皆が理性的、合理的に行動するのであれば発生するはずのないものだ。一時の熱に浮かされ、正常な判断力を失う人が多く出るからこそ発生する現象である。私たちは皆、霧の中をさまよっているようなものと言える。霧の中には、理解不能の強大な力が存在し、私たちの予測や計算など、簡単に吹き飛ばしてしまう。

慈悲深い神は、こんな無邪気な男のもとにエリカを遣わした。白人ではない、中国人とメキシコ人のハーフの小柄な女性を救世主として送り込んできたわけだ。エリカは上司や先輩たちを前にしてもひるむことはなかった。常に強硬な態度で、ハリソンやチームのメンバーたちの目を、整然としたプレゼンテーション資料から引き剝がし、下界の現実に向けさせようとしたのだ。そういうことができたのも、彼女の生い立ちのおかげだろう。彼女は混乱の中で育った。貧しい地域の現実も目の当たりにしてきた。幼い頃から日々、戦いという環境にいたので、戦いが身に染みついている。温室育ちの白人たちを、自分たちの慣れ親しんだ同類以外の人間に向けさせるのにふさわしい人材だった。人間は常に合理的に動くとは限らない、理性以外の隠れた力に動かされることもある。それを教えられるのは、まさにエリカのような人間だったのだ。有色人種の女性という不利な立場だからこそ強くなることができ、行儀の良い優等生とは違った強い態度をとることもできるようになった面もある。これまでのことは何もかも、彼女が救世主となるためだった、と考えようと思えば考えられなくもない。

とはいえ、やがてエリカは会社にいても退屈を感じるようになっていった。何かというといちいち皆で話し合うことも煩わしくなってきた。彼女は夜、長い散歩に出る。その時はあれこれと考えるのだが、次第に「もし、自分があの部署の統括を任されたら」、「もし自分の会社を持ったら」という空想をよくするようになった。歩きながら良い考えが浮かぶと、持っていたiPhoneに急いでメモする。たまらなく幸せな気分だ。自分はやがてすごいことを成し遂げる運命にある、そう思えた。ただ、しばらくすると、今の仕事を続けていても、想像を現実にするのは難しいと気づき、落ち着かなくなってきた。もはや前に進むしか道はなさそうだ。

エリカは、自らコンサルティング会社を立ち上げることを検討し始めた。はじめは、起業した場合のメリット、デメリットを冷静に比較していこう、などと思っていたのだが、どうしても気持ちが先走ってしまう。絶対に起業する前提でしかものが考えられないのだ。そのためメリットは過大評価し、デメリットは過小評価する。そして、起業の難しさも過小評価していた。

ハリソンに退社したい旨を告げると、彼女は即座に会社の立ち上げにかかった。とりあえず、自宅のダイニングテーブルが本社である。それからの彼女の動きは驚異的なものだった。

熱狂の中にいたと言ってもいいだろう。次々に電話をかけた。昔、お世話になった先生など、自分を導いてくれた人たち。かつての顧客企業の人たち。ともかく、今後の助けになりそうな人すべてに連絡を取ったのだ。ほとんど寝る間もなく動いた。新会社のためにやるべきことが後から後から頭に浮かんできた。エリカはゆっくりと椅子に座って落ち着こうとした。今、大事なことは、生き残るために必要な狭い「ニッチ」を見つけることだ。ニッチはひとまず、たった一つでいい。だが、その一つを見つけないことには先へ進めない。それはよくわかっているのだが、自分を抑えることがどうしてもできなかった。脈絡もなく色々なアイデアが浮かんできてしまうのだ。彼女は解放感を味わっていた。もう他人の考えに沿って動く必要はない。これまでにない、まったく新しいコンサルティング会社を作るのだ。それは、深い意味で「人間中心」の会社である。一人一人の人間を単なるデータではなく、それぞれに独自の個性を持った存在としてとらえる。エリカは自分の成功を信じて疑わなかった。

11章　無意識の偏見——選択の仕組み

昔々のこと、ある商店主が一つの発見をした。商品の並べ方や、店の中の雰囲気を変えれば、顧客は無意識のうちにそれに影響されるということがわかったのだ。つまり、意図的に顧客の気持ちを操作することも可能ということだ。それ以来、小売に携わる人たちは、具体的な操作の方法をあれこれと模索してきた。たとえば、現在、スーパーマーケットなど食料品を扱う店では、野菜や果物のコーナーを入り口付近に配置するのが慣例になっている。最初に「ヘルシー」なものを買った客は、あとでジャンクフードをたくさん買いやすくなるからだ。(1)

また、何かが焼ける匂いがすると、それに刺激されて買い物が進むこともわかっている。(2)毎日、店内で生地からパンを焼く店が多いのはそのためだ。そうして、一日中、パンの焼ける匂いを店内に充満させるのだ。音楽をかけておくと、売上が増えることもわかっている。イギリスで行なわれた調査では、店内にフランスの音楽をかけると、フランス産ワインの売上が急増し、ドイツの音楽をかけるとドイツ産ワインの売上が急増するという結果が得られた。[3]

ショッピングモールでは、出入り口近くに配置された店舗の売上があまり伸びない傾向にある。モールに入ってきたばかりの時点では、外にいる時とさほど変わらず、まだ買い物気分が十分に盛り上がっていないのだ。そのため、最初の何店舗かに置かれた商品は目に留まらない可能性が高い。デパートでは、女性ものの靴の売り場は、女性用化粧品売り場の隣にあるのが普通だが、これにも理由がある。靴売り場では、店員が客を置いてサイズ違いを探しに行くという場面が多くなる。その時、退屈した客があちこち見回すと、「あとで試してみよう」と思う化粧品が見つかる、というわけだ。[4]

商品が横に並べられている場合、たいていの客は、右に置かれているものほど高級なのだろうと思うという。それは、ティモシー・ウィルソンとリチャード・ニスベットの実験の結果からもわかる。二人は、まったく同じパンティー・ストッキングを四本テーブルに並べ、被験者に「どれが高級だと思うか」を尋ねるという実験を行なった。[5] すると、総じて右に置いたものほど高級と評価する傾向が見られた。右端の商品を最も高級と評価した人は全体の約四〇パーセント、右から二番目の商品を最も高級とした人は三一パーセントである。右から三番目、四番目を高級とした人は、それぞれ一七パーセント、一二パーセントにとどまった。被験者に尋ねたところでは、一人（心理学専攻の学生）を除いて全員が「置き場所に評価が影響されたとは思わない」と答えている。しかし、四つの商品がまったく同じものだと気づいた人は誰もいなかった。

レストランでは、連れの多い人ほど多く食べるという傾向がある。つまり、一人で来ている人が最も食べる量が少ないわけだ(6)。一人ではなく、二人連れでレストランに来た人は、家での食事に比べ、約三五パーセントも多い量を食べるという。四人連れになると、家での食事の七五パーセント増、七人以上になると、家での食事の九六パーセント増になると言われる。

マーケティングの専門家はよく知っていることだが、一人の人が同時に二つの違った嗜好を持っていることは珍しくない(7)。たとえば、「今すぐほしいもの」と、「いつかはほしいもの」では、同じ人でも大きく違っていることがあるのだ。映画についてのアンケートでは「DVDをレンタルして家で観たい映画はどれですか」という質問には、『ピアノ・レッスン』などの芸術性の高い作品の名前をあげる人が多い。だが、同じ人に「今夜、劇場で観たい映画はどれですか」と質問すると、『アバター』などの大ヒット作品の名前をあげることが多いのだ。

人は、大きな買い物をする時でさえ、自分のほしいものがどういうものかわかっていないことがよくある。不動産業者の間には、「客は嘘をつく」という格言がある。最初にほしいと言ったものと、実際に気に入って購入するものとはまったく違っていることが少なくないからだ。建設業者の間では、顧客の心はたいていの場合、ドアを開けてから二秒の間に決まってしまうことがよく知られている。カリフォルニア州の建設業者、キャピタル・パシフィック・ホームズでは、同社の最高級住宅を建てる際、ドアを開けてメインフロアに入った途端、窓から太平洋が見える造りにした。そして、下の階へと向かう階段からは、プールが見えるようにした(8)。価格が一〇〇〇万ドルにもなる住宅だったが、入ってすぐに海やプールが見えるようにしたことで、売上がかなり向上したらしい。この場合は「入ってすぐに」という点が重要だった。その後に見えるものはあまり影響しないのだ。

苦闘の日々

エリカは、こうした人間の思考や行動の無意識のパターンに強い関心を抱いていた(多くの人は、この種のパターンが他の人には当てはまっても、自分にだけは当てはまらないと思うものだが、エリカもやはりそうだった)。そして、立ち上げたばかりの自分のコンサルティング会社で、この種の無意識のパターンに関するデータを収集してはどうかと考えた。特に、文化によるパターンの違いがよくわかるデータがあればよいだろうと思ったのだ。収集したデータを企業に販売すれば、いいビジネスになるはずだ。

彼女は早速、データを集め始めた。アフリカ系アメリカ人やヒスパニックの買い物行動はどうか、あるいはアメリカ沿岸部の住民と、内陸部の住民では行動パターンがどう違うかなどを調べていったのだ。特に興味を持っていたのは、高額所得者と低所得者の消費行動の違いである。かつては、金持ちの方が貧乏人より労働時間が短いというのが常識だったが、一世代くらい前から、この関係が逆転していると言われる。[9] 余暇に対する考え方も逆転しているという。下流から中流に属する人たちは、週末にテレビゲームをしたり、映画を観たりしてリラックスしたいと考える傾向にある。それに対し、富裕層の人たちは本を読んだり、運動をしたりして自分を向上させたいと考える。

データをある程度集めた後は、それを詳しく分析し、顧客に販売できるような形にまとめあげた。だが、新事業は最初の段階から、予期していた以上に大変だった。エリカは顧客になりそうな企業に手紙を書き、会ったことのある経営者には片っ端から電話をかけて、自分の会社を売り込んだ。しかし、反応はほとんどない。さすがに何ヵ月かその状態が続くと、人間性も変わってくる。人間が生きていく上で必要なものとしてまず思い浮かぶのは、普通であれば、食べ物や飲み物、睡眠、愛情、休養などだろう。だが、今、エリカに必要なものはただ一つ、「顧客」だけだった。何をしていても、何を話していても、考えるのはそのことばかりになってしまう。会う人会う人を顧客になり得るかどうかで評価してしまう癖もついた。顧客がつかないまでも、毎日、少しでも成果をあげようと焦っていたが、焦れば焦るほど、成果はあがらなくなる。不安のせいで悪循環に陥ってしまっていた。夜は十分な睡眠をとらなくては、と思うのだが、思えば思うほど眠れなくなる。少しでも顧客獲得につながる有益な情報を得ようと躍起になるが、慌ててかき集めたような情報はなかなか役には立たない。

エリカは元々が「フクロウ族」だった。多くの人は午前中に最も集中力が高まる。また、正午頃に最も集中力の高まる人が全体の約一〇パーセントほどだ。ただ、大人の約二〇パーセントは、六時以降に最も集中力が高まる人たちである。彼らがいわゆるフクロウ族というわけだ[10]。エリカもその一人で、早寝早起きタイプというわけではなかったが、起業したばかりの時期は一晩中眠れないのだからさすがに異常である。時間の感じ方も前とは変わってきた。以前はもっと淡々と平和に過ぎていったはずの時間が今は、とんでもない勢いで過ぎ去っていってしまう。ガソリンスタンドに立ち寄った時には、いつの間にか「給油中に営業メールを何通送れるか」と考えている。エレベーターを待っている間にも、ポケットからiPhoneを取り出してメールを書き始める。食事も仕事用のデスクですませ、咀嚼《そしゃく》している間にメール書きだ。テレビや映画を観ることは一切ない。そのうち、肩や背中がひどく痛むようになった。夜中に何か思いついて急いでメモをとることがあるのだが、殴り書きなので、翌朝見ると自分の字がまったく読めない。

まさか自分が何のつてもない見込み顧客に飛び込みで電話をかけるようになるとは、まったく予想もしていなかった。そうして何度も無下《むげ》に断られるのだ。断られてしまえば、何も言えずそれを受け入れるしかなかった。大きな成功を夢見て始めた会社なのに、今はただ失敗する恐怖に駆られて色々なことをする状態になってしまっている。友人や元の同僚に、失敗したとは言いたくなかった。母親に「私は破産した」とは言いたくなかった。もはやその気持ちだけが彼女を動かしていたのだ。

アカデミー以来、エリカは常に前に進もうとする人だった。それなのに今は、前に進むことより、目の前の些細なことばかりが気になるようになってしまった。たとえば、顧客に提示する情報や、提案するアイデアなどを小さなバインダーにまとめていたのだが、ちょっと字が枠からはみ出していたり、バインダーの留め金が曲がっていたりすると、そのことばかり考えてしまう。もう何もかもが駄目なような気がしてくるのだ。

エリカは自分が販売しようとする商品を信じていた。消費者の行動には間違いなく隠れたパターンが存在すると信じていた。あとは企業が彼女の提供する情報に注目してくれさえすれば、きっと世界を変えられるはず、と思っていた。自分なら、顧客が世界をより深く理解する手助けができるはず、顧客を成功に導く力になれるはず、そう思った。しかし、行く手にはいくつもの障害が立ちはだかっている。まず問題だったのは、文化について話しても、相手がなかなか理解してくれなかったことだ。文化が大切なものであることは、誰もが漠然とは認識している。「企業文化」という言葉をさも重大事のように口にする人はよくいる。とはいえ、では企業文化とは具体的にどういう意味かと尋ねられてはっきりと答えられる人は少ないのだ。予算や決算の数字を見る訓練は受けてきたけれども、社会学や人類学は真剣に学んだことがないし、学ぼうと思ったこともないという人がほとんどだからである。そんな彼らにとって、エリカの話は、まるでつかみどころのないものだった。

また、民族による文化の違いを語ること自体に拒否反応を示す人も多くいた。黒人や白人、都市のユダヤ人や地方のプロテスタント信者がそれぞれどのような消費性向を持っているかという話を、エリカのような中国人とメキシコ人のハーフがするのならばまだいい。だが、同じ話を白人の経営者がするとなると事情が変わってくる。彼らは、「そういうことは口にすべきではない」という教育を散々受けてきている。ちょうど、人種、民族は皆、平等であるという意識が急激に高まってきた時代に育ったからだ。特定のグループに属する人たち、とりわけマイノリティに属する人たちを一般化して考えることなど許されないし、そういう話をおっぴらにするなど、とんでもないと思っている。そんなことをすれば自殺行為だ。キャリアが台無しになる。彼らもクリス・ロックのエスニック・ジョークに笑うことはあるだろう。エリカが文化による行動の相違について話せば、耳を傾ける人もいるかもしれない。しかし、自ら同じようなことを話すことは決してあり得ない。人種差別主義者との批判を受け、訴訟になったり、商品をボイコットされたりすることを怖れるからだ。民族や文化という言葉が出ただけで、恐怖のあまり部屋から逃げ出したくなる、そういう経営者は多い。

エリカがうまくいかなかったのは、起業のタイミングが悪かったせいもあった。脳科学への注目が急速に高まった時期と一致したのである。脳の活動の様子をカラーで映し出せるfMRIなどの存在が一般にも知られるようになり、ビジネスカンファレンスで盛んに講演をする脳科学者も現れた。そして「脳の研究が進めば、何をどう訴えれば商品を買ってもらえるのか、その秘密が明らかになる。いずれトイレットペーパーでも、サプリメントでも自在に売れるようになる」そんなことを言うのだ。

その脳科学者は、たとえば、こんな人物だ。身長約一八〇センチ、スキンヘッドで、学者らしくラフな服装で決めている。いつも、革のジャケットにジーンズ、ブーツで、小脇にバイクのヘルメットを抱えてカンファレンスの会場にふらっとやってくる。映画『グリース』から抜け出てきたようでもある。フィンランドのテレビ局の取材班がついて回っていることもある。脳科学者の人生を描き、彼の学説を伝えるドキュメンタリー番組を作るためだ。番組の中で彼が顧客にかけるなれなれしい言葉は、Tシャツに取りつけられた小型マイクがすべて拾う。マイクは、そのTシャツにはじめからついていて、永久に取り外せないようにも見える。

パワーポイントを使った彼のプレゼンテーションは磨き上げられ、まるでクロムめっきのような輝きを放つ。はじめに見せるのは、いくつかの「目の錯覚」の例である。実は大きさも形もまったく同じなのに、まったく違うものに見える二つの図形、一見、老婦人のようなのに、ちょっと見方を変えると帽子をかぶった若く美しい女性にも見える絵など。聴衆のビジネスマンたちは、目の錯覚の紹介が終わる頃には、そのあまりの不思議さにすっかり惹きつけられてしまっている。カンファレンスの各展示ブースに客寄せのために用意されたキーホルダーやトートバッグなどより、こちらの方がずっと魅力的だ。

次に脳科学者は、fMRIの画像を見せ、左脳と右脳の違いについて、また反射的に動く原始的な爬虫類脳の仕組みなどについても話す。これは実は専門性が高く、短時間で簡単に「こうだ」と言い切れるような話ではないのだが、彼はあくまで派手に、わかりやすく、聴衆を飽きさせない見せ方をする。第一、fMRIの画像だけでも、一般の人にとってはかなり衝撃的なものである。画像を見せながら脳科学者は「脳はオハイオ州を丸くしたような形をしています」などと言いながら、脳の構造を外側の層から順に説明していく。画像が切り替わるにつれ、彼は徐々に感情を昂らせていく。「見てください。ペプシを一口飲むと、脳のこのあたり、オハイオ州で言えばクリーブランド、アクロン、カントンのあたりが活動し始めます。ほら、光っているでしょう」、「フリトレーのポテトチップを食べると、マンスフィールド周辺が光り、コロンバスのあたりでも少し活動が見られます」、「フェデックスのロゴを見せると、どうなるでしょうか。あ、デイトン周辺がオレンジになりました。トリードは赤くなっています！」

「朝食用シリアルを食べると、内側前頭皮質が活動します」彼はそう言い切る。そして、「CMにレブロン・ジェームズ（バスケットボール選手）を起用すると、運動前野腹側を活動させることができます！」、「ブランドを確実に覚えてもらうためには、腹側線条体を刺激する必要があります」、「感情が強く動いた時に見たものはよく記憶されるので、まずは感情に訴えることが大事です」というようなことを次々に言う。

これは、いわば「セックスアピールのある科学」である。比較すると、エリカの文化の話は物事をはっきり言い切らないのでわかりにくい。脳科学者は、数百万ドルもする装置を使ってカラフルな画像を見せ、言っていることがすぐに目で見てわかるようにしている。それが大きい。画像を作成、表示するシステムや、画像を解析し、その結果を基に戦略を立てるサービスなども脳科学者が独占販売していることがある。そうしたシステム、サービスを利用することで、脳がどういう時にどういう活動をするかがわかり、その理解を基に効果的な販売戦略が立てられるというわけだ。もちろん、経営者は大喜びである。そういう状況の時に売り込みをかけたのだから、エリカがまるで関心を持ってもらえなかったのは当然のことだ。経営者たちは皆、脳を操作して買いたい気持ちにさせるというアイデアに夢中になっていたのだ。エリカの提供しようとするものは、市場が求めるものとはずれていた。

ある日、エリカは自動車部品メーカーのCEOと話をした。必死に売り込みをかけたが、一〇分ほど話したところでCEOが話を遮り、こう言った。「君の言いたいことはわかった。私も同じ意見だよ。でもね、君の話は退屈なんだ。取引をしたいとは思わないね」

エリカは咄嗟《とっさ》にどう返答していいかわからなかった。

「アプローチの仕方を変えてみたらどうかな。自分が何を売りたいかを話すんじゃなくて、何がほしいかを私に訊くんだよ」口説かれているのかな、とエリカは少し思ったが黙っていた。彼は話を続けた。「どういう時に嫌な気分になるか。寝食を忘れて夢中になれるものは何か。できれば他人に代わりにやってほしいと思うのはどんな仕事か。そういうことを訊くんだ。自分のことを話すんじゃなくて、相手のことを話すべきなんだよ」

どうやら口説かれているのではなさそうだった。教訓を与えてくれているのだ。結局、売り込みには失敗し、彼女は混乱した頭でオフィスを後にした。しかし、その日から何かが大きく変わった。今までは「良いものがあるから買ってほしい」というアプローチだったのが、「あなたの要望に応えるために動きます」に変わったのだ。まず、顧客がどういう問題を抱えているのかを探り、その問題を解決するために自分の集めたデータを利用する。顧客と会った時はまず「困っていることは何ですか。解決のために何かお手伝いできますか？」と尋ねるようになった。

エリカはある日、散歩に出て、色々と考えた。文化による消費性向の違いについてデータを集め、買ってもらおうとしたが、それには失敗した。しかし、脳科学者たちと同じようなことをしようとは思わなかった。科学を根拠にしているとはいえ、彼らのアドバイスはあまりに陳腐であることに気づいていたからだ。では、どうすればいいか。

「もう、やめてしまおう」とは一切、考えなかった。ペンシルベニア大学のアンジェラ・ダックワースが言っているとおり、成功した人間の多くは、遠い将来に達成すべき一つの目標を持ち、途中で何が起きてもその目標を追求し続けた、という人たちである(11)。次々にあちらこちらへと関心が移ってしまう人は、そのどれに関しても人から抜きん出ることはできない。学校は、生徒に幅広い科目を勉強させる。だが、人生に成功するためには、何か一つ自分のすべきことを見つけ、それを生涯続けていくということが求められるのだ。

行動経済学

自分に必要なのは、顧客の問題解決に役立つ何かを提供することだ、とエリカは気づいた。自分の持っている専門知識は必ず問題解決に役立つはずだと思った。彼女は、人の関心の対象や意思決定の仕方が文化によってどう変わるかに関心を持ち、それをずっと調べてきた。

そういう知識は市場価値を持つはずだった。あとは、自分の持っている知識をどう伝えるか、ということである。どういう言葉で語れば、ビジネスマンに理解してもらえるかを考えなくてはならない。基本的には、誰にでも馴染みのある言葉を使うべきだが、少し科学の要素も盛り込んだ方がいいだろう。そう思っていた時に彼女が出会ったのが行動経済学という学問である。

認知科学は近年、大きな進歩を遂げた。経済学者の中には、その成果を何とか自分たちの研究分野に活かそうと模索してきた人たちがいる。それが行動経済学者と呼ばれる人たちである。彼らは第一に、古典派経済学の人間のとらえ方を否定した。その一部、あるいはほぼすべてを「誤り」としたのだ。その点はエリカにとって非常に魅力的だった。古典派経済学者たちの頭の中では、人間は皆、洗練された、知的な存在である。常に穏やかで、何が起きても決して驚き慌てるようなことはない。すべての人が、頭の中に不思議なほど正確な世界のモデルを持っていて、そのモデルを基に次に何が起きるかを予測する。記憶力も信じがたいほど優れている。どういう状況においても、意思決定にどのような選択肢があるかをすぐに見抜き、個々にどういうメリット、デメリットがあるかも即座に判断できる。自分が何がほしくて何をしたいのかをよくわかっていて、矛盾した二つの欲求の間で揺れ動いたりはしない。何か道具を持っていれば、（それが何であれ）必ず最大限に活かすことができる。他人との結びつきはすべて何かの目的を伴ったもので、互いに相手のために何をするかはあらかじめ決まっており、一定の期間が経過すれば関係は解消される。その関係により期待された利益が得られなければ、それを解消して、また違う人間と関係を結び直す。誰もが完璧な自制心を持っており、自分にとって結局は害になるような衝動が湧いても必ず抑えることができる。周囲の雰囲気に影響されたり、群集心理に捕らえられたりすることなく、常に自分の利益、不利益を考え、自分の意志で決断を下すことができる。

実際にはそんな人間はどこにも存在しない。そのことは、古典派経済学者たちでさえ、すぐに認める。ただ、人間をこういうものだと仮定して物を考えると、実際の人間の行動をかなり正確に予測できるというのが彼らの主張だ。この仮定に基づけば、厳密な数学モデルを作ることも可能になる。そういうモデルがあれば、経済学が科学らしく見えることは確かである。モデルがあれば、「経済学は、心理学のような曖昧で混沌とした学問ではなく、物理学のように明確、冷徹で整然とした学問である」と主張することが可能になる。人間の経済行動についての法則を打ち立て、数式で行動を分析したり、予測したりすることもできるようになる。M・ミッチェル・ワールドロップはこのことについて次のように言っている。

「理論経済学者たちにとって数学は、森の牡鹿にとっての角のような強力な武器である。その武器で互いに戦い、自分の縄張りを確立するのだ。角を使えない牡鹿など、存在しないのも同然だ」

行動経済学では、古典派経済学者の思い描く人間像を不正確なものとし、実際の人間の経済行動を予測するには役立たないと考える。(12) この分野の先駆者となったのは、ダニエル・カーネマン、エイモス・トベルスキーという二人の心理学者だったが、後になって彼らの考え方を、リチャード・セイラー、センディル・ムッライナタン、ロバート・シラー、ジョージ・アカロフ、コリン・キャメラーといった経済学者たちが採用するようになった。彼らの特徴は、人間の意識下の認知に目を向けたという点である。そして、理性が感情によって大きく影響されること、自制心はあっても必ず発揮できるとは限らないことなどに注目した。人間の知覚は、先入観によって、また前後関係によって左右されやすい。集団で話し合った場合には、不合理な意思決定が下されやすくなる。そして、何より重要なのは、「人間はあまり未来のことを考えられない」ということである。未来の成功を犠牲にしても現在の満足を優先させる傾向があるのだ。

ダン・アリエリーは著書『予想どおりに不合理——行動経済学が明かす「あなたがそれを選ぶわけ」』の中で次のように書いている。「この本で紹介した研究から得られる教訓を一つあげるとすれば、それは、私たちは皆、ゲームの駒であり、駒が一体どういう力によって動かされるのか、私たち自身にもほとんどわからないということである。私たちは、普段、自分は自分の人生の運転席に座っていると思っている。どの方向に進むのか自分で決められると思っている。だが、残念ながら、それは現実とは違う単なる願望にすぎない。そうであってほしいと私たちは思っているが、本当はそうではないのだ(13)」

行動経済学者たちは、人間が気まぐれに抱く直感を重要視する。直感が市場の動向などに大きな影響を与えるというわけだ。直感の中には、たとえば、公平感、公正感なども含まれる。会社員の給与は、市場原理だけで決まっているわけではない。人は、自分の仕事から見て公平、公正な額の給与をもらいたいと考える。それは経済原理と言うよりも道徳観によって決まる額である。経営者の側は、そういう払われる側の観念も考慮に入れて、給与を決定する必要があるのだ。

人間は、理性的、合理的と思われる行動からいつ、どのように、どの程度、逸脱するのかが行動経済学の関心事である。人間が合理的な行動をとれない、とらない要因は様々である。周囲の人たちからの圧力もあるだろうし、自分自身への過信、怠惰、自己欺瞞などが要因になることもある。何か商品を買った時に、「一定の金額を支払えば通常より保証期間を延長できる」と言われれば、余分なお金を支払って延長保証を受ける人が多い。その保証が必要になる可能性はまずなく、支払ったお金がほぼ確実に無駄になる場合でもそうする人が多いのだ。ニューヨーク州の保険局では以前、ファストフード店のメニューボードのそばにカロリーの情報を提示すれば、客が摂取カロリーの少ない「ヘルシー」な食事をするのではないかと考え、その対策を実施した。しかし、実際には、客の摂取カロリーは、対策前よりも少し増える結果になってしまった(14)。

古典派経済学者たちは、経済は常に平衡状態に向かう傾向にあると信じている。それに対し、行動経済学者は、人間の持つ感情や「野性の本能」のようなものの影響を重視する。自信や信頼、恐怖や強欲、そういうものがバブルや恐慌、グローバルな金融危機などにつながったと見るわけだ。行動経済学者の中には、古典派経済学の創始者たちがもし、人間の心の内部構造について今の我々と同じくらい理解していれば、経済学はもっと違ったものになっていたのではないか、という意見を持つ人もいる。行動経済学の方が、自分が日々、目にしている現実をうまく説明できる、とエリカは思った。そして、行動経済学を学べば、自分が集めたデータについて、アメリカ中の企業に多くいるMBA取得者たちにとってわかりやすい言葉で語る方法がわかるのではないかとも思った。

ただし、エリカの考え方は、深いところでは行動経済学者たちとは違っていた。そもそも彼女の関心は経済学よりもまず、文化にあった。また、彼女は社会を一つの有機生命体だと思っていた。人と人とが複雑に関係し合い、その関係が発展することによって生まれるもの、と考えたのだ。行動経済学者は確かに理論だけでなく、人間の実際の行動に目を向けているのだが、それでもやはり経済学者である。古典派経済学者たちが無視していた人間の複雑さや誤謬などを考慮してはいるが、そうした複雑さや誤謬を予測可能なもの、体系的にとらえられるもの、従って数式でも表現できるものと考えている。エリカはその点に疑いの目を向けた。自分たちの都合のよいように事実を曲げているのではと思ったのだ。人間の行動は一定の法則には従わず、数式やモデルで表現できないと認めてしまえば、彼らの研究はもはや「経済学」とは呼べなくなる。経済誌に寄稿することも、経済学のカンファレンスに出席することもできなくなる。それが困るのではないだろうか。経済学ではなくなり、心理学に分類されるようになれば、学術の世界における序列が大きく下がってしまう。そういうことを恐れているのかもしれない。

とはいえ、あまり責めることもできない。仮に明確な法則に基づく冷徹な学問であるかのように装っているのだとしても、そうするだけの十分な理由はあるからだ。実のところ、エリカもその点ではあまり変わらなかった。見込み顧客に、科学への敬意が強い人が多いからだ。また、「社会を一種のメカニズムと考えるよう教育を受けてきている人も多い。相手の考え方がそうなのであれば、こちらも多少は歩み寄らなければ話を聞いてはもらえない。エリカは、文化を基本にした営業戦略を見直し、行動経済学を基本に据えることにした。その方がニーズもあるだろうし、顧客にとって魅力的に見えると思ったのだ。

ヒューリスティクス

エリカは、主要な行動経済学者の著書を何冊か読んでみた。それによると、ある状況でとるべき行動にいくつか選択肢があると思える場合、個々の選択肢の背後には、「選択アーキテクチャ」というものが存在するという。選択アーキテクチャとは、その人の決断の基準となる無意識の枠組みのようなものである。選択アーキテクチャは、「ヒューリスティクス」のかたちをとることが多い。ヒューリスティクスとは、「こういう時は、こうすればいい」という経験則のようなものである。確実にそれでうまくいくわけではないが、あまり考えなくてもかなりの程度、物事がうまく運ぶ。その時々の状況に応じ、以前、それと同じ、あるいはよく似た状況で得た経験則が選ばれ、適用されることになる。

これに関連する現象として「プライミング」があげられる。これは、先行する知覚が後の知覚、ひいては後の行動に影響を及ぼすという現象である。たとえば、被験者に高齢者に関わりのある単語（入れ歯、杖、白髪、など）をいくつか見せると、単語を見る以前よりも歩くのが遅くなるということが実験で確認されている。さらに、喧嘩に関わりのある単語（無礼、いら立ち、邪魔、など）をいくつか見せると、その後、会話の際に人の話に割って入ることが増えることも確認されている。[15]

テストやスポーツの前に、誰かが良い成績をあげた話を聞くと、何も聞かなかった場合より結果が良くなるとも言われる。「成功、名手、勝利」といった言葉を言ったり聞いたりしただけでも、結果が良くなるという。[16] 雑学テストの前に大学教授についての話を聞かされると、そうでない場合より点数が上がるということもわかっている。大学教授ではなく、あまり教養に関係のなさそうな職業について話をされると、大学教授の場合より点数が下がる。その職業の持つ一般的イメージが影響するようなのだ。アフリカ系アメリカ人の生徒たちに、テストの前、「君たちはアフリカ系だ」と言って聞かせると、そうでない場合より点数が明らかに悪くなるという報告もある。[17] アジア系アメリカ人の女子生徒に、数学のテストの前、「君たちはアジア系だ」と言うと点数が上がり、「君たちは女性だ」と言うと点数が下がる、という実験結果も得られている。[18]

プライミングには色々なはたらきがある。何人かの学生にまず、自分の電話番号の最初の三桁を書いてもらい、その後に「チンギス・ハーンが亡くなったのは西暦何年だと思うか」

と尋ねると、最初に電話番号を書かない場合よりも、三桁の年号を答える学生が増えるという[19]（実際には一二二七年没）。

ヒューリスティクスに関連する現象としては他に、「アンカリング」があげられる。人間は、どのような情報も単独で処理することはない。情報はすべて他の情報との関係を考慮して処理している。あらゆるものは、他の何かとの比較によって評価されるのだ。そのように、他の何かを評価の基準にすることを「アンカリング」と呼ぶ。一本三〇ドルのワインは、一本九ドルのワインのそばに置かれていると高いと感じるが、一本一四九ドルのワインのそばでは安く感じる（ワインショップがほぼ必ず、まず誰も買わないであろう極めて高価なワインを店内に置いているのはそのためだ）。ある時、ビリヤード台を扱う店の店主が実験をした[20]。ある週には、客にまず、店内で一番安い、三二九ドルの台を見せ、それから順に高い台を見せていった。その週に台を購入した人たちが使った金額の平均は五五〇ドルだった。次の週には、最初に三〇〇〇ドルの台からはじめて徐々に安い台を見せるようにした。すると、その週に台を購入した人たちが使った金額の平均が一〇〇〇ドルを超えたのだ。

その他には、「フレーミング」という現象もある。これは、たとえ同じ状況に直面しても、事前にどのような情報を与えられるか、またその情報がどういう形で与えられるかによって見え方が変わり、その後の意思決定にも影響を及ぼすという現象である。たとえば、同じ手術でも、医師に「失敗する確率は一五パーセントです」と言われるのと、「成功する確率は八五パーセントです」と言われるのとでは印象が変わる。前者の場合は手術を断る患者が増えるが、後者の場合は手術をしてくれという患者が増えるのだ。スーパーマーケットでスープ缶を買う時も、ただ普通に棚に並んでいるだけだと、一缶か二缶をカートに入れる人が多くなる。ところが、「お一人様一二缶まで」という但し書きがあると、カートに四缶、五缶と入れる人が増える。ダン・アリエリーはこんな実験をしている。[21] 彼はまず学生に、「自分の社会保障番号の下二桁を書くように」と指示した。その後、オークションに参加させた。すると、社会保障番号の下二桁の数字が大きい（八〇から九九の間）学生は、小さい（一から二〇の間）学生に比べて、商品が同じでも入札額が高くなる傾向が見られた。同じワイヤレスキーボードへの入札額が、前者は平均で五六ドルだったのに対し、後者では平均一六ドルになった。それ以外にもいくつもの商品に入札してもらったところ、前者の入札額は後者の入札額の二・一六倍から三・四六倍という結果になったのである。どうやら、社会保障番号の下二桁の数字が、意思決定の枠組み（フレーム）として使用されたようなのだ。

事前に何かを予期することも、その後の判断や意思決定に影響を与える。人間はすでに得られている情報を基に、頭の中でこれから起きるであろうことを大まかに思い描く。その時、何をどう、思い描いたかで、実際に起きたことの見え方、感じ方が変わるのである。たとえば、ハンドクリームを「これは痛みに効くよ」と言われて渡されれば、頭の中に「塗れば痛みに効くだろう」という予期が生まれる。予期していれば、たとえそれが単なるハンドクリームであっても、痛みが少し和らいだように感じる。同じ鎮痛剤を処方されたとしても、一錠二ドル五〇セントと言われた場合と、一〇セントと言われた場合では、前者の方が鎮痛効果が高いと感じるようだ。[22] 仮に鎮痛剤が実際にはプラシーボ（偽薬）であったとしても結果は同じになる。ジョナ・レーラーはこれについて「人間は、自分の予期したことを自ら実現しようとする」と書いている。[23]

「慣性」という要素も重要である。脳は倹約家だ。認知に費やすエネルギーをできるだけ節約しようとする。人間に「現状維持のバイアス」があるのはそのためだ。誰もが、今の状態は永遠にそのまま続くはず、という偏見を持っているのだ。現状がそのまま変わらないのであれば、外界から多くの情報を取り入れる必要はなく、認知のエネルギーを節約できる。TIAA-CREF（米国大学教職員退職年金／保険基金）は、主として大学の教職員向けの年金や保険を扱う保険会社だが、調査によれば、利用者のほとんどは一度決めたプランを二度と変更しないという。それがたとえどういうものだろうと、最初に契約したプランに固執し、まったく見直そうとはしないのだ。[24]

性的興奮も価値判断や意思決定に影響を与える。性的に興奮した状態になると、物の見方や考え方に変化が起きるのだ。そのことは、南アフリカの銀行が、ハーバード大学の経済学者、センディル・ムッライナタンとともに実施した実験でも確かめられている。顧客に融資の提案をするダイレクトメールを何種類か用意し、どれが最も効果があるかを調べる実験だ。ダイレクトメールはそれぞれ、使う写真や、ローンの利率を変えるなどして違いを持たせた。それでわかったのは、顧客が男性の場合、微笑んでいる女性の写真を使ったダイレクトメールへの反応が良いということだ。微笑んでいる女性の写真は、ローンの利率を五パーセント引き下げるのと同じくらいの効果をもたらした状態のである。[25] ダン・アリエリーは、性的に興奮した状態（どういう状況かは詳しく書かない。詳しく知りたい人はあまりいないだろう）にある男性と、そうでない男性に、同じ質問をして、答えてもらうという実験をしている。「嫌いな相手とのセックスでも楽しめるか」という質問に、「楽しめる」と答えたのは、性的に興奮していない男性の場合は全体の五三パーセントだったが、性的に興奮した状態の男性の場合は全体の七七パーセントにのぼった。「一二歳の少女とのセックスを想像できるか」という問いに「できる」と答えたのは、興奮状態にない男性では二三パーセントだったのに対し、興奮状態の男性では四六パーセントにもなった。また「デートの相手にセックスを迫って、断られた場合、すぐに諦めるか」という質問に「諦めない」と答えたのは、興奮状態にない男性では二〇パーセントにとどまったが、興奮状態の男性では四五パーセントになった。[26]

「損失への嫌悪」もヒューリスティクスに関わる。何らかの理由でお金を失うことによる苦痛は、お金を得ることによる喜びよりも大きいということがわかっている。前述のダニエル・カーネマン、エイモス・トベルスキーは、賭けについて多くの人に質問をしている。[27] 賭けの条件がどういうものならば受け入れられるかを尋ねたのだ。すると、たとえば四〇ドルを受け取れる可能性がある賭けであれば、だいたい二〇ドルくらいならば失う危険を冒してもいいという答えが返ってきた。損失への嫌悪の強さは、投資家の行動にもよく表れている。投資家は、株価が上がっていて「今売ると得をする」という時の方が、株価が下がっていて

「早く売らないと損失が大きくなる」という時よりも早く株を売る。これは自滅的な行動であり、結果的にみすみす損を増やすことになるのだが、なぜこういう行動を取るかというと、「損が出ている」ということを認めたくないからだ。損失を認めることは大きな苦痛を伴うのである。

再出発

エリカは行動経済学を学び、人間の持つ無意識の偏見に関連する語彙を徐々に増やしていった。ただ、行動経済学もやはり、現実社会から離れた大学のキャンパスの中で研究される学問なので、その知見をそのままコンサルティングのビジネスに活かすというのは難しい。企業の役員室で話して興味を持ってもらうには工夫がいる。一種の翻訳作業が必要、ということだが、その翻訳をどうすべきか、具体的な方法を見つけ出さなくてはならなかった。

貯金が目減りしていく中、エリカは何週間も翻訳について考え続け、メモにあれこれと書いていった。自分の書いたメモを読んでいくうち、彼女は重大なことに気づいた。それは「私には無理だ」ということである。自分にできないとしたら、誰かできる人に頼むしかないだろう。学術的な知見を現実の社会にうまく応用できる人を探さなくてはならない。

彼女はあちこち尋ねて回った。コンサルティング業界の友人たちにもそういう人がいないか訊いた。メールも大量に送り、フェイスブックにも人材を募集している旨を投稿した。そして、ついに友人の友人を介して、良さそうな人を見つけることができた。すぐに入社が可能ということだし、給与などの条件も折り合いそうだ。その人こそ、物語のもう一人の主人公、ハロルドだった。

12章　自由と絆——二つの幸せ

生まれてから一八年の間、ハロルドは常に「今、自分は何をすればいいか」が明確になっている人生を歩んできた。両親の監督、指導が過度とも言えるほど行き届いていたからだ。学校ではまず良い成績を取ればいい、というのは明らかだったし、スポーツも代表選手としてチームを勝たせればよかった。そうして、とにかく、周囲の大人が喜ぶことをしていれば何も問題はなかったのだ。

そこにテイラー先生が現れた。彼女は、それまで単純だったハロルドの人生に、「ひだ」のようなものを加えてくれたのだ。目の前の目標だけを見るのではなく、もっと広い視野で物事を考えることの大切さを教えてくれた。世界史理論に興味が向くようになったのも先生のおかげである。様々な事象を世界史的な視点で見れば、自然に広い視野で物事をとらえることになる。時には、あまりの壮大さに圧倒され、混乱して、困った状況に陥ることもあったが、彼が大きく変わり始めたのは確かだ。

大学に入ると、ハロルドはまた新たな発見をした。それは、自分が意外に「面白い」人間だということである。大学というところには、二つの世界が存在した。一つは、昼間の世界だ。そこは履歴書に書けるような実績や資質が重要視される世界である。教師が喜ぶことが最良とされる世界だ。ハロルドはその世界ではあまり目立たない存在だった。「自分がどれだけ多くの課題をこなさなくてはならないか」という話題が会話の大半を占めており、ハロルドはとてもその中には入っていけなかった。

もう一つの世界、それは夜の世界である。皮肉の効いた、とても品が良いとは言えないユーモアが支配する世界だ。そこでは、社会的な業績など何の意味も持たない。何より称賛されるのは、面白いことを言える奴だ。面白ければ面白いほどいい。

ハロルドと友人たちは、ユーモアのセンスを互いに競い合い、鍛え合っていた。日々、あらゆる種類のジョークを繰り出し合うのだ。風刺的なものもあり、不謹慎なものや、自虐的なものもあった。ものまねを披露することもあった。それも単純なものまねではなく、少しひねった感じのシュールなものが多かった。言葉だけを聞くとかなりひどいことを言い合ってはいたが、もちろん、本当にそのとおりのことを思っているわけではなく、それが仲間であることを確認する手段だったのだ。そして、きついジョークを多く言えるほど、仲間内での地位が上がった。

彼らはいつもユーチューブなどで、辛辣で笑えるジョークがないかを探していた。皆でコーエン兄弟の映画や、『アメリカン・パイ』シリーズの映画の文化的重要性について話し合ったりすることもあった。その他、少しの間、有志の人たちが無償で「よってたかって」一つのソフトウェアを作り上げる、いわゆる「オープンソースソフトウェア」のプロジェクトに関心を寄せたことがあった。これまでにない、人間関係の新しいあり方ではないかと感じたのである。「有名になるのなら、どのくらいがいいか」というような話もした。ブラッド・ピットくらいか、それともセバスチャン・ユンガーくらいか。音楽は、ただ聴いて楽しめるというものより、それについて話ができるようなものを皆、好んだ。ネオ・ハウスや、レトロ・エレクトロ・ファンクなど、知的な雰囲気のものがよかったのだ。聴く音楽も自己演出の一種だった。音楽に限らず、一般の人たちとは違ったマニアックなものや人に関心を向ける。大学の勉強とは別に、インターネット上で何カ月も探し回って見つけたようなものにのめり込むのだ。ハロルドやその仲間が強い関心を示した人の例としては、オランダの過激な交通研究家、ハンス・モンデルマンなどがあげられる（信号や標識をなくした方が交通は安全になる、という主張をしている人物）。

　もっと前の世代であれば、先鋭的な学生たちは、映画評論家のポーリン・ケイルや、映画監督のイングマール・ベルイマンなどについて議論を戦わせたかもしれない。しかし、ハロルドたちの世代は違う。彼らは、文化や芸術ではなく、テクノロジーこそが社会を大きく変革すると考える。幼い頃にｉＰｏｄと出会い、そのままｉＰｈｏｎｅ、ｉＰａｄにもごく若いうちから慣れ親しんできた彼らにとっては、そう考えるのが自然だったのだ。もし、スティーブ・ジョブズがｉＷｉｆｅ（ｗｉｆｅ＝妻）という製品を世に出したとしたら、発売日に購入（結婚）しただろう。単に、アーリーアダプターだというだけではない。「アーリーディスカーダー（early discarder＝早く捨てる人）」でもある。飛びつくのも早いが、捨てるのも早いのだ。いくら夢中になったものでも、社会に広まり、主流になってしまえばすぐに捨てる。チタンのネックレスに凝ったのは一四歳の頃だが、すぐにやめた。大学に入る頃には、家具をユーモラスなものにすることに凝った。ただし、ガムボールマシン（ガムの自動販売機）を部屋に置いたりするのは嘲りの対象になった。逆に、飛行機の客室乗務員が使うサービスカートを家でリカーキャビネットにし、お酒を入れていたりすると感心された。

ハロルドのユーモアセンスは総じてなかなかのものだったが、ルームメートの存在のおかげでそれが目立たなくなった。大学の寮で最初にルームメートになった男だ。高校での成績は良くなかったが、SATの点数は良かった。名前は、マークという。ハロルドがはじめて寮の部屋に入ってきた時、マークはすでにそこにいた。映画『欲望という名の電車』でマーロン・ブランドが着ていたような、袖のないアンダーシャツを着て、汗だくになっていた。

マークはロサンゼルス出身で、一メートル九〇近い長身、筋肉質で、ハンサムな顔は少し浅黒かった。いつも、三日くらい伸ばしたままにしているような汚いあごひげを生やしていて、髪もぼさぼさの状態だ。アイオワ大学の創作講座にいる作家の卵たちによくいるようなタイプだ。体格はがっしりしているが神経は繊細という感じ。彼はすでに部屋にスライディングボードを持ち込んでいた。深夜、急に思い立ったらすぐにエクササイズができるように、ということだ。ベッドも自前のものを持ってきていた。寮の備えつけのベッドに寝る気はないらしい。独身者こそ、ベッドに投資すべき、という考えだったようだ。

マークは笑いのためであれば、自らを貶《おとし》めることも厭わなかった。また、自分の人生を一種の「ピカレスク小説」のようなものにすべく、演出しているところがあった。平穏な日常を送るのではなく、アドレナリンが大量に放出されるような日々を求めていたのだ。たとえば、一年生の時には経験もないのに、アマチュアボクシングの大会である「ゴールデングローブ」に、「コーシャー・キラー（ユダヤ人殺し）」という名前でエントリーした。エントリーしたにもかかわらず、試合に向けたトレーニングはしないのだ。ただ、ボクシングのことを書くブログを立ち上げただけである。試合の日、彼は葬儀屋の格好をしたリングガールを伴って現れた。リングガールたちは彼を入れる棺を運んで来た。試合開始後、わずか八九秒でマークはKOされたが、テレビのローカルニュースで散々取りあげられた彼はすでに地元の有名人になっていた。

テレビのオーディション番組『アメリカン・アイドル』に挑戦したこともある。カイトサーフィンを始め、そのおかげで、NBAチームのオーナーと知り合いになったりもした。フェイスブック上には四〇〇〇人もの友達がいて、夜は主にその人たちとあれこれやりとりをして過ごす。彼はとにかく自身の言う「濃い生活」を送るべく努力していたのだ。血が沸き立つようなすごいことを常に探していた。

ハロルドは、ルームメートの言うこと、することをどの程度、真面目に受け止めるべきかいつも迷っていた。マークは部屋のあちこちに付箋《ふせん》紙を貼る。付箋紙には「やれ！　体を売る気になれば何でもできる！」という具合に、少々、下品なスローガンのようなものが書かれていた。自分を励ましているようでもあるし、単にふざけているようでもある。彼には何でもリスト化する癖もあった。これまでに寝た女性のリスト、裸を見たことのある女性のリスト、彼を殴った人間のリストなど。無実の罪で社会奉仕活動をさせられた知人のリストなどもあった。一度、部屋の中に雑誌『メンズ・ヘルス』が置いてあるのを見つけたことがある。中を開けてみると、肌荒れに関する記事に「まったくだ！　そのとおり！」という書き込みがあった。何やらよほど共感するところがあったらしい。

高校時代、仲間内のリーダー的存在だったハロルドだが、今やマークのフォロワーになっていた。小説『グレート・ギャッツビー』で言えば、マークがギャッツビーで、ハロルドは語り手のニック・キャラウェイということになる。かつては自分が人を引っ張っていたのに、引っ張られる立場になった。迷いの多い若い時期に、マークという驚くべき存在に大きく影響されたのだ。いつでも躁状態のようなエネルギーに満ちたマークのあとを追いかけ、少しでも楽しさを共有しようとした。

作家のアンドレア・ドンデリは、人間には、何か困ったことがあった時、「他人に助けを求める人」と「自分で何とかしようとする人」の二種類がいる、と言っている。前者は、人に何かを頼むことをまったく恥ずかしいことだとは思わない。頼んだ結果、断られても特に何も感じないのだ。招待されないのに自分から申し出て他人の家を訪ね、一週間くらい滞在することもできる。お金や車も平気で貸してくれと言うし、時には恋人を貸してくれなどと言い出す。頼むことを良くないことだとは一切、思っていない。また、断られても怒り出すようなことはない。他人の頼みごとを断ると罪悪感を覚える。彼らが頼みごとをするとすれば、答えが一〇〇パーセント、「イエス」であると確信がある時だけだ。他人の頼みごとを断る場合、直接「ノー」と言うことはない。あれこれ言い訳をしながら、遠回しに断りたいということを伝える。頼みごとは、されるにしろ、するにしろ、精神的に大変な負担になり、人間関係を危機に追い込む。

一方、自分で何とかしようとする人は、頼みごとが好きではない。[1]

マークは「助けを求める人」であり、ハロルドは「自分で何とかする人」であった。この違いが、時折、二人の間に問題を引き起こした。ハロルドは自己啓発本の類に手を伸ばしそうになることもあった。自己啓発本の中には、突き詰めれば「自分で何とかする人」が「助けを求める人」に変身する方法を書いているものが多いからだ。だが、ハロルドが実際にそういう本を読むことはなかった。その一点を除けば、マークは一九歳の若者にとって非常に魅力的な存在だった。いつも上機嫌で、いつも動き回っていて、いつも人を楽しませる。若者の活力の象徴のようだ。大学を卒業した後には、すぐにそのまま世界一周の旅に出かけてしまった。これから自分の人生をどうするか、などということは何も考えていない。ただ、非常に早いうちから、自分は何らかのかたちで文化に貢献する立場の人間になる、そういう運命だと信じてはいた。映画、テレビ、デザイン、ファッションなど、様々なジャンルの文化のために自分の感受性を活かす。そうすれば、世界中から感謝されるはずだと信じていたのである。

卒業式の前日、マークはハロルドに声をかけた。「旅に出ている間、僕のアパートに住まないか？」そう言われて、後の数年間、ハロルドはその場にいない男とルームシェアをすることになった。マークは何カ月か留守にしたかと思うと、時々、ふらりと帰ってきて、ヨーロッパで出会った女性の話など、面白い土産話をあれこれと聞かせた。

ハロルドは大学卒業後、大学院へと進み、グローバル経済学や国際関係学などを学んだ。さらにその後は就職活動をしたわけだが、彼は面接をうまくこなすことができた。コツのようなものをつかんだのである。ただ礼儀正しく、上品で控えめな態度をとっているだけではなく、「夜の世界」の顔を少し見せることが大事だった。あえて、やや不遜な態度をとったのだ。同じような応募者ばかりで退屈している面接官は必ず気に入ってくれた。少なくとも、ハロルドが本当に働きたいと思っていたところの面接官は皆、そうだった。

大学院卒業後のハロルドは、しばらくの間、はっきりとした目標のないまま何となく過ごしていた。少しでも良さそうなことには何でも手を出した。いくつものＮＧＯで社会奉仕事業に携わったこともある。その中には、たとえば、発展途上国に良質な飲料水を提供する団体などがあった。すでに高齢になったロックスターが設立した団体である。だが、やがて、団体のプライベートジェットで世界各地を飛び回る活動にも飽きてきた。そこで次に志したのが雑誌の編集の仕事である。ハロルドは、『ザ・パブリック・インタレスト』、『ザ・ナショナル・インタレスト』、『ジ・アメリカン・インタレスト』、『ジ・アメリカン・プロスペクト』、『フォーリン・ポリシー・アンド・フォーリン・アフェアーズ』、『ナショナル・

アフェアーズ』など、数々の雑誌の求人に応募し、幸い、そのうちの一つに採用が決まった。編集者になった彼は、互いに矛盾する言葉を組み合わせたフレーズをいくつも考え出し、それに基づく記事を次々に作っていった。フレーズの例としては、「現実的な理想主義」、「道徳的な現実主義」、「協調的な単独行動主義」、「利己的な多国間協調主義」、「単極性の防衛的覇権」などがあげられる。記事はどれも編集主幹に頼まれて作ったものである。編集主幹は毎年、ダボス会議に参加していたが、これまであまりに多くのセッションに出すぎて、少し頭が混乱しているところがあった。

一見、面白そうな仕事だが、煩雑な調査作業が多く必要で、面倒な上に退屈だった。大学時代はゼミで、トルストイやドストエフスキーについて語り、「悪とは何か」というような高度な問題について激しい議論を戦わせていたのに、社会に出たら、資料を大量にコピーするだけに長時間を費やす日々を何年も送ることになってしまった。コピー機の前にいると、思わず眠ってしまいそうになる。それを必死にこらえるのだ。結局、色々な資料を適当につなぎ合わせて、間に合わせの記事を作っているだけだ。会社や雑誌を運営しているのは、すでに腹の出てきた中年の大人たちである。彼らは安定した仕事を持ち、社会的な身分も確保している。だが、彼らの手足となって雑誌を実際に作っている若者たちは、身分も不安定で、記事の内容を事実と照らし合わせるような面倒な仕事はすべて引き受けさせられている。また、若い人たちにはセクハラなどの危険もつきまとう。

ハロルドの両親は、徐々に心配になり始めていた。社会に出て何年も経つというのに、まだ進むべき道が定まっていないように見えたからだ。ただ、ハロルド本人の心情はもっと複雑だった。第一に、まだ道を決めたくない、落ち着きたくないという気持ちが強かった。まだ大人になりたくない、と思ったのだ。彼の友人も皆、同じような感じだった。もっといい加減な生き方をしている奴もいた。とにかく職を転々とする。少しの間、教師をしていたかと思えば、派遣社員になったり、バーテンになったりする。そんなふうに、ふらふらと二十代を過ごしていた。住む場所も次々に変わる。街から街へと移り住むのだ。一貫性がないので、次にどこへ行くのかまるで予測がつかない。服を着替えるように、住む場所と職業を変えているような具合だった。仕事や場所を変えることで、次々に違う自分になろうとしているようにも見えた。新しい自分になっても、それに少し慣れると、また新しい土地に行こうとする。ある調査によれば、アメリカ人でも若い層は、「ロサンゼルスに住みたいか」と尋ねられれば約三八パーセントが「住みたい」と答えるという。だが、中年以上のアメリカ人の場合は、「ロサンゼルスに住みたいか」と尋ねられて「住みたい」と答える人はわずか八パーセントほどだという[2]。ハロルドの友人たちは、ある年はサンフランシスコにいるかと思えば、次の年はワシントンＤＣにいるという状態だった。変わらないのはメールのアドレスくらいで、他はすぐに変わってしまう。

　しかし、一方でハロルドには、自分の人生がこれからどうなるのかを知りたいという気持ちも強くあった。いつの日か、天職と言える仕事が見つかることを夢見てもいた。そんな仕事が見つかれば、もうあちこち移動する必要はなくなるし、自分の人生に意味が生まれるだろう。彼は、人生に何か「テーマ」のようなものがほしいと願っていた。テーマがあれば、人生に起きるいくつもの出来事が一つにつながる。今、起きていることは、その前に起きたことにも、その後に起きることにも関係がないと思うと、辛いこともあるが、そういう気持ちがなくなるのだ。彼は、いつか何でも知っている「人生の師」のような人が目の前に現れることも夢想していた。その人が自分を前に座らせ、どう生きるべきか、なぜここにいるのかを教えてくれないかと願っていた。しかし、そんなモーセのような人は決して現れなかった。もちろん、現れるはずもない。それに、実際にやってみるまで、どの仕事が天職なのかは決してわからない。やってみなければ自分に向いているかどうかは絶対にわからないのだ。どんなことでも、実際に試して自分の目で確かめるのに代わる方法はない。頭で想像することは代わりにはならないのである。

ハロルドは、自分でもあまり良いとは思えない方向に自分が変わっていくのを感じていた。自分の知識や感性を他人にひけらかすような、鼻持ちならない人種になり始めていたのだ。まだ、ほとんど何もしていないのに、少なくとも感性や審美眼は優れているはずと思い、それを誇りにしていた。彼は、何かの道で成功した有名人の人格的な欠陥をあげつらって笑いものにするコメディ番組をよく見ていた。まだ立場が定まらず、不安に駆られている彼のような若者たちの気持ちにつけ込んだ番組だ。

そうかと思えば、彼は、恥じることなく上の立場の人間のご機嫌を取ることもあった。会社の主催するパーティーに出た時などは、上司に気に入られるべく、あちらこちらへと奔走した。人は出世すればするほど、人からおだてられたくなるものだ、ということにハロルドは気づいていた。おだてられないと、精神の平衡を保てなくなってしまうのである。彼は、偉い人をおだてるのがとても上手であった。

たとえ上司をおだてたとしても、それが昼間、会社にいる時であれば、誰にも軽蔑はされないということもハロルドは知っていた。夜、同僚と飲みに行く時に悪口を言い、心から軽蔑しているのだということを皆にわからせればいいのだ。大学の同窓生の中には、四年間、友達もおらず、いつも一人でテレビを見ていたのに、今やハリウッドで注目の若手プロデューサーとなり、将来を約束されているような者もいた。そういうことにハロルドはとても驚いていた。大人の世界は彼にとって本当に不思議だった。一筋縄ではいかない。

人生の区分

人生はかつて、大きく幼児期、思春期、成年期、老年期の四つの時期に分けられるとされていた。しかし、現在、人生は少なくとも六つの時期に分けられると考えられる。たとえば、幼児期、思春期、冒険期、成年期、引退後の活動期、老年期、というふうに。ハロルドはちょうど、最近になって増えた冒険期に入っているようだった。冒険期は、思春期から成年期に移る前にあれこれと迷い、さまよう時期である。

その人が成年期にいるかどうかは、四つの基準で判断できる。親の家から出ているか、結婚しているか、家族を持っているか、経済的に独立しているか、である。一九六〇年代には、七〇パーセントのアメリカ人が三〇歳までにこうした条件を満たしていた。しかし、二〇〇〇年には、この比率が四〇パーセント未満にまで下がった。この傾向が最も早く進む西ヨーロッパ諸国では、さらに比率が低くなっている。思春期と成年期の間にもう一つ別の期間があることは、この数字からも明らかだ。(3)

別の期間の存在を裏づける数字は他にいくつもある。ジェフリー・ジェンセン・アーネット著『新しい大人（*Emerging Adulthood*）』、ロバート・ワスナウ著『ベビーブーマー以後（*After the Baby Boomers*）』、ジョセフ・アレン、クローディア・アレン著『終わりなき思春期からの逃亡（*Escaping Endless Adolescence*）』といった本に例があげられている他、ブルッキングス研究所のウィリアム・ガルストンなどもその種のデータを集めている。

同棲する人は増えるが、結婚する年齢は遅くなっている。その傾向は世界中で共通して見られる。(4)一九七〇年代初め、結婚前にパートナーと同棲するアメリカ人は全体の三割にも満たなかった。ところが、一九九〇年代には、それが六割を超す。フランス、ドイツ、オランダ、イギリスでは、一九八〇年から二〇〇〇年の間に初婚年齢の中央値（メジアン）が五歳から六歳上がっている。ごく短期間に、驚くべきライフスタイルの変化があったことがわかる。一九七〇年には、二五歳のアメリカ人のうち、一度も結婚していない人は全体のわずか二割にすぎなかった。しかし、二〇〇五年になると、二五歳のアメリカ人で一度も結婚していない人が六割にも達している。

ロバート・ワスナウも書いているとおり、先進国においては、発展途上国に比べ教育に長い時間を要しており、学校を卒業して社会に出る年齢が高くなっている。また、就学期間は世界全体で長くなる傾向にある。[5]二〇〇〇年と一九七〇年を比べると、平均の就学期間は約二〇パーセント長くなっている。

こうした変化は、いくつもの要因が絡み合って生じた。まず一つは、寿命が長くなったことである。そのため、自分の進む道を決めるまでの時間を長く持てるようになった。経済が以前に比べて複雑になったことも要因の一つだ。それにより、職業選択の幅が広がった。選択肢が多い分、その中から自分に合ったものを選ぶのに時間がかかるようになったのである。社会の分断が進んだことも要因にあげられる。ある集団、コミュニティに属すると、心理的な壁ができ、他との接触があまりなくなる。それだけに、どこに属するかを決めるのに時間を要することになる。女性が以前に比べて高い教育を受けるようになり、フルタイムで働く人が増えたことも変化の大きな要因となっている。アメリカの場合、家の外で年に五〇週間働く女性は、一九七〇年の時点で全体のわずか二六パーセントにすぎなかった。[6]二〇〇〇年には、この数字が四五パーセントに上がっている。フルタイムで働く女性は必然的に、結婚して家庭を持つことを先に延ばしたいと考える、あるいはそうせざるを得ないと考える。少なくとも、仕事上である程度の地位を固めないうちは無理だと思うのだ。

また、現在は、若い人が「大人」というものに対して、相反する感情を同時に持つようになっている。ジェフリー・ジェンセン・アーネットも書いているように、身分が保障され、生活が安定するという意味では、彼らも大人になりたいと思う。その一方で、同じことを繰り返すだけの日常を送りたいとは思わない。行動の自由を制限すること、夢に限界を設けることもよしとはしない。

ハロルドやその友人たちも例外ではなかった。彼らの人生に対する考え方は、かつての若者たちとは大きく変わっていた。少し前の世代であれば、若者はまず結婚をし、その後は二人で行動をともにすべき、と考えた。二人で世界の中での自分たちの居場所を固めていくべきと考えたのだ。しかし、ハロルドたちの世代は、それとは違う考え方をしていた。彼らは、まず自分の居場所を固め、安定を確保し、経済的にもゆとりができてから、その後に結婚をする、という考え方だったのだ。

彼らは何も従来の価値観をすべて否定しているわけではなかった。安定した収入を得て、結婚して郊外の家に住み、子供を二人設けるという暮らしをしたい気持ちもあった。親は子供のために自らの幸福をある程度、犠牲にすべき、という気持ちは、過去の世代よりハロルドの世代の方が強いようでもある。ただ、彼らは平和で、(総じて)経済的に豊かな時代に育っているためか、「努力すれば夢はかなう」という確信が驚くほど強い。一八歳から二九歳までのアメリカ人に、「あなたはいつの日か自分が望んだとおりの人間になれると思いますか」という質問をすると、九六パーセントが「そう思う」と答えるという。信じがたいほどに「自分は特別」という気持ちが強い(7)。ティーンエイジャーに対し、「あなたは自分が重要な人間だと思いますか」という質問をされて、「そう思う」と答えた人の割合は、一九五

○年には一割を少し超えるくらいだったが、一九八〇年代の後半には八割に達している[8]。
　他の多くの若者たちと同じように、ハロルドもまた、最後には何もかもがうまくいくと信じていた。だが、彼は自分がいつの間にか大きな体制に組み込まれて生きていることに気づき、いら立ちを覚えた。思春期と成年期の間の冒険期はまだ歴史が浅いので、その時期にどう過ごすのが適切なのか確かな指針はない。とはいえ、すっかり体制に組み込まれてしまうのは、まだ早いという気持ちになってしまう。ハロルドには、信仰心もあまりなかった（データによれば、現在の若者は、一九七〇年代に比べても教会に行かなくなっている[9]）。特別な民族的アイデンティティを持っているわけでもなかった。彼の世界観は、特定の新聞やオピニオンリーダーの影響を受けたものではない（主にウェブで情報を入手しているためだ）。また、世界恐慌や第二次世界大戦などのような歴史的事件に影響されたということもない。経済的な苦境に立たされたこともない。一八歳から三四歳までのアメリカ人は、両親から平均で三万八〇〇〇ドルほどの経済援助を受けていると言われる[10]。ハロルドもやはり両親からの援助を受けており、それで生活に困ることはなかった。

　ハロルドの生きている世界には、道しるべになるようなものはほとんどなかった。特定の価値観、習慣に従うこともなく、達成すべき目標を与えられることもない。だが、彼は心のどこかで自分がそういうものを求めているのを感じることがあった。心を固めてくれるものがほしかったのだ。アメリカの社会評論家、マイケル・バローネは「アメリカ人の場合、二〇歳くらいでは特に目立たなかった人が、三〇歳くらいで開花することが多い」と言っている。[11] 何の制約も受けず、他人に指図されることもなかった人が、二十代の時に何か目標を定め、強い制約にさらされるようになると、元の姿からは想像できない優秀な人間に生まれ変わることがあるというのだ。

ハロルドはそんなことを知っていたわけではない。先の見通しのないまま、ルームメートのマークが置いていった古ぼけたソファに座り、シューティングゲームをして無為に時間を過ごす日々を送っていた。しかし、楽しい時間も確かにあった。良い友人もたくさんいた。

仲間たち

両親のもとを離れてから、結婚するまでの間、ハロルドは友人たちのグループとともに生きていた。その友人たちは皆、ハロルドと同様、進むべき道が定まらない、中途半端な状況にいた。年齢は二二歳から三〇歳までの間。大学時代に学内で出会った友人が中心だったが、それ以外にも友人の友人が徐々にメンバーに加わるというかたちでグループは拡大していき、ついには二〇人ほどに増えた。

メンバーの多くは、地元の店で少なくとも週に一回、夕食をともにしていた。マークも、戻ってきている時にはそこに参加した。メンバーでソフトボールのチームを作っていたし、よくバレーボールもしていた。感謝祭やクリスマスにも、帰省ができなかった者がいれば、誰かが食事をともにした。お金の貸し借りをすることもあったし、旅行の時には、互いに空港まで車で送り合った。誰かが引っ越しをする時には、皆で手伝った。要するに、少し前の社会ならば、親戚が果たしていたような役割をすべてメンバーが果たしていたというわけだ。

ハロルドは、グループのメンバーたちはいずれも、素晴らしい才能の持ち主だと信じていた。まだ無名だが、いずれその才能を存分に発揮する日が来るはずと思っていたのだ。中にはシンガーソングライターの卵もいれば、研修医もいた。駆け出しのアーティストやグラフィックデザイナーもいた。平凡な職業に就いている者もいたが、彼らは別の面白い顔を持っていた。熱気球に乗る者、スカイダイビングなどのエクストリームスポーツに挑む者、クイズの名手もいた。グループの中には、メンバーどうしの男女交際を禁ずる暗黙のルールがあったが、互いに真剣に愛し合っていると認められた場合には、許されることになっていた。

その当時のハロルドにとって、グループのメンバーとの会話は、他の何よりも楽しいことだった。カフェやバー、パーティーで何時間も話し込んだ。テレビドラマ『サーティー・ロック』の中の場面を再現したり、上司の愚痴を言ったり、就職の面接の前には互いに練習台になったりもした。「四〇歳を過ぎた人間が、トレーニングでもないのに人前でスニーカーを履くことは許されるか否か」という些細な問題について真剣に話し合ったこともある。学生時代と変わらない、賑やかな会話だった。学生に戻った気分も味わっていたのだろう。皆、大したことではなくても、含みをもたせたような言い方をすることを好んだ。「僕はナルシストだって言われているけど、ただのナルシストじゃない」という具合に。彼らは、互いに「ウッフィー」という通貨をやり取りしていたと言えるかもしれない。ウッフィーは、お金にはならないが、誰かに喜ばれるような物を創造したり、喜ばれるようなことをした場合に与えられる通貨である。元はコリイ・ドクトロウの小説の中に出てきたものだ。その他、メンバーがよく話題にしていたのは、グループの中で一番、成功しそうなのは誰かということである。実社会で成功できる賢さ、非情さを備えているのは誰か、ということを延々話し合うのだ。

ハロルドたちのグループのように、人間どうしがネットワーク状につながった場合に一体何が起きるか、ということについては、この数年間だけでも様々な研究が行なわれている。それでわかったのは、まず、ネットワーク内では、色々なことが人から人へと伝わっていくということである。友人に太った人が多ければ、自分もやはり太りやすい。明るい人が多ければ、自分も明るくなる。タバコを吸う人が多ければ、自分もタバコを吸ってしまう。寂しがり屋が多ければ、自分も寂しがり屋になる。ニコラス・クリスタキスとジェームズ・H・ファウラーによれば、ある人が肥満になるかどうかには、その人の配偶者よりも友人の方が大きな影響を与えるという。

結局のところ、友人たちと過ごす時間が楽しかったのは、友人たちを自分の利益のために利用するつもりがまったくなかったからだ。ともに過ごすことそのものが目的であり、それ以外に何の目的もなかった。彼らと長く過ごすほど、生きているという実感が得られた。それだけで十分であり、それ以上のものは何もいらなかった。何時間でも一緒にいられたし、話はいつまでも尽きなかったのだ。皆で踊ることもよくあった。踊ることを儀式としている集団は世界中に数多く存在するが、現代のアメリカ社会では、そういう習慣はほぼ廃れてしまっている(スクエアダンスなど、いくつかの例外はある)。カップルがセックスの前に一緒に踊るということはあっても、集団が儀式として踊るようなことはまずないのだ。しかし、ハロルドたちのグループは、集まるとよく全員で踊っていた。集まるのは、バーだったり、誰かのアパートだったりしたが、どこでも構わず踊るのだ。ただし、ペアを組んだり、動きを揃えたりすることはない。男も女も関係なく、一人一人がてんでばらばらに踊る。時折、誰かと誰かの動きが合う時はあるが、すぐにまたばらばらになる。まるで、雲のように次々に形を変えていくのだ。踊りには特に何の目的もない。求愛や誘惑などではない。単に大勢が揃って踊る、それ自体が目的である。

運命

だが、ある日、ハロルドの運命は大きく変わった。それは正確には二日間にわたる出来事だった。ハロルドは、マークをはじめグループの何人かの友人とスポーツバーにいて、テレビのワールドカップ中継を見ていた。試合がクライマックスに近づいた頃だった。あと残り数分、という時だ。その時、マークが肘でハロルドの肩をつついてきた。そして、今、思いついた、という感じでこう言ったのだ。「なあ、一緒にロサンゼルスに行って、テレビのプロデューサーになる気はないか?」

ハロルドはマークの顔をちょっと見て、すぐに視線をテレビに戻した。「よく考えてから物を言ってるのか？」

「そんな必要はないよ。運命だからね。僕はそのために生まれてきたようなものだ」試合は一進一退で決着がつかない。バーにいる全員が叫んでいる。そんな中、マークはこれからの人生の計画について話し出した。最初のうちは何本か下らない番組を作る。多分、テレビショッピングの番組か刑事もののドラマだろう。しばらく続けたら、何年か休暇をとって、稼いだ金で楽しむ。休みが明けたら、いよいよ本腰を入れて番組を作り始める。十分に金が貯まったら、世界のあちこちに家を買い、楽しく過ごす。存分に楽しんだ後は、ＨＢＯ（『セックス・アンド・ザ・シティ』などで有名なアメリカのケーブルテレビ局）ですごいドラマを作って世界を変える。何より素晴らしいのは、自分の才能だけでお金が稼げるということだ。そうなれば、完全な自由が手に入る。特定の会社やプロジェクトに縛りつけられることもないし、世間の古い考えに拘束されることもない。何をどうしても自由なのだ。

面白いのは、マークがやると言えば、きっとやるのだろうとハロルドは思っており、まったく疑っていなかったことだ。マークには、良い意味で深みというものがなかった。どういうものが広く一般に受け入れられるか、それを察知する力があった。彼ならば、大衆に受け入れられる番組が作れるに違いない。難解すぎるものや、実験的すぎるものは決して作らないだろう。彼が好きなものは、世界中の多くの人が好きなものだ。彼の嫌いなものは、多くの人が嫌いなものだ。少なくとも、平日の夕方はテレビを観て、土曜の夜は映画を観る、そんなことが当たり前のようにできる国ではそうに違いない。

しかし、それでもハロルドは賛成しなかった。「いつまでもそんなふうには生きていけないよ」そう返事をした。議論が始まった。二人が話したのは、ハロルドが大学の寮ではじめてマークに会った日からずっと話し続けているようなことだった。「自由と責任」という話である。果たして人生はまったく気ままな方が幸せなのか、それとも、どこかにしっかりと根を下ろした方が幸せなのか。

まずマークが自分の意見を述べ、次にハロルドが意見を述べた。どちらもさして斬新な意見ではない。マークは、ずっと変わり続けること、その楽しさを強調した。世界中を旅して、次々に新しいことに挑む、それが何より楽しいのだと言ったのだ。中年になって、ただ毎日、大変で退屈な仕事に耐えているのは嫌だ、という。毎日、同じ会社に出勤して、毎日、同じ妻のもとへ帰ってくる。穏やかな日々だ。でも、絶望している。その絶望感を紛らわせるために一人、酒を飲んで眠る。そういう毎日は嫌だ、とマークは言った。

ハロルドはそれとは反対の立場だった。彼は、愛する人たちとの安定した絆が大切だと言った。旧い友人たちと食事をすること、子供たちの成長を見守ること、ずっと同じ街に暮らし、その街に何らかの貢献をすること、その大切さを訴えたのだ。それに比べれば、マークの目指す人生など、虚飾だけの底が浅いものだ。見境なしにセックスをすれば、その時は楽しいかもしれない。金を儲けて、色々な物を手に入れれば、人に自慢できるかもしれない。だが、その結果、悲しく孤独な老後を迎えるのだとしたら、何もかも虚しい。

これは古くからある議論である。ジャック・ケルアックの小説『路上』と、フランク・キャプラ監督の映画『素晴らしき哉、人生!』の間にある議論と言ってもいい。社会科学の研究では、今のところはハロルドの方に分があることがわかっている。

近年、「人を幸せにするものは何か」ということが盛んに研究されている。その種の研究では、まず対象となる人に「あなたは幸せですか?」と尋ね、「はい」と答えた人がどういう人生を送っているのかを調べる、という方法がよく用いられる。それにより、幸せと答えた人の人生に何か共通する特徴はないかを見るのだ。何とも垢抜《あか》けない方法のようだが、この種の調査の結果が驚くほど一貫していて、信頼性が高いというのも事実だ。

調査でまずわかるのは、お金と幸福の関係が複雑なことである。裕福な国ほど幸福な国であり、裕福な人ほど幸福であるという傾向は確かにあるのだが、両者の相関関係は意外に弱い。その人が幸福かどうかは、何を幸福とするのか、という定義に大きく左右されるからだ。それは、専門家の間でも意見が分かれ、激しい議論になっている問題である。キャロル・グレアムが著書『ハピネス・アラウンド・ザ・ワールド(*Happiness Around the World*)』で書いているように、ナイジェリア人は、自分たちのことを日本人と同じくらい幸福だと評価している。日本の一人当たりのGDPはナイジェリアの二五倍と、経済力には圧倒的な違いがあるにもかかわらずそういう結果が出ているのだ。バングラデシュでは、自分の人生に満足している人の割合が、ロシアの二倍に達するという報告もある。アメリカ人の生活水準は、過去五〇年の間に劇的に向上した。しかし、それで幸福感が目立って上がったという証拠はない。五〇年前に比べ、社会がはるかに不平等になったが、そのことで国民の幸福感が減少しているわけではない。貧困層も、必ずしも不平等だから不幸とは感じていないという[12]。

たとえば、宝くじに当たったりすれば嬉しいことは間違いないし、しばらくの間はとても幸福でいられるだろう[13]。だが、長期的に見て、それがどういう影響を与えるかはよくわからない。貧困層から中流層に移った人が感じる幸福感は、中流の人が上流に移った時のそれよりも大きいと言われている。幸福度は、ある程度まで、収入の上昇とともに上がるのだが、どこかで上昇が頭打ちになり、それ以降、収入が増えてもほとんど幸福度は上がらなくなる。

仕事で成功を収めて出世をしていくのは、ほとんどの人の場合、中年期だが、その時期の幸福度が人生で最も高いとは限らない。それよりも、まだ駆け出しの二十代や、そろそろ引退をし始める六十代の時期の方が幸福度が高くなる傾向も見られる。物質的な豊かさを重視する人は、そうでない人に比べて幸福度が低いということも言われる。

これまでの調査でわかったことの中でも特に重要なのは、「どうすれば自分が幸福になれるのか」をよくわかっていない人が実は多いということだ。たいていの人は、仕事やお金、不動産などの価値を過大評価している。反対に、人と人との絆や、努力して何かを成し遂げることの価値は、過小評価されがちである。アメリカ人の場合、平均すると「年収があと九万ドル多ければ、自分の夢はすべてかなう」[14]と考えていることになるが、その考えが間違っていることも調査によって確かめられている。

以上のように、お金と幸福との関係は複雑だが、その一方で、人との絆と幸福との関係は非常に単純だ。人との絆が深まるほど、幸福感も大きくなるという傾向がはっきり見られる。たとえば、結婚生活を長く続けている人は、そうでない人より幸福度が高い。[15] ある調査では、結婚がもたらす精神的満足は、年一〇万ドルの収入に匹敵するという結果も得られている。[16] また、友人たちのグループに入り、たとえ月に一回でも定期的に集まることができれば、収入が倍になったのと同じくらいの幸福感が得られるということもわかっている。[17]

一年間、一人のパートナーとだけセックスをしていた人は、一年の間に複数の相手とセックスをした人に比べ幸福度が高くなるという。[18] 友人の多い人は、そうでない人に比べ、ストレスレベルが低く、寿命も長くなる。[19] 外向型の人は内向型の人よりも、自分を幸福と感じやすい。ダニエル・カーネマン、アラン・B・クルーガー、デイヴィッド・シュケイドらの研究によれば、人間の日々の活動の中でも、特に幸福に結びつきやすいのは、ほとんどすべてが人との付き合いに関係するものだという。[20] セックスをすることもそうだし、仕事帰りに飲みに行くことや、友人と食事をすることなどもその例である。反対に、日々の活動の中で、特に幸福度を下げやすいのは、一人になることの多いものだ。通勤などはその例だろう。職業も、人との関わりが多いもの（企業の経営者、美容師、保育士、看護師など）ほど幸福に結びつきやすい。[21] 反対に、人との関わりの少ない職業（工場機械のオペレーターなど）や、人と歪んだ関わり方をする職業（売春婦など）は、幸福度を下げる可能性が高い。

ロイ・バウマイスターは、こうした調査結果について次のように言っている。「他のどんなことよりも、人間関係に恵まれているか否かを見ることが、その人の幸福度の高さを知る確かな手がかりになる」[22]

マークは、こういう議論になった時、必ず、何物にも縛られない自由の素晴らしさを訴えるような映画やロックの曲を引き合いに出した。ハロルドは、それに対し、映画やロックの詞は若者の支持を得るための戦略上、そうなっているんだと反論した。ハロルドは、大人として幸せに生きるためには二つのことが必要なんだと言った。どちらも、彼自身が必要としていることである。一つは、良い結婚をすることだ。良い結婚ができれば、仕事でいくら失敗や挫折を経験しても、絶えず一定以上の幸福を感じていられる。逆に、良くない結婚をしてしまったら、仕事でいくら成功を収めたとしても、いつもどこか満たされない思いで生きることになるだろう。

もう一つ必要なのは、仕事でも趣味でもいいから、何か、自分の能力のすべてを注ぎ込める対象を見つけることだ。何かに懸命に打ち込み、数々の苦労、失敗を重ね、それを糧としてやがて成功を収め、他人から認められる、そういう人生が歩めれば、とハロルドは思っていた。

二つは互いに矛盾する。それはハロルドもわかっていた。結婚をすれば、仕事につぎ込む時間は減ることになるだろう。仕事に集中してしまえば、結婚相手に費やす時間は減ってしまう。この問題をどうすればいいのかは、彼にはまったくわからなかった。だが、ハロルドには二つとも必要だった。そして、自分の望む生き方は、マークが望むような、どこにも、誰にも、何にも縛られない自由な生き方とは相容れないとわかっていた。ハロルドが生まれ育ったアメリカ社会では、過去四〇年にわたり、個人主義、自己実現、個人の自由ということが重視されてきた。多くの人が明確にその価値観を支持してきた。だが、ハロルド自身の考えはそれとは違っていたのである。彼は、人や地域とのつながりを求めた。他人との深い関わり合いが自分には必要だと感じていた。単に自分の能力を最大限に発揮するだけでは十分ではなかったのだ。同時に人と関わっていかなければ、自分は幸せになれない。そう思っていた。

エリカ

人生は不思議な偶然の連続である。何カ月も職探しを続けてまったくうまくいかなかったのに、ある日、急に二つの会社から同時に来てくれと言われることもある。何年もずっと生涯の友人、パートナーと呼べる人を探し求めて、誰も見つからなかったのに、突然、二人も同時に見つかる、そういうこともある。マークと議論をしたまさに翌日、ハロルドはマークの言うような人生を歩む可能性を自ら閉ざすことができた。ある出来事をきっかけに、それとは違った道が彼の前に開けたのだ。

彼のところに一通のメールが届いたのである。ランチの誘いだった。友人の友人のエリカという女性からだ。彼女は、自分で会社をやっていて、その事業を助けてくれる人を求めているということだった。ハロルドのことを聞いて、適任だと思ったという。フェイスブックで調べてみたら、エリカは華奢で、魅力的な女性だった。ラテンアメリカ系とアジア系のハーフらしい。彼女と仕事をするかどうかは決めかねたが、知り合いになりたいとは思った。そこで、喜んで誘いに応じるというメールを書いた。仕事にも興味を持っているふりをしたが、彼の頭の中はロマンティックな想像でいっぱいになっていた。

（下巻につづく）

原注

はじめに

1 Timothy D. Wilson, *Strangers to Ourselves: Discovering the Adaptive Unconscious* (Cambridge, MA: Belknap Press, 2002), 24.（『自分を知り、自分を変える――適応的無意識の心理学』村田光二訳、新曜社（2005））
2 Wilson, 5.
3 John A. Bargh, "The Automaticity of Everyday Life," in *The Automaticity of Everyday Life*, ed. Robert S. Wyer (Mahwah, NJ: Lawrence Erlbaum Associates, Inc., 1997), 52.
4 Douglas R. Hofstadter, *I Am a Strange Loop* (New York: Basic Books, 2007), 228.

1章　意思決定

1 David M. Buss, *The Evolution of Desire: Strategies of Human Mating* (New York: Basic Books, 2003), 47–58.（『女と男のだましあい――ヒトの性行動の進化』狩野秀之訳、草思社（2000））
2 Daniel Akst, "Looks Do Matter," *The Wilson Quarterly*, Summer 2005, http://www.wilsonquarterly.com/article.cfm?AID=648&AT=0.
3 Steven Johnson, *Mind Wide Open: Your Brain and the Neuroscience of Everyday Life* (New York: Scribner, 2004), 25–26.（『マインド・ワイド・オープン――自らの脳を覗く』上浦倫人訳、ソフトバンクパブリッシング（2004））
4 Ayala Malakh Pines, *Falling In Love: Why We Choose the Lovers We Choose* (New York: Routledge, 2005), 33.
5 Peter G. Caryl et al., "Women's Preference for Male Pupil-Size: Effects of Conception Risk, Sociosexuality and Relationship Status," *Personality and Individual Differences* 46, no. 4 (March 2009): 503–508, http://www.sciencedirect.com/science?_ob=ArticleURL&_udi=B6V9F-4VC73V2-2&_

user=10&_coverDate=03/31/2009&_rdoc=1&_fmt=high&_orig=search&_origin=search&_sort=d&_docanchor=&view=c&_acct=C000050221&_version=1&_urlVersion=0&_userid=10&md5=3f12f31066917cee6e3fbfdc27ba9386&searchtype=a.

6 David M. Buss, "Strategies of Human Mating," *Psychological Topics* 15 (2006): 250.

7 Matt Ridley, *The Red Queen: Sex and the Evolution of Human Nature* (New York: Penguin Books, 1995), 251.（『赤の女王――性とヒトの進化』長谷川眞理子訳、早川書房（2014））

8 Janine Willis and Alexander Todorov, "First Impressions," *Psychological Science* 17, no. 7 (2006): 592.

9 Charles C. Ballew II and Alexander Todorov, "Predicting Political Elections from Rapid and Unreflective Face Judgments," *Proceedings of the National Academy of Sciences of the United States of America* 104, no. 46 (November 13, 2007): 17948–53.

10 Ridley, 298.（『赤の女王』前掲書）

11 John Tierney, "The Big City: Picky, Picky, Picky," *New York Times*, February 12, 1995, http://www.nytimes.com/1995/02/12/magazine/the-big-city-picky-picky-picky.html.

12 Martie G. Haselton and David M. Buss, "Error Management Theory: A New Perspective on Biases in Cross-Sex Mind Reading," *Journal of Personality and Social Psychology* 78, no. 1 (2000): 81–91.

13 Helen Fisher, "The Drive to Love: The Neural Mechanism for Mate Selection," in *The New Psychology of Love*, eds. Robert J. Sternberg and Karin Weis (Binghampton, NY: Yale University Press, 2006), 102.

14 Judith Rich Harris, *The Nurture Assumption: Why Children Turn Out the Way They Do* (New York: Touchstone, 1999), 140.（『子育ての大誤解――子どもの性格を決定するものは何か』石田理恵訳、早川書房（2000））

15 Malakh Pines, 5.

16 Geoffrey Miller, *The Mating Mind: How Sexual Choice Shaped Human Nature* (New York: Anchor Books, 2000), 373–74.（『恋人選びの心――性淘汰と人間性の進化』長谷川眞理子訳、岩波書店（2002））

17 Iain McGilchrist, *The Master and His Emissary: The Divided Brain and the Making of the Western World* (New Haven, CT: Yale University Press, 2009), 257.

18 Miller, 369–75.（『恋人選びの心』前掲書）
19 Helen Fisher, *Why We Love: The Nature and Chemistry of Romantic Love* (New York: Henry Holt, 2004), 110–12.（『人はなぜ恋に落ちるのか？——恋と愛情と性欲の脳科学』大野晶子訳、ヴィレッジブックス（2007））
20 Michael S. Gazzaniga, *Human: The Science Behind What Makes Us Human* (New York: Harper Perennial, 2008), 95.
21 Buss, 44–45.（『女と男のだましあい』前掲書）
22 Buss, 63–64.（『女と男のだましあい』前掲書）
23 Guenter J. Hitsch, Ali Hortacsu, and Dan Ariely, "What Makes You Click?—Mate Preferences and Matching Outcomes in Online Dating," *MIT Sloan Research Paper* No. 4603-06, http://papers.ssrn.com/sol3/Papers.cfm?abstract_id=895442.
24 Stendhal, *Love*, trans. Gilbert Sale and Suzanne Sale (New York: Penguin Books, 2004), 104.（『恋愛論』大岡昇平訳、新潮社（1970））
25 Rachel Herz, *The Scent of Desire: Discovering Our Enigmatic Sense of Smell* (New York: HarperCollins, 2008), 4–5.（『あなたはなぜあの人の「におい」に魅かれるのか』前田久仁子訳、原書房（2008））
26 Esther M. Sternberg, *Healing Spaces: The Science of Place and Well-Being* (Cambridge, MA: Belknap Press, 2009), 83–84.
27 Claus Wedekind et al., "MHC-Dependent Mate Preferences in Humans," *Proceedings: Biological Sciences* 260, no. 1359 (June 22, 1995): 245–49, http://links.jstor.org/sici?sici=0962-8452%2819950622%29260%3A1359%3C245%3AMMPIH%3E2.0.CO%3B2-Y.
28 Antonio R. Damasio, *Descartes' Error: Emotion, Reason, and the Human Brain* (New York: Penguin Books, 2005), 51.（『デカルトの誤り——情動、理性、人間の脳』田中三彦訳、筑摩書房（2010））
29 Damasio, 193–94.（『デカルトの誤り』前掲書）
30 Damasio, 194.（『デカルトの誤り』前掲書）
31 Damasio, 174.（『デカルトの誤り』前掲書）
32 Joseph E. LeDoux, *The Emotional Brain: The Mysterious Underpinnings of Emotional Life* (New York: Simon & Schuster, 1996), 302.（『エモーショナル・ブレイン——情動の脳科学』松本元、小幡邦彦、湯浅茂樹、川村光毅、石塚典生訳、東京大学出版会（2003））
33 Gerald Edelman, *Bright Air, Brilliant Fire: On the Matter of the Mind* (New York: Basic Books, 1992), 69.

34 Kenneth A. Dodge, "Emotion and Social Information Processing," in *The Development of Emotion Regulation and Dysregulation*, eds. Judy Garber and Kenneth A. Dodge (Cambridge: University of Cambridge Press, 1991), 159.

2章　生活観の違い

1 Daniel Gilbert, *Stumbling on Happiness* (New York: Alfred A. Knopf, 2006), 221.（『明日の幸せを科学する』熊谷淳子訳、早川書房（2013））

2 Roy F. Baumeister, *The Cultural Animal: Human Nature, Meaning, and Social Life* (Oxford: Oxford University Press, 2005), 116.

3 Joseph T. Hallinan, *Why We Make Mistakes: How We Look Without Seeing, Forget Things in Seconds, and Are All Pretty Sure We Are Way Above Average* (New York: Broadway Books, 2009), 47.（『しまった！——「失敗の心理」を科学する』栗原百代訳、講談社（2010））

4 Natalie Angier, "Birds Do It. Bees Do It. People Seek the Keys to It," *New York Times*, April 10, 2007, http://www.nytimes.com/2007/04/10/science/10desi.html?pagewanted=1&_r=1&adxnnl=1&adxnnlx=1277571934-Wb1eIWRnCZrsHvyL0HJExg.

5 Baumeister, 115–16.

6 Barry R. Komisaruk, Carlos Beyer-Flores, and Beverly Whipple, *The Science of the Orgasm* (Baltimore, MD: Johns Hopkins University Press, 2006), 72.（『オルガスムの科学——性的快楽と身体・脳の神秘と謎』福井昌子訳、作品社（2014））

7 Regina Nuzzo, "Science of the Orgasm," *Los Angeles Times*, February 11, 2008, http://www.latimes.com/features/health/la-he-orgasm11feb11,0,7227478.story.

8 Mary Roach, *Bonk: The Curious Coupling of Science and Sex* (New York: W.W. Norton & Co., 2008), 237.

9 Regina Nuzzo, "Science of the Orgasm."

10 Melvin Konner, *The Tangled Wing: Biological Constraints on the Human Spirit* (New York: Henry Holt & Co., 2002), 291.

3章　乳児期の成長

1 Joseph LeDoux, *The Synaptic Self: How Our Brains Become Who We Are* (New York: Viking, 2002), 67.（『シナプスが人格をつくる――脳細胞から自己の総体へ』森憲作監修、谷垣暁美訳、みすず書房（2004））

2 Jeffrey M. Schwartz and Sharon Begley, *The Mind and the Brain: Neuroplasticity and the Power of Mental Force* (New York: HarperCollins, 2002), 111.（『心が脳を変える――脳科学と「心の力」』吉田利子訳、サンマーク出版（2004））

3 Kim Y. Masibay, "Secrets of the Womb: Life's Most Mind-Blowing Journey: From Single Cell to Baby in Just 266 Days," *Science World*, September 13, 2002.

4 Betsy Bates, "Grimaces, Grins, Yawns, Cries: 3D/4D Ultrasound Captures Fetal Behavior," *Ob.Gyn. News*, April 15, 2004, http://www.obgynnews.com/article/S0029-7437(04)70032-4/fulltext.

5 Janet L. Hopson, "Fetal Psychology," *Psychology Today*, September 1, 1998, http://www.psychologytoday.com/articles/199809/fetal-psychology.

6 Bruce E. Wexler, *Brain and Culture: Neurobiology, Ideology, and Social Change* (Cambridge, MA: MIT Press, 2006), 97.

7 Bruce Bower, "Newborn Babies May Cry in Their Mother Tongues," *Science News*, December 5, 2009, http://www.sciencenews.org/view/generic/id/49195/title/Newborn_babies_may_cry_in_their_mother_tongues.

8 Janet L. Hopson, "Fetal Psychology."

9 Otto Friedrich, Melissa Ludtke, and Ruth Mehrtens Calvin, "What Do Babies Know?" *Time*, August 15, 1983, http://www.time.com/time/magazine/article/0,9171,949745-1,00.html.

10 Frederick Wirth, *Prenatal Parenting: The Complete Psychological and Spiritual Guide to Loving Your Unborn Child* (New York: HarperCollins, 2001), 14.

11 Alison Gopnik, *The Philosophical Baby: What Children's Minds Tell Us About Truth, Love, and the Meaning of Life* (New York: Farrar, Straus, & Giroux, 2009), 205.（『哲学する赤ちゃん』青木玲訳、亜紀書房（2010））

12 Hillary Mayell, "Babies Recognize Faces Better Than Adults, Study Says," *National Geographic*, May 22, 2005, http://news.nationalgeographic.com/news/2005/03/0321_050321_babies.html.

13 Louis Cozolino, *The Neuroscience of Human Relationships: Attachment and the Developing Social Brain* (New York: W.W. Norton & Co., Inc., 2006), 103.
14 Edward O. Wilson, *Consilience: The Unity of Knowledge* (New York: Alfred A. Knopf, 1998), 145.（『知の挑戦——科学的知性と文化的知性の統合』山下篤子訳、角川書店（2002））
15 John Medina, *Brain Rules: 12 Principles for Surviving and Thriving at Work, Home, and School* (Seattle, WA: Pear Press, 2008), 197.（『ブレイン・ルール——脳の力を100％活用する』小野木明恵訳、日本放送出版協会（2009））
16 Katherine Ellison, *The Mommy Brain: How Motherhood Makes You Smarter* (New York: Basic Books, 2005), 21.（『なぜ女は出産すると賢くなるのか——女脳と母性の科学』西田美緒子訳、ソフトバンクパブリッシング（2005））
17 Medina, 197.（『ブレイン・ルール』前掲書）
18 Jill Lepore, "Baby Talk," *The New Yorker*, June 29, 2009, http://www.newyorker.com/arts/critics/books/2009/06/29/090629crbo_books_lepore.
19 David Biello, "The Trouble with Men," *Scientific American*, September 16, 2007, http://www.scientificamerican.com/article.cfm?id-the-trouble-with-men.
20 Wexler, 111.
21 Alva Noë, *Out of Our Heads: Why You Are Not Your Brain and Other Lessons from the Biology of Consciousness* (New York: Hill & Wang, 2009), 30–31.
22 Wexler, 90.
23 Robin Karr-Morse and Meredith S. Wiley, *Ghosts from the Nursery: Tracing the Roots of Violence* (New York: Atlantic Monthly Press, 1997), 27.（『育児室からの亡霊』、朝野富三、庄司修也監訳、毎日新聞社（2000））
24 H. M. Skeels and H. B. Dye, "A Study of the Effects of Different Stimulation on Mentally Retarded Children," *Proceedings and Addresses of the American Association of Mental Deficiency*, 44 (1939), 114–36.
25 Gordy Slack, "I Feel Your Pain," *Salon*, November 5, 2007, http://www.salon.com/news/feature/2007/11/05/mirror_neurons.
26 Marco Iacoboni, *Mirroring People: The New Science of How We Connect with Others* (New York: Farrar, Straus & Giroux, 2008), 26.（『ミラーニューロンの発見——「物まね細胞」が明かす驚きの脳科学』塩原通緒訳、早

川書房（2011））
27 Iacoboni, 35–36.（『ミラーニューロンの発見』前掲書）
28 Richard Restak, *The Naked Brain: How the Emerging Neurosociety Is Changing How We Live, Work, and Love* (New York: Three Rivers Press, 2006), 58.（『はだかの脳――脳科学の進歩は私たちの暮らしをどう変えていくのか？』高橋則明訳、アスペクト（2007））
29 Michael S. Gazzaniga, *Human: The Science Behind What Makes Us Human* (New York: Harper Perennial, 2008), 178.（『人間らしさとはなにか？――人間のユニークさを明かす科学の最前線』柴田裕之訳、インターシフト（2010））
30 Iacoboni, 50.（『ミラーニューロンの発見』前掲書）
31 Iacoboni, 112–14.（『ミラーニューロンの発見』前掲書）
32 Steven Johnson, *Mind Wide Open: Your Brain and the Neuroscience of Everyday Life* (New York: Scribner, 2004), 120.（『マインド・ワイド・オープン』前掲書）
33 Johnson, 119.（『マインド・ワイド・オープン』前掲書）
34 Johnson, 120–21.（『マインド・ワイド・オープン』前掲書）
35 Raymond Martin and John Barresi, *The Rise and Fall of Soul and Self: An Intellectual History of Personal Identity* (New York: Columbia University Press, 2006), 184.

４章　「世界地図」作り

1 Alison Gopnik, Andrew N. Meltzoff, and Patricia K. Kuhl, *The Scientist in the Crib: What Early Learning Tells Us About the Mind* (New York: Harper Perennial, 1999), 85.（『0歳児の「脳力」はここまで伸びる――「ゆりかごの中の科学者」は何を考えているのか』峯浦厚子訳、榊原洋一監修、PHP研究所（2003））
2 Alison Gopnik, *The Philosophical Baby: What Children's Minds Tell Us About Truth, Love, and the Meaning of Life* (New York: Farrar, Straus, & Giroux, 2009), 17.（『哲学する赤ちゃん』前掲書）
3 Gopnik, Meltzoff, and Kuhl, 46.（『0歳児の「脳力」はここまで伸びる』前掲書）
4 Gopnik, 145.（『哲学する赤ちゃん』前掲書）

5 Gopnik, 124.(『哲学する赤ちゃん』前掲書)
6 Gopnik, 152.(『哲学する赤ちゃん』前掲書)
7 Gopnik, 129.(『哲学する赤ちゃん』前掲書)
8 John Bowlby, *Loss: Sadness and Depression* (New York: Basic Books, 1980), 229.
9 Margaret Talbot, "The Baby Lab," *The New Yorker*, September 5, 2006, http://www.newyorker.com/archive/2006/09/04/060904fa_fact_talbot.
10 Gopnik, Meltzoff, and Kuhl, 69.(『0歳児の「脳力」はここまで伸びる』前掲書)
11 Gopnik, 82–83.(『哲学する赤ちゃん』前掲書)
12 Jeffrey M. Schwartz and Sharon Begley, *The Mind and the Brain: Neuroplasticity and the Power of Mental Force* (New York: HarperCollins, 2002), 117.(『心が脳を変える』前掲書)
13 Schwartz and Begley, 111.(『心が脳を変える』前掲書)
14 Thomas Carlyle Dalton and Victor W. Bergenn, *Early Experience, the Brain, and Consciousness: An Historical and Interdisciplinary Synthesis* (New York: Lawrence Erlbaum Associates, 2007), 91.
15 Jeff Hawkins and Sandra Blakeslee, *On Intelligence* (New York: Times Books, 2004), 34.(『考える脳 考えるコンピューター』伊藤文英訳、ランダムハウス講談社(2005))
16 Gopnik, Meltzoff, and Kuhl, 185.(『0歳児の「脳力」はここまで伸びる』前掲書)
17 Bruce E. Wexler, *Brain and Culture: Neurobiology, Ideology, and Social Change* (Cambridge, MA: MIT Press, 2006), 23.
18 James Le Fanu, *Why Us?: How Science Rediscovered the Mystery of Ourselves* (New York: Pantheon Books, 2009), 54.
19 Schwartz and Begley, 214–15.(『心が脳を変える』前掲書)
20 Gilles Fauconnier and Mark Turner, *The Way We Think: Conceptual Blending and the Mind's Hidden Complexities* (New York: Basic Books, 2002), 12.
21 Fauconnier and Turner, 44.
22 Jerome Bruner, *Actual Minds, Possible Worlds* (Cambridge, MA: Harvard University Press, 1986).(『可能世界の心理』田中一彦訳、みすず書房(1998))
23 Dan P. McAdams, *The Stories We Live By: Personal Myths and the Making*

of the Self (New York: Guilford Press, 1993), 48.

5章 愛 着

1 Claudia Wells, "The Myth About Homework," *Time*, August 29, 2006, http://www.time.com/time/magazine/article/0,9171,1376208,00.html.
2 Ann B. Barnet and Richard J. Barnet, *The Youngest Minds: Parenting and Genetic Inheritance in the Development of Intellect and Emotion* (New York: Touchstone, 1998), 197.
3 Louis Cozolino, *The Neuroscience of Human Relationships: Attachment and the Developing Social Brain* (New York: W.W. Norton & Co., Inc., 2006), 139.
4 L. Alan Sroufe, Byron Egeland, Elizabeth A. Carlson, and W. Andrew Collins, *The Development of the Person: The Minnesota Study of Risk and Adaptation from Birth to Adulthood* (New York: Guilford Press, 2005), 59–60.
5 Barnet and Barnet, 130.
6 Sroufe et al., 133–34.
7 Sroufe et al., 154.
8 Sroufe et al., 60.
9 Sroufe et al., 138.
10 Daniel J. Siegel, *The Developing Mind: How Relationships and the Brain Interact to Shape Who We Are* (New York: Guilford Press, 1999), 94.
11 Kayt Sukel, "Brain Responds Quickly to Faces," *BrainWork*, Dana Foundation Newsletter, November 1, 2008, http://www.dana.org/news/brainwork/detail.aspx?id=13664.
12 George Vaillant, *Aging Well: Surprising Guideposts to a Happier Life from the Landmark Harvard Study of Adult Development* (New York: Little, Brown & Co., 2002), 99.
13 Ayala Malakh Pines, *Falling in Love: Why We Choose the Lovers We Choose* (New York: Routledge, 2005), 110.
14 Cozolino, 230.
15 Alison Gopnik, *The Philosophical Baby: What Children's Minds Tell Us About Truth, Love, and the Meaning of Life* (New York: Farrar, Straus, & Giroux, 2009), 184.（『哲学する赤ちゃん』前掲書）

16 Susan D. Calkins, "Early Attachment Processes and the Development of Emotional Self-Regulation," in *Handbook of Self-Regulation: Research, Theory, and Applications*, eds. Roy F. Baumeister and Kathleen D. Vohs (New York: Guilford Press, 2004), 332.
17 David M. Buss, *The Evolution of Desire: Strategies of Human Mating* (New York: Basic Books, 2003), 93.（『女と男のだましあい』前掲書）
18 Mary Main, Erik Hesse, and Nancy Kaplan, "Predictability of Attachment Behavior and Representational Processes at 1, 6, and 19 Years of Age: The Berkeley Longitudinal Study" in *Attachment from Infancy to Adulthood: The Major Longitudinal Studies*, eds. Klaus E. Grossmann, Karin Grossmann, and Everett Waters (New York: Guilford Press, 2005), 280.
19 Thomas Lewis, Fari Amini, and Richard Lannon, *A General Theory of Love* (New York: Vintage, 2001), 199.
20 Kathleen Kendall-Tackett, Linda Meyer Williams, and David Finkelhor, "Impact of Sexual Abuse on Children: A Review and Synthesis of Recent Empirical Studies," *Psychological Bulletin* 113, no. 1 (1993): 173, http://www.unh.edu/ccrc/pdf/VS69.pdf.
21 Gopnik, 182.（『哲学する赤ちゃん』前掲書）
22 Sroufe et al., 268.
23 Sroufe et al., 164.
24 Sroufe et al., 167.
25 Sroufe et al., 210.
26 Sroufe et al., 211.
27 Sroufe et al., 95.
28 Sroufe et al., 287.

6章　学　習

1 Muzafer Sherif et al., *The Robbers Cave Experiment: Intergroup Conflict and Cooperation* (Middletown, CT: Wesleyan University Press, 1988).
2 Roy F. Baumeister, *The Cultural Animal: Human Nature, Meaning, and Social Life* (Cambridge: Oxford University Press, 2005), 286–87.
3 Gordon B. Moskowitz, *Social Cognition: Understanding Self and Others* (New York: Guilford Press, 2005), 78.

4 Ayala Malach Pines, *Falling in Love: Why We Choose the Lovers We Choose* (New York: Routledge, 2005), 93.

5 Frank Portman, *King Dork* (New York: Delacorte Press, 2006), 123.

6 Steven W. Anderson et al., "Impairment of Social and Moral Behavior Related to Early Damage in Human Prefrontal Cortex," in *Social Neuroscience: Key Readings in Social Psychology*, eds. John T. Cacioppo and Gary G. Berntson (New York: Psychology Press, 2005), 29.

7 Anderson et al., 34.

8 John D. Bransford, Ann L. Brown, and Rodney R. Cocking, eds., *How People Learn: Brain, Mind, Experience, and School* (Washington, DC: National Academies Press, 1999), 119.

9 Louann Brizendine, *The Female Brain* (New York: Broadway Books, 2006), 33.（『女は人生で三度、生まれ変わる』吉田利子訳、草思社（2008））

10 Brizendine, 45.（『女は人生で三度、生まれ変わる』前掲書）

11 Brizendine, 34.（『女は人生で三度、生まれ変わる』前掲書）

12 John Medina, *Brain Rules: 12 Principles for Surviving and Thriving at Work, Home, and School* (Seattle, WA: Pear Press, 2008), 110.（『ブレイン・ルール』前掲書）

13 Bransford, Brown, and Cocking, eds., 11.

14 Peter Carruthers, "An Architecture for Dual Reasoning," in *In Two Minds: Dual Processes and Beyond*, eds. Jonathan Evans and Keith Frankish (Cambridge: Oxford University Press, 2009), 121.

15 Edith Hamilton, *The Greek Way* (New York: W.W. Norton & Co., Inc., 1993), 156.

16 Daniel Coyle, *The Talent Code: Greatness Isn't Born. It's Grown. Here's How*. (New York: Bantam Books, 2009), 175.

17 Bransford, Brown, and Cocking, eds., 97.

18 Carol S. Dweck "The Secret to Raising Smart Kids," *Scientific American Mind*, December 2007, http://www.scientificamerican.com/article.cfm?id-the-secret-to-raising-smart-kids.

19 David G. Myers, *Intuition: Its Powers and Perils* (New Haven, CT: Yale University Press, 2002), 17.（『直観を科学する――その見えざるメカニズム』岡本浩一訳、麗澤大学出版会（2012））

20 Richard Ogle, *Smart World: Breakthrough Creativity and the New Science of Ideas* (Boston, MA: Harvard Business School Press, 2007).

21 Geoff Colvin, *Talent Is Overrated: What Really Separates World-Class Performers from Everybody Else* (New York: Portfolio, 2008), 46–47.（『究極の鍛錬――天才はこうしてつくられる』米田隆訳、サンマーク出版（2010））
22 Colvin, 44.（『究極の鍛錬』前掲書）
23 Colvin, 46–47.（『究極の鍛錬』前掲書）
24 Robert E. Ornstein, *Multimind: A New Way of Looking at Human Behavior* (New York: Houghton Mifflin, 1986), 105.
25 Jonah Lehrer, *How We Decide* (New York: Houghton Mifflin Co., 2009), 248.（『一流のプロは「感情脳」で決断する』門脇陽子訳、アスペクト（2009））
26 Hamilton, 147.
27 Hamilton, 108.
28 Ornstein, 23.
29 Medina, 92.（『ブレイン・ルール』前掲書）
30 Medina, 147.（『ブレイン・ルール』前掲書）
31 Thucydides, *The History of the Peloponnesian War* (Middlesex: Echo Library, 2006), 77–80.
32 Nell Boyce and Susan Brink, "The Secrets of Sleep," *U.S. News & World Report*, May 17, 2004, http://health.usnews.com/usnews/health/articles/040517/17sleep.htm.
33 Emma Young, "Sleep Tight: You spend around a third of your life doing it, so surely there must be a vital reason for sleep, or is there?" *New Scientist*, March 15, 2008, 30–34.
34 Jonah Lehrer, "The Eureka Hunt," *The New Yorker*, July 28, 2008, http://www.newyorker.com/reporting/2008/07/28/080728fa_fact_lehrer.
35 Lehrer, "The Eureka Hunt."
36 Robert Burton, *On Being Certain: Believing You Are Right Even When You're Not* (New York: St. Martin's Press, 2008), 23.（『確信する脳――「知っている」とはどういうことか』岩坂彰訳、河出書房新社（2010））
37 Burton, 218.（『確信する脳』前掲書）
38 Diane Ackerman, *An Alchemy of Mind: The Marvel and Mystery of the Brain* (New York: Scribner, 2004), 168.

7章　創発システム

1 "The Retreat From Marriage by Low-Income Families," Fragile Families Research Brief No. 17, June 2003, http://www.fragilefamilies.princeton.edu/briefs/ResearchBrief17.pdf.

2 Annette Lareau, *Unequal Childhoods: Class, Race, and Family Life* (Berkeley, CA: University of California Press, 2003), 107.

3 Alva Noë, *Out of Our Heads: Why You Are Not Your Brain, and Other Lessons from the Biology of Consciousness* (New York: Hill & Wang, 2009), 52.

4 Lareau, 146.

5 David L. Kirp, "After the Bell Curve," *New York Times Magazine*, July 23, 2006, http://www.nytimes.com/2006/07/23/magazine/23wwln_idealab.html.

6 Paul Tough, "What It Takes to Make a Student," *New York Times Magazine*, November 26, 2006, http://www.nytimes.com/2006/11/26/magazine/26tough.html?pagewanted=all.

7 Martha Farah et al., "Childhood Poverty: Specific Associations with Neurocognitive Development," *Brain Research* 1110, no. 1 (September 19, 2006): 166–174, http://cogpsy.skku.ac.kr/cwb-bin/CrazyWWWBoard.exe?db-newarticle&mode=download&num=3139&file=farah_2006.pdf.

8 Shirley S. Wang, "This Is Your Brain Without Dad," *Wall Street Journal*, October 27, 2009, http://online.wsj.com/article/SB10001424052748704754804574491811861197926.html.

9 David Brooks, "The Education Gap," *New York Times*, September 25, 2005, http://select.nytimes.com/2005/09/25/opinion/25brooks.html?ref=davidbrooks.

10 Flavio Cunha and James J. Heckman, "The Economics and Psychology of Inequality and Human Development," *Journal of the European Economic Association*, 7, nos. 2–3 (April 2009): 320–64, http://www.mitpressjournals.org/doi/abs/10.1162/JEEA.2009.7.2-3.320?journalCode=jeea.

11 Albert-László Barabási, *Linked: How Everything Is Connected to Everything Else and What It Means* (New York: Plume, 2003), 6.（新ネットワーク思考——世界のしくみを読み解く』青木薫訳、日本放送出版協会（2002)）

12 Steven Johnson, *Emergence: The Connected Lives of Ants, Brains, Cities, and Software* (New York: Touchstone, 2001), 79.（『創発——蟻・脳・都市

・ソフトウェアの自己組織化ネットワーク』山形浩生訳、ソフトバンクパブリッシング（2004））
13 Johnson, 32–33.
14 Eric Turkheimer, "Mobiles: A Gloomy View of Research into Complex Human Traits," in *Wrestling with Behavioral Genetics: Science, Ethics, and Public Conversation*, eds. Erik Parens, Audrey R. Chapman, Nancy Press (Baltimore, MD: Johns Hopkins University Press, 2006), 100–101.
15 Turkheimer, 104.

8章 セルフコントロール

1 Daniel Coyle, *The Talent Code: Greatness Isn't Born. It's Grown. Here's How.* (New York: Bantam Books, 2009), 148.
2 Walter Lippman, "Men and Citizens," in *The Essential Lippmann: A Political Philosophy for Liberal Democracy*, eds. Clinton Rossiter and James Lare (Cambridge, MA: Harvard University Press, 1963), 168.
3 Daniel J. Siegel, *The Developing Mind: How Relationships and the Brain Interact to Shape Who We Are* (New York: Guilford Press, 1999), 20.
4 John T. Cacioppo and William Patrick, *Loneliness: Human Nature and the Need for Social Connection* (New York: W.W. Norton & Co., Inc., 2008), 133.（『孤独の科学――人はなぜ寂しくなるのか』柴田裕之訳、河出書房新社（2010））
5 David Dobbs, "The Science of Success," *The Atlantic*, December 2009, http://www.theatlantic.com/magazine/archive/2009/12/thescience-of-success/7761/.
6 Blair Justice, "The Will to Stay Well," *New York Times*, April 17, 1988, http://www.nytimes.com/1988/04/17/magazine/the-will-to-stay-well.html.
7 Angela L. Duckworth and Martin E. P. Seligman, "Self-Discipline Outdoes IQ in Predicting Academic Performance of Adolescents," *Psychological Science* 16, no. 12 (2005): 939–44, http://www.citeulike.org/user/kericson/article/408060.
8 Jonah Lehrer, *How We Decide* (New York: Houghton Mifflin Co., 2009), 112.（『一流のプロは「感情脳」で決断する』前掲書）
9 Jonah Lehrer, "Don't! The Secret of Self-Control," *The New Yorker*, May 18,

2009, http://www.newyorker.com/reporting/2009/05/18/090518fa_fact_lehrer?currentPage=all.

10 Walter Mischel and Ozlem Ayduk, "Willpower in a Cognitive-Affective Processing System: The Dynamics of Delay of Gratification," in *Handbook of Self-Regulation: Research, Theory, and Applications*, eds. Roy F. Baumeister and Kathleen D. Vohs (New York: Guilford Press, 2004), 113.

11 Douglas Kirby, "Understanding What Works and What Doesn't in Reducing Adolescent Sexual Risk-Taking," *Family Planning Perspectives* 33, no. 6 (November/December 2001): http://www.guttmacher.org/pubs/journals/3327601.html.

12 Clive Thompson, "Are Your Friends Making You Fat?" *New York Times*, September 13, 2009, http://www.nytimes.com/2009/09/13/magazine/13contagion-t.html?pagewanted=all.

13 Timothy D. Wilson, *Strangers to Ourselves: Discovering the Adaptive Unconscious* (Cambridge, MA: Belknap Press, 2002), 212.（『自分を知り、自分を変える』前掲書）

14 Carl Zimmer, "Why Athletes Are Geniuses," *Discover Magazine*, April 16, 2010, http://discovermagazine.com/2010/apr/16-the-brain-athletes-are-geniuses.

15 Daniel J. Siegel, *Mindsight: The New Science of Personal Transformation* (New York: Bantam Books, 2010).（『脳をみる心、心をみる脳：マインドサイトによる新しいサイコセラピー――自分を変える脳と心のサイエンス』山藤奈穂子、小島美夏訳、星和書店（2013））

16 Jeffrey M. Schwartz and Sharon Begley, *The Mind and the Brain: Neuroplasticity and the Power of Mental Force* (New York: HarperCollins, 2002), 262–64.（『脳が心を変える』前掲書）

9章 文 化

1 Daniel Coyle, *The Talent Code: Greatness Isn't Born. It's Grown. Here's How.* (New York: Bantam Books, 2009), 110–11.

2 Coyle, 102–104.

3 David Dobbs, "How to Be a Genius," *New Scientist*, September 15, 2008, http://www.newscientist.com/article/mg19125691.300-how-to-be-a-genius.

html.
4 Geoff Colvin, *Talent Is Overrated: What Really Separates World-Class Performers from Everybody Else* (New York: Portfolio, 2008), 152.（『究極の鍛錬』前掲書）
5 Coyle, 85.
6 Coyle, 82.
7 Colvin, 106.（『究極の鍛錬』前掲書）
8 Steven N. Kaplan, Mark M. Klebanov, and Morten Sorensen, "Which CEO Characteristics and Abilities Matter?" Swedish Institute for Financial Research Conference on the Economics of the Private Equity Market, July 2008, http://faculty.chicagobooth.edu/steven.kaplan/research/kks.pdf.
9 Jim Collins, *Good to Great: Why Some Companies Make the Leap . . . and Others Don't* (New York: HarperCollins, 2001).（『ビジョナリーカンパニー2――飛躍の法則』山岡洋一訳、日経BP社（2001））
10 Murray R. Barrick, Michael K. Mount, and Timothy A. Judge, "Personality and Performance at the Beginning of the New Millennium: What Do We Know and Where Do We Go Next?" *International Journal of Selection and Assessment* 9, nos. 1–2 (March/June 2001): 9–30, http://www.uni-graz.at/psy5www/lehre/kaernbach/doko/artikel/bergner_Barrick_Mount_Judge_2001.pdf.
11 Ulrike Malmendier and Geoffrey Tate, "Superstar CEOs," *Quarterly Journal of Economics*, 124, no. 4 (November 2009): 1593–1638, http://citeseerx.ist.psu.edu/viewdoc/download?doi=10.1.1.146.1059&rep=rep1&type=pdf.
12 Tyler Cowen, "In which countries do kids respect their parents the most?" *Marginal Revolution*, December 5, 2007, http://www.marginalrevolution.com/marginalrevolution/2007/12/in-which-countr.html.
13 Judith Rich Harris, *The Nurture Assumption: Why Children Turn Out the Way They Do* (New York: Touchstone, 1998), 56.（『子育ての大誤解』前掲書）
14 David Brooks, "The Americano Dream," *New York Times*, February 24, 2004, http://www.nytimes.com/2004/02/24/opinion/the-americano-dream.html?ref=davidbrooks.
15 Richard E. Nisbett, *The Geography of Thought: How Asians and Westerners Think Differently . . . and Why* (New York: Free Press, 2003), 90.（『木を見る西洋人 森を見る東洋人――思考の違いはいかにして生まれるか』村本

由紀子訳、ダイヤモンド社（2004））
16 Nisbett, 100.（『木を見る西洋人 森を見る東洋人』前掲書）
17 Alison Gopnik, Andrew N. Meltzoff, and Patricia Kuhl, *The Scientist in the Crib: What Early Learning Tells Us About the Mind* (New York: Harper, Perennial, 2001), 89.（『0歳児の「脳力」はここまで伸びる』前掲書）
18 Nisbett, 95.（『木を見る西洋人 森を見る東洋人』前掲書）
19 Nisbett, 140.（『木を見る西洋人 森を見る東洋人』前掲書）
20 Nisbett, 87–88.（『木を見る西洋人 森を見る東洋人』前掲書）
21 Bruce E. Wexler, *Brain and Culture: Neurobiology, Ideology, and Social Change* (Cambridge, MA: MIT Press, 2006), 149.
22 Timothy D. Wilson, *Strangers to Ourselves: Discovering the Adaptive Unconscious* (Cambridge, MA: Belknap Press, 2002), 38.（『自分を知り、自分を変える』前掲書）
23 Nisbett, 185.（『木を見る西洋人 森を見る東洋人』前掲書）
24 John Roach, "Chinese, Americans, Truly See Differently, Study Says," *National Geographic News*, August 22, 2005, http://news.nationalgeographic.com/news/2005/08/0822_050822_chinese.html.
25 Rachel E. Jack et al., "Cultural Confusions Show that Facial Expressions Are Not Universal," *Current Biology* 19, no. 18 (August 13, 2009), 1543–48, http://www.cell.com/current-biology/retrieve/pii/S0960982209014778.
26 Wexler, 175.
27 Roy F. Baumeister, *The Cultural Animal: Human Nature, Meaing, and Social Life* (Oxford: Oxford University Press, 2005), 31.
28 Baumeister, 131.
29 Clifford Geertz, *The Interpretation of Cultures* (New York: Basic Books, 1973), 46.
30 Andy Clark, *Being There: Putting Brain, Body, and World Together Again* (Cambridge, MA: MIT Press, 1998), 191.（『現れる存在――脳と身体と世界の再統合』池上高志、森本元太郎監訳、NTT出版（2012））
31 Clark, 180.（『現れる存在』前掲書）
32 Baumeister, 53.
33 Wexler, 33.
34 Donald E. Brown, *Human Universals* (New York: McGraw-Hill, 1991).（『ヒューマン・ユニヴァーサルズ――文化相対主義から普遍性の認識へ』鈴木光太郎、中村潔訳、新曜社（2002））

35 Wexler,187–88.

36 David P. Schmitt, "Evolutionary and Cross-Cultural Perspectives on Love: The Influence of Gender, Personality, and Local Ecology on Emotional Investment in Romantic Relationships," in *The New Psychology of Love*, eds. Robert J. Sternberg and Karin Sternberg (New Haven, CT: Yale University Press, 2006), 252.

37 Helen Fisher, *Why We Love: The Nature and Chemistry of Romantic Love* (New York: Henry Holt & Co., 2004), 5.（『人はなぜ恋に落ちるのか？』前掲書）

38 Craig MacAndrew and Robert B. Edgerton, *Drunken Comportment: A Social Explanation* (Clinton Corners, NY: Percheron Press, 2003).

39 Dacher Keltner, *Born to Be Good: The Science of a Meaningful Life* (New York: W.W. Norton & Co., Inc., 2009), 195.

40 Steven Pinker, *The Blank Slate: The Modern Denial of Human Nature* (New York: Penguin Books, 2002), 328.（『人間の本性を考える――心は「空白の石版」か』山下篤子訳、日本放送出版協会（2004））

41 Marc D. Hauser, *Moral Minds: The Nature of Right and Wrong* (New York: Harper Perennial, 2006), 134.

42 Guy Deutscher, "You Are What You Speak," *The New York Times Magazine*, August 26, 2010, 44.

43 Douglas Hofstadter, *I Am a Strange Loop* (New York: Basic Books, 2007), 177.

44 David Halpern, *The Hidden Wealth of Nations* (Cambridge: Polity Press, 2010), 76.

45 Thomas Sowell, *Migrations and Cultures: A World View* (New York: Basic Books, 1996), 378.

46 Lawrence E. Harrison, *The Central Liberal Truth: How Politics Can Change a Culture and Save It from Itself* (Cambridge: Oxford University Press, 2006), 26.

47 Thomas Sowell, *Race and Culture: A World View* (New York: Basic Books, 1994), 67.

48 Sowell, Race and Culture, 25.

49 Margaret Bridges, Bruce Fuller, Russell Rumberger, and Loan Tran, "Preschool for California's Children: Unequal Access, Promising Benefits," PACE Child Development Projects, University of California Linguistic

Minority Research Institute (September 2004): 7, http://gse.berkeley.edu/research/pace/reports/PB.04-3.pdf.

50 Abigail Thernstrom and Stephan Thernstrom, *No Excuses: Closing the Racial Gap in Learning* (New York: Simon & Schuster, 2003), 85.

51 David Brooks, "The Limits of Policy," *New York Times,* May 3, 2010, http://www.nytimes.com/2010/05/04/opinion/04brooks.html.

52 Fisman, Raymond, and Edward Miguel, "Corruption, Norms and Legal Enforcement: Evidence from Diplomatic Parking Tickets," *Journal of Political Economy* 115, no. 6 (2007): 1020–48, http://www2.gsb.columbia.edu/faculty/rfisman/parking_20july06_RF.pdf.

53 Harrison, 53.

54 Francis Fukuyama, *Trust: The Social Virtues and the Creation of Prosperity* (New York: Free Press, 1996), 338.（『「信」無くば立たず――「歴史の終わり」後、何が繁栄の鍵を握るのか』加藤寛訳、三笠書房（1996））

55 Edward Banfield, *The Moral Basis of a Backward Society* (New York: Free Press, 1967).

56 Richard Ogle, *Smart World: Breakthrough Creativity and the New Science of Ideas* (Boston, MA: Harvard Business School Press, 2007),8–10.

57 Ronald Burt, *Structural Holes: The Social Structure of Competition* (Cambridge, MA: Harvard University Press, 1992).（『競争の社会的構造――構造的空隙の理論』安田雪訳、新曜社（2006））

10章　知　性

1 Christopher Hitchens, *Hitch 22* (New York: Twelve, 2010), 266. この会話は、私の目の前でヒッチェンズとサルマン・ラシュディが実際に交わした会話を基にして書いた。二人とも、この手のゲームは大の得意だった。

2 Matt Ridley, *The Agile Gene: How Nature Turns on Nurture* (New York: Harper Perennial, 2004), 59.

3 Daniel Goleman, *Social Intelligence: The New Science of Human Relationships* (New York: Bantam Dell, 2006) 139.（『SQ 生きかたの知能指数――ほんとうの「頭の良さ」とは何か』土屋京子訳、日本経済新聞出版社（2007））

4 John Medina, *Brain Rules: 12 Principles for Surviving and Thriving at*

Work, Home, and School (Seattle, WA: Pear Press, 2008), 262.（『ブレイン・ルール』前掲書）

5 Michael S. Gazzaniga, *Human: The Science Behind What Makes Us Human* (New York: Harper Perennial, 2008), 96.（『人間らしさとはなにか？』前掲書）

6 Peter A. Hall and David W. Soskice, “An Introduction to the Varieties of Capitalism,” in *Varieties of Capitalism: The Institutional Foundations of Comparative Advantage*, eds. Peter A. Hall and David W. Soskice (Oxford: Oxford University Press, 2004), 1–70.（『資本主義の多様性——比較優位の制度的基礎』遠山弘徳、安孫子誠男、山田鋭夫、宇仁宏幸、藤田菜々子訳、ナカニシヤ出版（2007））

7 Arthur Robert Jensen, *The G Factor: The Science of Mental Ability* (Westport, CT: Praeger Publishers, 1998), 34–35.

8 Robin Karr-Morse and Meredith S. Wiley, *Ghosts from the Nursery: Tracing the Roots of Violence* (New York: Atlantic Monthly Press, 1997), 28.（『育児室からの亡霊』前掲書）

9 Dean H. Hamer and Peter Copeland, *Living with Our Genes: Why They Matter More Than You Think* (New York: Anchor Books, 1999), 217.（『遺伝子があなたをそうさせる——喫煙からダイエットまで』吉田利子訳、草思社（2002））

10 Richard E. Nisbett, *Intelligence and How to Get It: Why Schools and Cultures Count* (New York: W.W. Norton & Co., Inc., 2009), 41.（『頭のでき——決めるのは遺伝か、環境か』水谷淳訳、ダイヤモンド社（2010））

11 Bruce E. Wexler, *Brain and Culture: Neurobiology, Ideology, and Social Change* (Cambridge, MA: MIT Press, 2006), 68.

12 Nisbett, 44.（『頭のでき』前掲書）

13 James R. Flynn, *What Is Intelligence?: Beyond the Flynn Effect* (Cambridge: Cambridge University Press, 2007), 19.

14 David G. Myers, *Intuition: Its Powers and Perils* (New Haven, CT: Yale University Press, 2002), 35.（『直観を科学する』前掲書）

15 Richard K. Wagner, “Practical Intelligence,” in *Handbook of Intelligence*, ed. Robert J. Sternberg (Cambridge: Cambridge University Press, 2000), 382.

16 John D. Mayer, Peter Salovey and David Caruso, “Models of Emotional Intelligence,” in *Handbook of Intelligence*, ed. Robert J. Sternberg (Cambridge: Cambridge University Press, 2000), 403.

17 Nisbett, 18.（『頭のでき』前掲書）
18 Daniel Goleman, "75 Years Later, Study Still Tracking Geniuses," *New York Times*, March 7, 1995, http://www.nytimes.com/1995/03/07/science/75-years-later-study-still-tracking-geniuses.html?pagewanted=all and Richard C. Paddock, "The Secret IQ Diaries," *Los Angeles Times*, July 30, 1995, http://articles.latimes.com/1995-07-30/magazine/tm-29325_1_lewis-terman.
19 Malcolm Gladwell, *Outliers: The Story of Success* (New York: Little, Brown & Co., 2008) 81–83.（『天才！――成功する人々の法則』勝間和代訳、講談社（2014））
20 John Tierney, "Smart Doesn't Equal Rich," *New York Times*, April 25, 2007, http://tierneylab.blogs.nytimes.com/2007/04/25/smart-doesnt-equal-rich/.
21 Keith E. Stanovich, *What Intelligence Tests Miss: The Psychology of Rational Thought* (New Haven, CT: Yale University Press, 2009), 31–32.
22 Jonah Lehrer, "Breaking Things Down to Particles Blinds Scientists to Big Picture," *Wired*, April 19, 2010, http://www.wired.com/magazine/2010/04/st_essay_particles/.
23 Stanovich, 34–35.
24 Stanovich, 60.
25 James J. Heckman and Yona Rubinstein, "The Importance of Noncognitive Skills: Lessons from the GED Testing Program," *American Economic Review* 91, no. 2 (May 2001): 145–49, http://www.econ-pol.unisi.it/bowles/Institutions%20of%20capitalism/heckman%20on%20ged.pdf.
26 Robert Scott Root-Bernstein and Michèle Root-Bernstein, *Sparks of Genius: The Thirteen Thinking Tools of the World's Most Creative People* (New York: First Mariner Books, 2001), 3.
27 Root-Bernstein and Root-Bernstein, 53–54.
28 Root-Bernstein and Root-Bernstein, 196.

11章　無意識の偏見

1 "6Ways Supermarkets Trick You to Spend More Money," *Shine*, March 1, 2010, http://shine.yahoo.com/event/financiallyfit/6-ways-supermarkets-trick-you-to-spend-more-money-974209/?pg=2.
2 Martin Lindstrom and Paco Underhill, *Buyology: Truth and Lies About Why*

We Buy (New York: Doubleday, 2008), 148–49.（『買い物する脳――驚くべきニューロマーケティングの世界』千葉敏生訳、早川書房（2008））

3 Joseph T. Hallinan, *Why We Make Mistakes: How We Look Without Seeing, Forget Things in Seconds, and Are All Pretty Sure We Are Way Above Average* (New York: Broadway Books, 2009), 92–93.（『しまった！』前掲書）

4 Paco Underhill, *Call of the Mall: The Geography of Shopping by the Author of Why We Buy* (New York: Simon & Schuster, 2004), 49–50.（『なぜ人はショッピングモールが大好きなのか――ショッピングの科学ふたたび』鈴木主税訳、早川書房（2004））

5 Timothy D. Wilson, *Strangers to Ourselves Discovering the Adaptive Unconscious* (Cambridge, MA: Belknap Press, 2002), 103.（『自分を知り、自分を変える』前掲書）

6 Richard H. Thaler and Cass R. Sunstein, *Nudge: Improving Decisions About Health, Wealth, and Happiness* (Ann Arbor, MI: Caravan Books, 2008), 64.（『実践行動経済学――健康、富、幸福への聡明な選択』遠藤真美訳、日経BP社（2009））

7 Hallinan, 99.（『しまった！』前掲書）

8 David Brooks, "Castle in a Box," *The New Yorker*, March 26, 2001, http://www.newyorker.com/archive/2001/03/26/010326fa_fact_brooks.

9 Steven E. Landsburg, "The Theory of the Leisure Class," *Slate*, March 9, 2007, http://www.slate.com/id/2161309.

10 John Medina, *Brain Rules: 12 Principles for Surviving and Thriving at Work, Home, and School* (Seattle, WA: Pear Press, 2008), 163.（『ブレイン・ルール』前掲書）

11 Jonah Lehrer, "The Truth about Grit," *Boston Globe*, August 2, 2009, http://www.boston.com/bostonglobe/ideas/articles/2009/08/02/the_truth_about_grit/.

12 Richard Bronk, *The Romantic Economist: Imagination in Economics* (Cambridge: Cambridge University Press, 2009), 17.

13 Dan Ariely, *Predictably Irrational: The Hidden Forces That Shape Our Decisions* (New York: HarperCollins, 2008) 243.（『予想どおりに不合理――行動経済学が明かす「あなたがそれを選ぶわけ」』熊谷淳子訳、早川書房（2013））

14 Anemona Hartocollis, "Calorie Postings Don't Change Habits, Study Finds," *New York Times*, October 6, 2009, http://www.nytimes.com/2009/10/06/

nyregion/06calories.html.
15 Ariely, 170–71.（『予想どおりに不合理』前掲書）
16 John A. Bargh, "Bypassing the Will: Toward Demystifying the Nonconcious Control of Social Behavior," in *The New Unconscious*, eds. Ran R. Hassin, James S. Uleman, and John A. Bargh (Oxford: Oxford University Press), 40.
17 Claude M. Steele, "Thin Ice: Stereotype Threat and Black College Students," *The Atlantic*, August 1999, http://www.theatlantic.com/magazine/archive/1999/08/thin-ice-stereotype-threat-and-black-college-students/4663/1/.
18 Margaret Shih, Todd L. Pittinsky, and Nalini Ambady, "Stereotype Susceptibility: Identity Salience and Shifts in Quantitative Performance," *Psychological Science* 10, no. 1 (January 1999): 80–83.
19 Hallinan, 102.（『しまった！』前掲書）
20 Robert E. Ornstein, *Multimind: A New Way of Looking at Human Behavior* (New York: Houghton Mifflin, 1996), 86.
21 Dan Ariely, "The Fallacy of Supply and Demand," *Huffington Post*, March 20, 2008, http://www.huffingtonpost.com/dan-ariely/the-fallacy-of-supply-and_b_92590.html.
22 Hallinan, 50.（『しまった！』前掲書）
23 Jonah Lehrer, *How We Decide* (New York: Houghton Mifflin Co., 2009), 146.（『一流のプロは「感情脳」で決断する』前掲書）
24 Thaler and Sunstein, 34.（『実践行動経済学』前掲書）
25 Hallinan, 101.（『しまった！』前掲書）
26 Ariely, 96 and 106.（『予想どおりに不合理』前掲書）
27 Jonah Lehrer, "Loss Aversion," *The Frontal Cortex*, February 10, 2010, http://scienceblogs.com/cortex/2010/02/loss_aversion.php.

12章　自由と絆

1 Oliver Burkerman, "This Column Will Change Your Life," *The Guardian*, May 8, 2010, http://www.guardian.co.uk/lifeandstyle/2010/may/08/change-life-asker-guesser.
2 "Pew Report on Community Satisfaction," Pew Research Center (January 29, 2009): 10, http://pewsocialtrends.org/assets/pdf/Community-Satisfaction.

pdf.

3 William A. Galston, "The Odyssey Years: The Changing 20s," Brookings Institution, November 7, 2007, http://www.brookings.edu/interviews/2007/1107_childrenandfamilies_galston.aspx.

4 William Galston, "The Changing 20s," Brookings Institution, October 4, 2007, http://www.brookings.edu/speeches/2007/1004useconomics_galston.aspx.

5 Galston, "The Changing 20s."

6 Robert Wuthnow, *After the Baby Boomers: How Twenty- and Thirty-Somethings Are Shaping the Future of American Religion* (Princeton, NJ: Princeton University Press, 2007), 29.

7 Jeffrey Jensen Arnett, *Emerging Adulthood: The Winding Road from the Late Teens through the Twenties* (Oxford: Oxford University Press, 2004), 16.

8 Jean Twenge, *Generation Me: Why Today's Young Americans Are More Confident, Assertive, Entitled—and More Miserable Than Ever Before* (New York: Free Press, 2006), 69.

9 Wuthnow, 62.

10 Wuthnow, 32.

11 Michael Barone, "A Tale of Two Nations," *US News & World Report*, May 4, 2003, http://www.usnews.com/usnews/opinion/articles/030512/12pol.htm.

12 Elizabeth Kolbert, "Everybody Have Fun," *The New Yorker*, March 22, 2010, http://www.newyorker.com/arts/critics/books/ 2010/03/22/100322crbo_books_kolbert.

13 Elizabeth Kolbert, "Everybody Have Fun."

14 Derek Bok, *The Politics of Happiness: What Government Can Learn from the New Research on Well-Being* (Princeton, NJ: Princeton University Press, 2010), 13.（『幸福の研究——ハーバード元学長が教える幸福な社会』、土屋直樹、茶野努、宮川修子訳、東洋経済新報社（2011））

15 Bok, 17–18.（『幸福の研究』前掲書）

16 David Blanchflower and Andrew Oswald, "Well-Being Over Time in Britain and the USA," *Journal of Public Economics* 88 (July 2004): 1359–86, http://www2.warwick.ac.uk/fac/soc/economics/staff/faculty/oswald/wellbeingnew.pdf.

17 Robert D. Putnam, *Bowling Alone: The Collapse and Revival of American Community* (New York: Simon & Schuster, 2000), 333.（『孤独なボウリング——米国コミュニティの崩壊と再生』、柴内康文訳、柏書房（2006））

18 David Halpern, *The Hidden Wealth of Nations* (Cambridge: Polity Press, 2010), 26.

19 Tara Parker-Pope, "What Are Friends For? A Longer Life," *New York Times*, April 21, 2009, http://www.nytimes.com/2009/04/21/health/21well.html.

20 Bok, 28.（『幸福の研究』前掲書）

21 Halpern, 28–29.

22 Roy F. Baumeister, *The Cultural Animal: Human Nature, Meaning, and Social Life* (Oxford: Oxford University Press, 2005), 109.

本書は二〇一二年二月に単行本『人生の科学――「無意識」があなたの一生を決める』として早川書房より刊行された作品を改題、文庫化したものです。

訳者略歴　翻訳家　翻訳学校フェロー・アカデミー講師　訳書にフリードマン『ヨーロッパ炎上　新・100年予測』，ストーン＆カズニック『オリバー・ストーンが語る　もうひとつのアメリカ史　3』（共訳），ライアン『破壊する創造者』（以上早川書房刊），バーディック『「期待」の科学』他多数

HM=Hayakawa Mystery
SF=Science Fiction
JA=Japanese Author
NV=Novel
NF=Nonfiction
FT=Fantasy

あなたの人生《じんせい》の科学《かがく》
〔上〕
誕生・成長・出会い

〈NF449〉

二〇一五年十一月十五日　発行
二〇一八年十一月十五日　五刷
（定価はカバーに表示してあります）

著者　デイヴィッド・ブルックス
訳者　夏目《なつめ》大《だい》
発行者　早川浩
発行所　株式会社　早川書房
郵便番号　一〇一 - 〇〇四六
東京都千代田区神田多町二ノ二
電話　〇三 - 三二五二 - 三一一一（大代表）
振替　〇〇一六〇 - 三 - 四七七九九
http://www.hayakawa-online.co.jp
乱丁・落丁本は小社制作部宛お送り下さい。
送料小社負担にてお取りかえいたします。

印刷・精文堂印刷株式会社　製本・株式会社フォーネット社
Printed and bound in Japan
ISBN978-4-15-050449-6 C0111

本書は活字が大きく読みやすい〈トールサイズ〉です。